国学大师

# 王蓀心评传

莫晸 著

长江出版传媒
湖北人民出版社

图书在版编目(CIP)数据

王葆心评传 / 莫晨著. — 武汉 : 湖北人民出版社,
2024.7
ISBN 978-7-216-10842-3

Ⅰ. ①王… Ⅱ. ①莫… Ⅲ. ①王葆心（1867-1944）
—评传 Ⅳ. ①K825.81

中国国家版本馆CIP数据核字（2024）第066387号

责任编辑：朱小丹
丁　茜
封面设计：董　昀
责任校对：范承勇
责任印制：蔡　琦

| | |
|---|---|
| 出版发行：湖北人民出版社 | 地址：武汉市雄楚大道268号 |
| 印刷：湖北新华印务有限公司 | 邮编：430070 |
| 开本：787毫米×1092毫米 1/16 | 印张：18 |
| 字数：259千字 | 插页：3 |
| 版次：2024年7月第1版 | 印次：2024年7月第1次印刷 |
| 书号：ISBN 978-7-216-10842-3 | 定价：68.00元 |

本社网址：http://www.hbpp.com.cn
本社旗舰店：http://hbrmcbs.tmall.com
读者服务部电话：027-87679656
投诉举报电话：027-87679757
（图书如出现印装质量问题，由本社负责调换）

湖北国学大师评传丛书

# 编　委　会

# 总　序

郭齐勇

“国学”是颇有争议的复杂概念。在清末以前，古人不必使用这一概念。在国势日颓、民族危亡之时，流亡在日本的志士仁人开始使用这一名词，表述中国古代的学术文化。章太炎说：“夫国学者，国家所以成立之源泉也。吾闻处竞争之世，徒恃国学固不足以立国矣。而吾未闻国学不兴而国能自立者也。吾闻有国亡而国学不亡者矣，而吾未闻国学先亡而国仍立者也。故今日国学之无人兴起，即将影响于国家之存灭，是不亦视前世为尤岌岌乎？”①

邓实说：“国学者何？一国所有之学也……有其国者有其学。学也者，学其一国之学以为国用，而自治其一国者也。国学者，与有国而俱来，因乎地理，根之民性，而不可须臾离也。君子生是国，则通是学，知爱其国，无不知爱其学也。”② 也就是说，国学不仅仅是学问或学术的概念，而且还是民族性与民族魂的概念。国学的内核主要指国家民族历史文化的根本精神价值。

梁启超积极引进西学，然而对于国人鄙薄自己的民族文化传统却心怀忧虑。他说：“吾不患外国学术思想之不输入，吾惟患本国学术思想之不发明……凡一国之立于天地，必有其所以立之特质。欲自善其国

---

① 章太炎：《国学讲习会序》，原载《民报》第7号。转引自汤志钧《导读》，《国学概论》（章太炎讲演、曹聚仁整理、汤志钧导读），上海古籍出版社1997年版，第6页。

② 邓实：《国学讲习记》，原载《国粹学报》第19期。转引自汤志钧《导读》，《国学概论》（章太炎讲演、曹聚仁整理、汤志钧导读），上海古籍出版社1997年版，第7页。

者，不可不于此特质焉，淬厉之而增长之……不然，脱崇拜古人之奴隶性，而复生出一种崇拜外人、蔑视本族之奴隶性，吾惧其得不偿失也。”① 也就是说，我们一定要把握自家文化的真精神、主体性与特质，并加以锻造、锤炼，不能从盲目崇拜古人转向盲目崇拜洋人，以为自己的文化传统都是糟粕、中国百事不如人。

文化的差异不仅有时代性的差异，也有民族性的差异。在一定意义上，我们又可以说，“国学”即是中国的古典学，它以古代中国的语言文字、终极信仰、学术思想和民俗文化为中心。按传统图书与学术之分类有经、史、子、集四部，或义理、考据、辞章、经世之学的诸路向。

其实，国学是开放的，包含了历朝历代消化吸收了的外来各种文化。我们不能把国学狭隘化。第一，国学不只是汉民族的学术文化，它还包含了历史上各少数民族的语言、文字、学术文化及其与汉民族的交流史。第二，国学不只是上层精英传统，还包括小传统，如民间民俗文化，各时段各地域各民族的传说、音乐、歌舞、技艺、建筑、服饰、礼仪、风俗、宗族、契约、行会、民间组织等，有如今天的某些物质与非物质文化遗产。第三，国学还包括历史上中外地域文明的交融，如外域文明的传入，西域学、佛学及其中国化，西学东渐与中学西传的内容与历史过程等，都属于国学的范围。

必须明了，国学、经史子集等，并不是汉民族的专利，其中包含、汇聚了中华各民族的智慧与文化，是各民族共同创造、共同拥有的文化精神资源，正所谓“一体多元”“和而不同”。古今很多少数民族文化也以汉语言文字为媒介。

前面我们说过，在国学的多层面中，最高的层面还是国魂，即中华民族的主要精神的方面，那是中国人之所以为中国人、中国文化之所以为中国文化的根本特质处。国学是生命的学问，儒、释、道三教是具有

① 梁启超：《论中国学术思想变迁之大势》，原载 1902 年 3 月 10 日《新民丛报》第 3 期，又载胡道静主编《国学大师论国学》（上），东方出版中心 1998 年版，第 23 页。

精神性的人文主义，肯定世界的神圣性。三教认为人性的最高体现，就是达到人生的最高境界，是天人合一，希望与自然保持和谐。对宇宙的敬畏感来自我们回应最终实在的渴望，而最终实在为我们的生活指示了方向并赋予意义。我们的存在受惠于天地万物，为了报答这一份恩惠，我们必须加强自我修养，以便在存在的奇迹中完全实现人性，达到天、地、人三才同德。学习国学更重要的是把握中华人文精神与价值理念，了解中华民族与中华文化融会的过程，及其可大可久的所以然，堂堂正正地做一个中国人。

其实，提倡国学与拥抱、吸纳包括西学在内的外域文化并不矛盾。陈寅恪说："一方面吸收输入外来之学说，一方面不忘本来民族之地位。"① 任何民族的现代化都不可能是无本无根的现代化。对于自家传统文化的价值理念、生存智慧、治国方略，我们体认得越深，发掘得越深，我们拥有的价值资源越丰厚，就越能吸纳外来文化的精华，越能学得西方等外来文化之真，这才能真正使中西或中外文化的精华在现时代的要求下相融合，构建新的中华文明。

湖北的国学传统源远流长，历史上涌现了一批学养深厚的国学大师。他们为中华文化的发展做出了卓越的贡献，也成为国学发展不同阶段的典型代表。宋至清末，全国的大学者大多到过湖北，湖北学人在全国也享有盛誉。明清以来湖北理学与经学的特点是有独创性、开放性，倡导实学。湖北自古就有儒家重教兴学的深厚传统，清末张之洞督鄂期间尤重视文教，开放教育，对湖北文人与文化有深刻的影响。

湖北地区水陆交通方便，资讯较发达，在清末以来呈现出古今中外思想文化碰撞交流的状态，这就促使当地的或旅鄂的一些有思想的文化人批判、离异传统，而后又从高层次回归传统。现代多数鄂籍或来鄂的学人有一个共同特点，即既开放，又有根柢，多数人最终融会中西文化，强调中国文化的根源性，创造性地弘扬、发展中国文化的优长，经

① 引自冯友兰《中国哲学史》下册附录的陈寅恪《审查报告三》，中华书局 1961 年版，第 4 页。

世致用。

湖北省国学研究会是本省从事国学研究的专家学者及爱好者自愿组成的全省性、学术性、非营利性的学术文化类社团组织，旨在研究、传承、推广国学，以冀绍继和发扬中华优秀传统文化。

为了全面而精要地展示湖北国学史丰富多彩的画卷，为了纪念先贤不凡的人生与独特的学术造诣，也为了扩大湖北国学的影响，本会2014年2月甫一成立，就确立了编撰一套较高水准的“湖北国学大师评传丛书”的计划。本计划拟先从近现代开始，行有余力再由近及远地全面涉及湖北籍的，或者在湖北曾长期居留、工作并产生重要学术影响的国学专家。

本丛书拟以每位国学大师为一本专书的传主，采取人生传记与思想阐论相结合的形式，一方面纵向追溯其人生经历与学问成长过程，一方面横向揭示其思想与学术之体要。每一本专著力求做到学术原创与通俗表达的完满统一。

经学会同仁研究，并请教了前辈专家，我们确立了本套丛书第一辑的传主为：王葆心（1867—1944）、熊十力（1885—1968）、黄侃（1886—1935）、钱基博（1887—1957）、刘永济（1887—1966）、刘赜（1891—1978）、汤用彤（1893—1964）、徐复观（1903—1982）。以上八位大家的学问专长与路向各不相同，有的偏重经学，有的偏重小学（文字、音韵、训诂），有的偏重方志学，有的偏重哲学、佛学或思想史，有的偏重古代诗词，但都是中国学问。他们的旧学基础很好，功底很深。由于他们都生活在新旧交替的时代，其中一些学者有很好的西学背景，做到学贯中西，或在一定程度上借鉴了西方学术的理论或方法。这也是晚清、民国以来国学的特点。

湖北地区素来教育与学术资源丰厚，人才济济。有一大批长期从事中华传统文化研究并卓有成绩的专家学者，其中不乏在全国乃至国际学术界享有盛誉之人。这是本丛书计划得以拟定与高水平完成的基本保障。

本丛书的作者也以湖北学人为主，当然也不限于此。为保证质量，我们在全国范围内物色了学有专攻的有实力的专家。作者们十分投入，克服了重重困难，为读者奉献了智慧与心力。我们诚挚地感谢各位作者集文字、思想、学术于一途的努力。

在当前国人文化自觉意识日增与国学复兴的背景之下，推出这套丛书可以将湖北国学系统地展现出来，增进人们对于国学本身，尤其是湖北国学的了解；可以使大师们的思想与学术结合其鲜活具体的人生真切地呈现出来，培育人们对大师人格与学问的景仰以及对国学的热爱；另外，这套丛书亦将代表湖北国学研究会和湖北国学界，为全国范围内正在兴起的国学热做出正能量的贡献。

本会会长韩忠学先生极为关心丛书工作，亲自指导，确定编写主旨，筹措资金，联络出版单位，敦促写作计划的完成。丛书主编之一的王玉德教授为确立传主名单、物色作者、落实写作计划做了大量的工作，并亲自撰著了一书。王巧生博士为制定体例、联络作者做了一定的工作。

我们要特别感谢湖北人民出版社的领导与各位编辑为本丛书所做的贡献。

是为序。

丙申年初夏于武昌珞珈山麓

# 前　言

“才华清苑者，可作文人；包揽重载者，可作学人。……若愿为学人，则切勿作浅水轻篙徘徊容与之态。”① 王葆心在给其从侄王延杰的信中，表达了自己治学的目的，是要成为学人。“浅水轻篙”不可能达到做学人的境界，王葆心 5 岁就学，勤奋为径，广博为途，由博返约，融会贯通，让自己成为“包揽重载者”。在新旧更替的时代风云中，他立身持正、守正不阿、坚守民族气节，毕生致力于学，将“义理为宋元明学术之大宗，考订为两汉学术之大宗，词章为六朝唐人学术之大宗”的见解贯穿于治学之中，以呼吸国学三千年精华之气魄，独立创建，成为一代国学大师，在经学、史学、文学、教育学、方志学等方面均有极高建树。

在中国由传统社会向现代社会转折的暴风骤雨中，王葆心不是化笔为刀、立身历史潮头的思想斗士，而是与王国维、陈石遗、马通伯、樊增祥等学人一样，致力于学术事业，“自审悃朴，不善游谈奔走以从革命，爱国思想蕴积于胸中者，惟以托之笔墨以为鼓吹”②。王葆心蕴积于胸中的爱国思想，既表现为伤时救国、拯民于水火的血性文章，也表现为对中华传统文化之梳精剔粕。通过自己的教育活动，王葆心融合中华传统文化，开启治学门径，嘉惠后学。

列宁说过：“判断历史的功绩，不是根据历史活动家有没有提供现代所要求的东西，而是根据他们比他们的前辈提供了新的东西。”③ 依照这条准则衡量王葆心的学术成就，可以看出在中国社会剧烈动荡、东

---

① 王延杰：《我的叔父王葆心》，政协罗田县委员会文史资料工作委员会编《罗田文史资料》1987 年第 1 辑。

② 谈瀛：《王季芗先生事略》，《湖北方志通讯》1984 年第 3 期。

③ 《列宁全集》第 2 卷，人民出版社 1955 年版，第 150 页。

西文化剧烈撞击、民族矛盾与社会矛盾空前尖锐的历史条件下，王葆心以爱国的立场，在学术上反对守旧、勇于创新，在思想上坚持以教育为启蒙之手段，为中华文化的继承与发展做出了伟大的贡献。同他所处时代的那些引领时代之潮流、叱咤风云的英雄人物相比，王葆心或许只是一位书生，但绝不是一个“百无一用”的书生。他是在学术史上具有承先启后作用的湖北学者。“承先”指王葆心学继先秦两汉直至西学东渐的学术思想；“启后”既指王葆心在经学、史学、文学、教育学、方志学等方面具有较高成就，也指王葆心培养了徐复观、谈瀛等在学术上颇有建树的后来者。

本书以王葆心生平为经，以其学术活动和社会活动为纬，对其思想和成就进行评述。

# 目　录

# 第一章　博览群书，俗雅综贯

清同治七年十二月初七（1869 年 1 月 19 日），王葆心出生在湖北省罗田县大河岸古楼冲一个骤然衰落的耕读之家，其父王培浚“少年气盛，结客喜任侠，以世乱多财为累，岁散千金”，家道由富裕渐至衰败。1851 年到 1864 年前，太平军与湘军在武昌直至南京的长江流域进行了反反复复的拉锯战。战乱让王培浚觉得“世乱多财为累”，故放弃了耕读家风，开始广结宾客，致家产被挥霍得仅免饥寒。

幸而王培浚娶妻甚贤，在治家、理财、相夫、教子等方面均堪为楷模，终生秉持“衣不可穿尽，话不可说尽，人不可用尽，福不可享尽”的理念，勤俭持家，奉行宽以待人、严于律己的处世原则，身为表率，亲操家务，以节俭遏衰落之势。尤为难能可贵的是，她不仅教子甚严，且训诲之间讲求方法。在此慈母教诲之下，王葆心从小养成了“衣服有常制，饮食有常味，居宿有常处”的作息习惯，并从母亲的言谈中得知农民生活之艰辛、清兵入关时战争之残暴。母亲所讲述的豪杰志士献身的悲壮故事，为幼年的王葆心奠定了民族大义之基，也使成年后的王葆心在研读正史时敢于摒谬去芜、索源求真。

王培浚 40 岁后以家为重，与妻子同心协力，希图重振家业。他对自己少壮废学深以为耻，“悟已往之不谏”，“觉今是而昨非”，眼看自己折节读书是来不及了，就将希望寄托于后代身上。王培浚延师于家，对子弟进行教育。王葆心的母亲“爱子孙，重先生”，周到细致地关照老师的饮食生活。前后数十年，教育费用几乎耗尽了家产，母亲依然千方百计让所聘请的老师感受到王家的尊重。有此家风，5 岁开蒙的王葆心，从此走上了一条以书为友、以学为业的道路。

## 第一节 耕读家风

“十年树木，百年树人”，以树喻人则其果是人的事业成就，其叶是人的名声，其根是人成长的社会环境和所受的熏陶、教育。根深则叶茂果繁，王葆心能在学术上取得硕果累累的成就，与其成长环境及求学经历大有关系。

### 一、罗田古楼冲

罗田位于湖北省东部，距武汉 174 公里。据王葆心考证，新石器时期此地即有人类活动，春秋时为鸠兹国；南朝萧梁普通四年（523）六月初十建县。新中国成立后，属湖北省黄冈地区行政公署管辖；现属黄冈市管辖。

据罗田《王氏家谱》记载，宋乾道年间（1165—1173），王氏 56 世友直公率家属迁至罗田。王葆心在《陈氏甲子宗谱序》中有这样的话："吾族之始迁，则在宋乾道以后，我友直公以太原诗人季友公之裔，由丰城之白土墟徙县东之东安河。"① 友直公迁徙的原因是丰城在南宋年间多次出现旱灾，加上人多田少，为解决生活之困难，阖族迁往人口稀少的罗田，开垦荒地。最初家族迁居在东安河畔，随着人口繁衍，所垦之地已不够耕种，顺东安河向周边迁徙。数次迁徙之后，王葆心的直系先祖皋耀公定居古藤冲。该冲因一根古藤由河西攀缘至河东而得名，后转音为古楼冲。这里离罗田县城凤山约 15 公里，冲前东安河由北向南穿镇而过，冲后是两三百米高的照镜岩——乔木森森、灌木丛绕，为古楼冲织就一道绿色屏障。在东安河与绿色屏障之间，是王氏先祖开垦的高低不一的小块梯田。其地僻，其境幽。至王葆心这一代，在这里定居了五代。

① 王葆心：《陈氏甲子宗谱序》，《晦堂文钞》。

王葆心对古楼冲有深厚的感情，这种感情从王葆心 1918 年 4 月所作之《窃溪铭》中流露无遗。铭曰：

> 窃溪在古藤村屋之阳，窅深缭曲，其势屈盘，十步一曲，或写其状曰九曲。村人王葆心居其间五世矣。遭清鼎革，弃官却归，移居山外之青垞。童嬉之地，老岂遗忘？爰取铭之：青苍撑空，矫若游龙。我先人恐遂飞去，锁之以村外之二虹。翕晴吐雨，山嵬石穹。竦壁展席，五丁无功。瀑喧潭寂，翛然天风。我坐其间，上窥鸿蒙。古路幽悄，但与云通。枕吴山而汇楚水兮，洗顽犷而孕冲融。其显也，泽旁沛而四达；其隐也，环以四山耕凿之村翁。岁戊午夏正四月。①

这片"童嬉之地"对于长期漂流在外的王葆心，既是往事萦回之线索，也是失女丧妻后的心灵抚慰。铭中最后两句写的虽是景，但显示的是王葆心人生道路的困惑与希望。王葆心希望自己能"泽旁沛而四达"，万一不能显达，他愿成为隐居在此的村翁。这篇铭不是游戏文章，更非无病呻吟，而是委婉表达一个生逢乱世、期有作为学者的愤懑不平。正是这老亦难忘的"童嬉之地"，给了王葆心童年的欢乐，也在其幼小的心灵中植下了热爱家乡、热爱祖国的情感幼芽。

僻远优美的山乡环境为王氏家族提供了创业之基，至王葆心曾祖母时，王氏家族才兴旺发达起来。王葆心对曾祖母潘安人极为崇敬，曾言："我曾大母潘太君，盖佐治我家，俾抵极盛之女丈夫也。"这位潘太君是养蚕缫丝的能手，每年春天都要饲养大批桑蚕，并亲自主持缫丝。凡她所缫的丝，晶莹光洁、品质优良，运到汉口后专门打上王家的标记，价格远比一般的丝昂贵，且易于脱手，从无积压，每年都为王家赚一大笔钱。

除养蚕缫丝外，潘太君极善持家、治家，做到了"无弃人、无废

① 王葆心：《窃溪铭》，《晦堂文稿》。

事”，人尽其用。在主持家庭开支上，她以勤生财，以俭持家。“勤俭”二字长存于王氏家训之中。即使在家庭逐渐富庶起来的情况下，潘太君不仅不以富骄人，依然守勤俭本分；还亲自带着家人植桑、养蚕、缫丝。经过她的治理，笼产巨万，家族亦未沾染丝毫暴发户风气，生活“不殊寒素”。按照常理，有如此家风，王家应该一直发达，但道咸年间，太平天国席卷长江流域。太平天国军队、后起的捻军和分布在罗田、黄冈、麻城、黄梅的当地义军同清军反复作战，百姓流离、田地荒芜。这成为王家开始衰败的社会原因。王葆心之父王培浚“世乱多财为累”的处世观点，更加速了王家的衰败。

## 二、亲人及家教

家境衰落使王葆心的父母更加注重家教，出自书香门第的母亲对王葆心的教育已超越一般母亲从生活琐事教育的范畴。她从立德、为学、立志诸方面教诲王葆心，在教育中注意将身边之事与人生道理结合起来。她向王葆心讲述了明末蕲黄四十八寨在王鼎的领导下屡挫清兵的历史事迹，也客观地叙述了太平天国运动在这一地区的斗争情形。她的教诲不仅启迪了王葆心的正义感，也使王葆心在读书后对某些正史敢于质疑。成年后的王葆心存疑而求真，广泛搜集当时的诗人笔记、各个家族的谱牒及当地的民间传说，通过访问一些健在的老人，并亲自踏勘、考察当时战守的地理形势，写出了补救史志缺失、纠正史志谬误的《蕲黄四十八寨纪事》《明季江淮七十二寨纪事》和《罗田靖乱记》等著作。正是母亲的教育养成了他的严谨学风。

除母亲外，王葆心的三个哥哥也以自身行为影响着他。长兄王葆周长王葆心 13 岁，曾就读两湖书院、江汉书院、黄州经古书院，历任顺直、云南、两粤、湖北、四川等省官书局委员，于小学一道甚有造诣。王葆心重考订，极受长兄的影响。二哥王葆颐在读完五经之后，其父王培浚说：“吾家有子四人，不可悉令修学，当以一子治生。”王葆颐从此秉承父命，成为当家之人。在家庭经济拮据的状态下，补阙拾遗，担负起全家的生计、债务重担。积四十年如一日，王家家计在他的庇佑下得以维持。王葆颐当家温厚稳重、自奉甚简，且记忆力超群，平生从无出入账目之争。因被迫废学，除竭力助兄弟读书外，1904 年他鼓励王葆心办乡学，自己则担任无收入、事务繁杂的会计，多方筹集经费，使许多贫苦农家子弟得以读书。“民办学堂得与官办偕毕业者，以兹校开其先。”[①] 王葆心在暮年追忆其二哥时说：“我受先兄之庇，读书三十年，皆先兄之资也。”可见王葆颐是以自己的谦让和经营成就了王葆心。三兄王葆和比王葆心大 6 岁，从兄王佑祺只比王葆心大几个月，三人在一起形成了学习上的竞争。他们经常在一起比记忆力、比记忆速度、比刻苦精神，读书在兄弟之间变成乐事。王葆心在《罗君肖玉七十寿序》中回忆说：“当日塾中光景独恍然在目。每当池萤夏流，庭草春碧，秋夕书声与四壁蛩吟相互答，何其乐也！”[②] 三人既是兄弟又为同学，真正做到了“如切如磋，如琢如磨”。王葆和、王佑祺均为后人留下不少精神遗产。

因封建礼教的束缚，王葆心的姐姐们均未能入塾。她们经常向弟弟们询字问义，同时练习书法。王葆心成年后，对姐姐们不能读书十分惋惜和同情，多次对人说：“以吾家诸女兄之慧而好学，倘生长通都之世族，或值今日女子入校时，其足以当女博士之选者，必不止一二人也。”[③]

家庭成员中的长幼有序、礼让为先、尊师好学的气氛，造就了王葆心穷经究史、博览群书、执意求真的精神，也为他后来著书立说打下了坚实的基础。当家庭经济条件有一定好转后，王培浚在宗祠中设立家塾，延聘族中宿儒王卓甫为塾师，将王葆周、王葆和、王葆心及王佑祺等从兄弟一并送入塾中受教。外姓之人来此读书者每年不下数十人，王卓甫按不同层次、不同年龄分别授课，督促甚严、教诲甚勤。王卓甫的思想境界远高于当时的一般读书人，除教授四书五经外，还教导学生重

① 王葆心：《先仲兄五十四岁行述》，《晦堂文钞》。

② 王葆心：《罗君肖玉七十寿序》，《晦堂文钞》。

③ 王葆心：《节孝孺人徐氏十四从姊七十寿序》，《晦堂文钞》。

视史书，要求学生熟读《资治通鉴》《纲鉴易知录》等。为扩大学生视野，还引导学生阅读了大量子书，如《淮南子》《法言》《抱朴子》《世说新语》等。对东汉思想家王充的《论衡》，不仅要求学生读，还主动与学生讨论。在王卓甫不拘一格、打破常规的教学方式下，王葆心的治学基本功十分扎实，唯一缺乏的是怎样将所学的知识贯穿起来，形成“书为我用”的治学方法。1889 年，机会降临到王葆心身上，他和长兄葆周、三兄葆和、从兄佑祺进入张之洞创办的经古书院。经古书院是张之洞调任湖广总督后，在黄州原河东书院的旧址上设立的，翰林院编修周锡恩为该书院的山长（即院长）。

## 三、学无偏废

清末思想家薛福成在《选举论》中说：“先儒亭林顾氏有言：‘八股盛而六经微，十八房兴而廿一史废。’易堂诸子，遂创谓秦皇以不读书愚黔首，明祖以读书愚黔首，殆有为言之也。且时文至今日，非独其文之谫陋，无足尚也；今即有一能文之士于此，一旦登要职、握事权，其经世宰物，未必稍异于恒人也。”① 他对八股取士的流弊进行了抨击，将八股取士的制度与秦始皇焚书坑儒归为同类。其实清道光年间，龚自珍已然在《己亥杂诗》中指明了八股取士制度造成了“万马齐喑”的社会状态。张之洞本人尽管在科考中春风得意，但在任职中认识到以八股文取士既不利于人才选拔，也不利于人才培养。他认为“中国不贫于钱财，而贫于人才”，提出了要培养实用人才的理念，并根据这一理念在广州创办了广雅书院，还不时到书院考察教师、考核学生。这种考察与考核使张之洞在办教育的实践中建立了一套过渡的教育制度——适用于科举与西式学校交替时期的教育制度。

张之洞担任湖广总督后，从 1890 年到 1906 年多方筹资、大兴土木，在武昌及周边地区先后建起两湖书院、自强学堂、农务学堂、工艺

① 丁凤麟、王欣之编：《薛福成选集》，上海人民出版社 1987 年版，第 1 页。

学堂、陆军学堂、陆军测绘学堂、湖北武备学堂、经心书院、两湖总师范学堂、东南西北中五路高等小学堂等，使湖北从小学教育到高等教育渐具规模。更为重要的是，张之洞大刀阔斧地进行了从教育制度到教育内容的改革。为时代所限，在教育制度的改革上采取了书院制和西方学堂制相结合的形式，在教学内容上大力提倡自然科学的学习，在不与君主制度对立的情况下也适当地引进了部分西方的社会科学。这样的教学改革既上承科举旧制，又下开西学新风。

张之洞在黄州创办了经古书院，在课程设置上煞费苦心，除开义理、考据、经济、辞章四科外，还将科技知识传授给学生。在周锡恩编纂的《黄州课士录》中，可以看到大量题材新、内容新的文章，如《铁路议》《钱发议》《邮政议》《四洋四器》及《拿破仑及汉武帝论》。这些文章不仅体现了学校的教学内容，也反映了倡导新学、培养实用人才的教育理念，同时贯穿了张之洞“中学为体、西学为用”的改革理念。

王葆心非常敬仰周锡恩。周锡恩 1876 年优选贡生列为第一，1883 年举进士。《罗田县志》上说：“周幼颖悟，未成年即考取秀才，深得张之洞赏识，后就读于武昌书院，学业日益精进。”周锡恩的书法在当时颇有名气，现存对联一副，上书“之子生天灵运后，是心传道赫胥前”。从其内容可以看出，他善于吸收新思想、接受新风气，是一个较早关注西方进化论的人。周锡恩考取进士后，授翰林院编修，同代人将他与江南才子张百熙合称为“北周南张”。周锡恩在翰林院供职期间，痛感民生凋敝、国力衰微，希望朝廷能“整治朝纲、振兴国运”。他在给光绪皇帝的《变法通议》中说“运会易而气机更，气机更而治化因，古今之人莫之能违化”，提出“学有千年不变之道，政无百年不变之法”，变法主张在康梁之前。张之洞极为欣赏周锡恩，在他任经古书院山长时，张之洞看到他在黄州所出的课士题目，感慨地说：“予老，门生只汝一人提倡时务，举省官吏士大夫，对于中国时局，皆瞶瞶无所知，而汝何独醒也?”1893 年，周锡恩任浙江乡试副主考官，他因检举主考殷如璋舞弊反受到污蔑，于 1900 年被革职送交罗田地方官严加管束。王葆心在他的墓志铭中这样写道："为人秀眉目，短悍机警，吐词清澈，举步翔雅，讲艺论事，蹈厉风发，纵横滔辩，睨视稠人，临事忍辱负重，震撼中尤见气魄。"① 同时指出他："间露圭棱，时以直性狭中自咎，其触忌半由此。"② 据此可以了解到其才高性直、不注重官场规则。王葆心对这位老师始终敬其学问、重其人品，在文字学、声韵学、训诂学上，深受其教诲。从周锡恩身上，王葆心接触到新的思想、新的学习方法，也承袭了周锡恩豁达大度、提携后进的作风。

担任黄州经古书院山长的周锡恩期望自己能通过教育事业为国家培养德学俱优的可用人才。时处新旧交替的转折关口，对于旧式教学方法，他并未一并抛弃，而是择其善而留用之，强调扎根于朴学、拓思于经学、务实于史学，强调师生共研讨，强调思勤必慎。尽管希望学子们才思敏捷、下笔成文，但在训练学生练笔时，绝不主张学生师心自用。这种重视学生实践的教育方法，对于今天的文科教学同样具有意义。另外，和那一代有改革思想的读书人一样，周锡恩关注时事、关注国情、关注民族的命运，希望将民族大义及对国家的责任根植于学生心中。这已不是三家村里的陋儒所能企及的境界，他已然是站在新旧过渡时期一位沛然而新的引路人。师长的求新求化使王葆心得到全面的提升，立下了以天下为己任的志向，推究古今天人经论权变的作用和寰海强弱原委的异同，以期学以致用。为达到学以致用的目的，王葆心读书不汲汲于烦琐的章句，以贯通群经大义的主旨为主，在"循其原委、辨其异同、阐明诸经的义例、考订文字的讹脱"的基础上，"不寻章摘句，不墨守陈言，更不是古非今、专谈空理"。王葆心敢于质疑的精神，勇于接受新思想（进化论）的态度，脚踏实地的治学方法都是在这一时期形成的。

对王葆心而言，经古书院两年学习最大的收获不仅是让他能写得一手好文章，更重要的是拓宽了他的思路，开阔了他的眼界。与当时的一般学者不同的是，王葆心彻底打破了学术门户的藩篱，从此开始博览群书，不是按门派之见在读书上进行取舍，而是以博求专，以专业作为

①② 王葆心：《清故翰林院编修周是园先生墓志铭并序》，《晦堂文稿》。

划分之标准，将古今中外与其专业有关之典籍糅合在一起进行思考，既不从古，也不非今；既不崇洋，也不排外。看来鲁迅在后来提倡的“拿来主义”，王葆心在经古书院已在实践。

## 第二节　两湖书院

1891年王葆心兄弟三人及从兄佑祺进入两湖书院学习，两湖书院为张之洞创办，自始至终体现和贯彻着张之洞“中学为体、西学为用”的思想。为建立这个书院，张之洞在武昌都司湖（菱湖）畔投入税银18万两，建斋舍240间及其他用途的房舍。该书院书库藏书数十万册，为有史以来湖北藏书最多的书院。张之洞在培育人才上不吝钱财。两湖书院学习条件为全国新学之冠，每个学生分配住房两间，床铺、桌椅、书柜俱全。学生每人每月膏火银4两，每月至少可得奖金3两，共折合银洋8元半。学生每月伙食费3元足矣，其余的自己支配。张之洞这种“养其身而安其心”的方法真正做到了唯才是举，不以贫贱埋没人才，使贫穷学子得到求学的机会。在两湖书院，书籍及一切学习用具全由学校提供，除了《皇清经解》《皇极经世文论》《资治通鉴辑览》《文史通义》《宋儒学案》《明儒学案》等必备书外，还收集了历朝名人文集，如《韩昌黎文集》《柳河东文集》《苏东坡文集》之类。更令王葆心欣喜若狂的是，书院书库中有严复所译的赫胥黎的《天演论》和达尔文的《物种起源》等。

两湖书院学习环境良好、条件优越，但对学生的管理非常严格：要求学生住校，不能外宿；有事请假，需禀明监院，准假给牌，最多不能超过半日；学生亲友来访，规定每日申时由门卫按号报之，会晤于会客室，不得久留；禁吸洋烟，禁赌博，禁代人作讼词，禁酗酒，禁结党生事，禁鄙悖无理，以上诸条犯者开除。这些规则并非要求学生与世隔绝，而是要求学生在道德上能站身立足，“行为合规矩，立世遵良俗”，并表明学生主要任务就是读书，就是学习。

## 一、张之洞与两湖书院

张之洞抓教育抓在实处，首先合理组建了两湖书院的组织体系，不按传统设山长，仅配提调一人、监院二人，只负责书院一般行政工作；设东西监督二人，负责全院教学事宜，也监管与教师有关的行政事务；监督下设监学二人，负责管理考核学生品行、作业，发放奖金及书籍用具。书院开创了后世学堂实行教务训育、总务分离的先例，落实到各司其职、各理其事。其次，在用人上张之洞重品德、重学识，先后任命梁鼎芬、蒯光典、王同愈、黄绍箕等人担任监督；经张之洞批准调入的教习均为学有所成、术有专攻的第一流人才，如经学教习易顺鼎、杨裕芳、钱桂森、张锡恭、马贞榆，史学教习杨锐、汪康年、梁鼎芬、姚晋圻、沈增植，理学教习邓绛、周树谟、贡棠，文学教习陈三立、周锡恩、屠寄、杨承禧，舆地学教习杨守敬、邹代钧，算学教习华蘅芳、汤金铸、曹汝英，测绘教习罗熙纶，化学教习徐廷寅，另外还有讲授天文学的贾文浩、教授博物学的王季征。这些人都是实至名归的海内饱学之士。

开明的教育思想、充足的财政支持、完备而严格的管理制度、德才过人的教师，为两湖书院培育人才提供了条件。条件仅仅是条件，学生能否成才，最关键的是要看学生是不是可造之才。基于这一点，张之洞制订了选调与面试相结合的录取方式。书院在湖南湖北两省各选调一百名士子，选调条件为才识出众、多闻博览、志行高洁、好学钻研。达到这些条件的学生必须由下级书院的山长亲自推荐，如所言不实，会对推荐者名誉上造成巨大的损失。条件中也有一些不合理的地方，如被推荐者必须是秀才身份，同时不能跨省挑选；但由于茶商捐助了书院的经费，特许商籍子弟四十人入院肄业，不过严格要求别的条件不许降低。张之洞尤其重视录取学生的面试，面试由他本人主持，王葆心就是经张之洞面试录取的。

王葆心面试时，张之洞看到他的名字略作沉思，问道：“你是不是从黄州经古书院来的？”王葆心恭敬地回答：“是。”张之洞接着问：“你的几个哥哥来了没有？”王葆心回答说：“来了。”张之洞捋着胡须频频点头说：“你们的文章写得不错，开始换脑了，这是大好事。”又对左右的面试官谈起自己的看法：“年轻人都能这样，国家就有前途了。”可见张之洞在面试前，已做了充分的准备，多半早前已看过经古书院《课士录》选编的500多篇诗文，对王家三兄弟所做文章印象尤深。另外，“换脑”二字也就表明张之洞的教育思想是走在时代前列，不是单一地要求学生的八股文学得好。王葆心及其兄长们听到总督大人对他们的肯定，心中高兴自不待言。更重要的是，张之洞的这几句肯定性的话语，更加明确了他们的学习方向。终王葆心一生，在做学问的过程中都保持着“换脑”的精神：通过接触新的知识“换脑”，通过接受新的观念“换脑”，通过领悟时代精神“换脑”。如果不能在学习过程中“换脑”，那只是知识的堆积；“换脑”是学习上质的飞跃。

王葆心在两湖书院五年，张之洞对他影响极大。王葆心在《题张文襄公湖北观风手札稿跋》中写道：“葆心生晚，不获逮公督学时亲承校试，犹幸入两湖书院，隶公最后弟子之籍。犹忆公教以作文，宜从博大平易处致力，则成就远大。盖深针葆心病痛而进之。”① 张之洞所说的“博大平易”四字，王葆心终身恪守。王葆心尤其钦佩的是，张之洞在湖北兴学掖才。他又写道：“南皮张文襄公以同治中叶督学吾鄂，一以诸先正为法。曾文正《与许文敏论视学书》即举公在湖北之绩，俾文敏奉为视关学之法式。其言曰：‘嘉所已能，策所未至，本教人之常道，而学政尤为要图。近张香涛在湖北甚惬众望，宏奖津津，人才何常？褒之则若甘雨之兴苗，贬之则若严霜之凋物，诚于告示批评中，常假以齿牙之芬、华衮之誉，米汤若醍醐之灌顶，高帽如神山之冠鳌。……’文正此言，盖已括文襄在吾鄂教士之殷拳而尽揭之。”② 这段话中，记载了张之洞教育学生的方式是重视“宏奖”，即使在批评和指出学生毛病时，也给学生以鼓励。这不就是今天提倡的激励教育机制么！王葆心不仅看到

①② 王葆心：《题张文襄公湖北观风手札稿跋》，《青垞居士文稿》。

了张之洞在两湖兴学之成就，也能客观地评价张之洞任湖广总督时的政绩。他认为张之洞督鄂做了劝学和惠民两件大事，关于惠民之政，王葆心这样写道："综前后惠民之政，往往举一事，命意在此，而利益兼及彼，因而四民咸沐其大利。故织布、纺纱、缫丝、制麻、制皮等局之设，本广商业以塞漏卮也，而兼能利农；筑红关堤、筑沙洲堤、筑汉口后湖堤，本以利农商也，而兼可惠工；创劝业、善技、益智三场，以振起工商也，其究而四民皆便；造铁路、开矿山、浚河渠、修马路，亦以利益工商也，其究亦四民皆便。"① 从这些文字中，可以看出王葆心不是自闭于书斋、空谈性理的读书人，而是关心世务、重视实绩的学者；可以看出王葆心对张之洞这位恩师是尊之、敬之、重之而不畏。不畏的原因在于，张之洞对学生态度和蔼，尽管年已七十，但他到书院来总是衣着朴素、随从很少，不将总督大人的威风摆在学生面前。另外，张之洞有时在假日邀个别学生由监督率领到总督府谈话，被邀的学生要把他所说的嘉勉之辞传给同斋的人。张之洞非常重视师生关系，还经常为学生介绍工作。

当然，受历史条件束缚，张之洞重视培养学生的忠君思想，从不敢说朝廷半个不字，由于当时科举制度还存在，他总是鼓励或通过学校的监督去激励学生应考。

值得注意的是，书院集会之所"正学堂"的横额是张之洞亲笔题词。张之洞对"正学"的解释是："我朝士气萎靡不振，根源在于凭八股空论取士，亦由于邪说偏学流行。唯有提倡正学，才能挽颓风。"何谓正学？何谓偏学？张之洞从未明确说过，可能他也无法做出判断，于是给了老师们大展身手的余地。讲理学的、讲经学的就说他们讲的是正学，讲算学的、讲测绘学的、讲化学的老师就说实用科学才是正学。张之洞的原则是，只要老师教书认真，也就不纠缠于正学、偏学这一话题。"兼容并包"在张之洞的教育思想中已见端倪。

---

① 王葆心：《太子少保体仁阁大学士湖广总督南皮张公德政碑记》，《晦堂文钞》。

## 二、良师益友

张之洞除对王葆心作文之法有直接教诲之外，并未直接施教于王葆心。两湖书院的众多良师及同心向学的益友，书院书库中的十数万册图书、近百种报刊，为王葆心求学创造了极好的条件。

王葆心第一年选修文学，师从他在经古书院的老师周锡恩。周锡恩本身就欣赏王葆心，将自己的学识倾囊授之。王葆心经常一日数次请教，周锡恩不仅能准确清楚地解答王葆心的疑问，还能因疑设例，用适合王葆心接受的方式进行教授。

第二年，王葆心改学史学，师承邓绎。这位老师对他的影响远远超过其他老师，王葆心言："先生口讲之余，间出手著之《云山读书记》相示，既一再受读之。"邓先生将自己读书心得作为教学范例的方法，对王葆心极有启迪意义。从后来王葆心编著的《艺林演雅》中可以看出《云山读书记》的笔调、风格。

1907年饶竹生写信给王葆心征求著书之体的见解，王葆心在复信中阐发了不少见解。与邓绎的《云山读书记》相比较，不难看出王葆心的这些见解，依然是依邓绎的见解加以阐发。王葆心在复信中写道："至述者之类，以拙见观之，则凡古人发意为是书之始，又大都随所肄而因物赋形。如王深宁乃为词科之学者，其《困学纪闻》则依倚所为《玉海》类书而成；顾氏乃为经世之学者，其《日知录》则依傍《册府元龟》类书，参以明代邸钞实录而成，故其书不得不分类。至《思辨录》之成书，则依其自课之十年读书、十年讲贯、十年涉猎各书而成；《湘乡读书录》则依其自课之十二书、十五书，与夫义理书二、辞章书二、经济书二、考据书四而成。总之，其先随笔札记，初无定体，展卷欣然，把笔跃然，伏此泉脉，随处发见。则吾兄此时何必斤斤执定用何制体，以牵滞寸心，使不得圆活也哉！"① 这与邓绎在《云山读书记》

---

① 王葆心：《复饶竹生学部书》，《晦堂文钞》。

中所强调的“因意著书”“因书定体”的见解如出一辙。另外，王葆心对《四库全书》分类的看法也同于邓绎，他认为“盖周秦以前子书即是文集，试观荀子《赋篇》《成相篇》，都入子书；贾生《治安策》《陈政事疏》，均入《新书》可见。唐宋以后则以文集当子书，兄试取《云山读书记》中篇幅为立题目，刻之文集，又孰不作论说观乎？他如《绎志》，乃辑合汉儒、宋儒精论而成；魏氏《默觚》，乃辑合《经世文编》中论学、论治粹语，参以子书之体而成。此又一种作法也”①。这一见解极有见地，对于《四库全书》将子和集分开做了辩述，对图书分类学的发展极有贡献。

“传道授业解惑”，两湖书院的良师谆谆教诲在前，王葆心孜孜不倦求学在后，非良师不足以让学生日有进益；学生若不勤学，则良师也无法发挥其作用。“师傅引进门，修行在个人”，两湖书院的良师拓宽了王葆心的学术视野，为他奠定了坚定的学术基础。

良师引导，益友相互促进，蕲州童树棠与王葆心所学课目相同，且做学问的方法也有相近之处。童树棠多次与王葆心谈心说：“世变益亟，吾学不成，何以救世？愿后此各以天民大人之业蔚有成就，期以年岁，再出问世，他时亦以学业之成否再相见。”② 将“学业成否”作为再见面的条件是童树棠对自己的要求，也是对王葆心的激励。王葆心注意到童树棠在治学上除了一个“勤”字外，还遵循循序渐进、不拘泥烦琐考订而力求贯通诸书的原则。王葆心仿效童树棠的学习方法，提高了自己的学习效率。

童树棠具有强烈的爱国主义精神，深以国家事业为念，对教育、外交、军事、政治均能纵古论今，并借鉴国外制度，提出剔积弊、汰冗员、简文法、进贤才、激士气的主张。这些见解对于王葆心政治思想的形成和发展有积极的影响。童树棠去世后，王葆心编辑童氏遗稿，定名为《童氏类稿》，由王葆心出资刻版印刷，其尊崇之情尽见于此。

---

① 王葆心：《复饶竹生学部书》，《晦堂文钞》。

② 王葆心：《楚学大家童君憩南行状》，《晦堂文钞》。

良师益友加上两湖书院书库里的藏书、期刊、报纸是王葆心在两湖书院度过黄金五年最宝贵的依靠。报刊将王葆心的眼光引向世界，在增长见识的同时，也使他能以国外之先进思想思考国事。书库中藏有大量清代文字狱时所禁之书目和经《四库全书》编校者所删改之书目，让王葆心能收“他山之石可以攻玉”之功。

在两湖书院的五年，王葆心极为勤奋刻苦，突出的记忆力和勤于思考形成的悟性使他学业日进。据学生谈瀛讲，王葆心读书是不做摘录不读，不读完不放手，读完后必写笔记。现代教育工作者提倡的口勤、脑勤、笔勤在王葆心身上都表现出来了。王葆心强调背诵，凡他读过的书基本都刻在脑子里，像他写的《古文辞通义》《方志学发微》《艺林演雅》《续汉口丛谈》《再续汉口丛谈》等所引典籍和资料相当丰富，其中除了少数由子侄、学生提供外，大部分都是凭记忆撰写，再经子侄考订，谬引极少。这是他非凡的记忆力和“三勤”读书法结合的硕果。

## 三、王葆心的治学方法

在治学上，王葆心真正做到了“书山有路勤为径，学海无涯苦作舟”。他在治学上的“勤”表现为博览群书，“苦”表现为慎于思考，他认为学识二字不可分离，常说：“有棱有脊方可言学，有本有源方可言识。”“有棱有脊”是指学问既要有其学科的规范性，也要有自己的见解；“有本有源”则是要求见识来源于实际，有所依托。基于这一认识，王葆心在治学上始于条理，终于贯通；始于剖析门户，终于不分门户，即要求在学的时候必须分别门类循序渐进，学到最后要能融会贯通。对于各个学派先要掌握其特点、流变，最后要从特点和流变中找出共同的规律。例如，他认为义理为宋元明学术之大宗，考订为两汉学术之大宗，辞章则为六朝唐人学术之大宗。这就抓住了每个学术阶段的主要特征，能有针对性地进行分类学习。在分类学习达到一定的程度后，融会贯通的趋势自然会逐渐出现。在经学上，他以小学为基，从考订入手，以贯通群经大意主旨为重，深入研讨群经的源流、离合、变迁，并辨析异同。不同于一般读书人的崇经而读经，王葆心用对经学的认识分析历史变迁、观察当代形势，这种读经的方法突出了理解和运用之间的联系。为了使经学研究别具一番天地，王葆心著有《经学变迁史》，对历代经学之变迁离合寻源溯流，脉络极明。该书材料之翔实、见解之新颖，为当时学者所重，被北京优级师范、京华书局、武昌高等师范及《文史杂志》先后传印。日本学者北川泽吉所著的《儒学通论》就引用了该书中的《历朝经学九变图》。他来中国时携带《儒学通论》拜会王葆心，并赠书留念。《儒学通论》一书后被译为中文、英文及朝鲜文数国语言，对日本及欧美汉学有极大影响。

为方便学生学习经学，王葆心将自己辛苦得来的经验撰写成《高等学校讲义》及《经学研究法》前后篇。《经学研究法》前篇从整体角度阐明了研究经学必须把握的原则和技巧，后篇则针对具体的经学研究进行具体方法的介绍。将自己备尝艰辛得来的方法，公之于学生，足见王葆心的苦心。另外，从经古书院起，王葆心就秉承其师周锡恩义理、辞章、考订三者缺一不可的学习方法，认为缺一即是偏废。他清醒地认识到古书、典籍在印刷术普及之前，难免有传抄错漏，无考订则不能纠正错漏。纠正错漏除寻找善本进行校勘外，还要注意以讹传讹产生的歧义，这就要求以义理为纲来纠正谬误。辞章既是学者必须掌握的基本功，也是对古籍文风流派鉴别之本领。他的这种见解对启发后学作用极大。

王葆心从良师学习，在学知识、长见识的同时也学习师长们的治学方法。如他从周锡恩老师身上就学习到写文章不能放言不忌，要做到“言有据而理有源”，也不能空言不实，反对写一些大而空的见解；同时也反对高言不切，故意将文章调子定得很高，落在实处则难成体系。他将周锡恩告诫他的“切不可露才扬己，自矜己长”奉为圭臬，认为写文章、做学问要落在实处，切不可有浮夸、炫耀之风气。这是治学方法，何尝不是做人的道德原则呢？

关于治学，王葆心为自己订立了治学五法：校勘以审异同，评点以标要旨，荟萃以成铺录，搜集以补阙轶，考证以定折中。[1] 这是他综合自己求学及师长们教育的治学方法而成。“校勘以审异同”不仅要求校勘版本纠正谬误，而且要通过对差异的分析来找出共同之处；“评点以标要旨”，评点是一个分析思考的过程，通过这一过程才能抓住原著的宗旨，到这一步方可言初入门径；“荟萃以成铺录”，荟萃即收集书中之主要观点和精华语言，按类分录，形成自己的知识系统；“搜集以补阙轶”是针对古代典籍阙轶现象和资料不全的学习现状，通过扩大搜集资料来源，对错误的资料进行甄别，对不足的资料进行补充，对不完善的资料加以完善；“考证以定折中”，考证已不仅是对字句的考证，也是对内容是否正确、体例是否规矩的辨析，在此基础上找出荟萃诸家之长、回避他人之短的选择方法，所谓“折中”则要求自己不要先入为主，做到虚心受益。

王葆心不仅将这五种方法用于自己治学，也用来引导学生治学。同时他将这五种治学方法应用到自己的著述活动之中，如所著《古文辞通义》。书中他通过探寻古文的内在规律来说明古文的本体，考究古文的内容和体例差异来阐发其功用，从学理角度来分析作者的思路，从汉文典的角度来考究作者的语言风格，从文学史的角度来分析古文的沿革，更从修辞学的角度讨论了古文家们特有的修辞艺术。《古文辞通义》中王葆心用古文家、古文批评家的作品作为实证资料，通过自己点评及荟萃来阐发观点。五种治学方法在《古文辞通义》中的交互应用使此书一出就被推崇为“集清代古文之学大成的著作”。正确的治学方法不仅造就了王葆心这位国学大师，也为大师的著述增添了光彩。

## 四、书为我读，撷取精华

西方学人将读书学习做了三个不同层次的比喻，其一是驰骋游览、书尽寓目，如蜻蜓点水略知一二；其二如海绵吸水，一吸而入，既博且

① 黄德馨、傅登舟主编：《中国方志学家研究》，武汉出版社1989年版，第200页。

广，略以压挤则一泄而空，所学之识茫然无存；其三如植物从大自然吸收养料，按照自身需要选择吸纳、摒除，以知识营养自己的机体，所谓为学有方才能造就一代学人，王葆心就是这样的学人。王葆心读书广博，但在广博中做到了以我为主，表现为根据自己的治学目标选择应读之书，且不存门户之见，广取博纳。例如他的《古文辞通义》取材极为宏博广泛。该书既有曾国藩所要求的“能通训诂，则后人承伪袭误之习可改；能通文革、文气，则后人硬强滑调之习可改”，也使用了日本佐佐政一的《修词法》、岛村泷太郎的《新美词学》、武岛又次郎的《修词学》、山岸辑光的《汉文正典》，章学诚的《文征》都成为该书的有力支撑。他人的观点、他人的研究成果经王葆心的融会贯通都在《古文辞通义》中发挥作用。

“书为我读”，应从两方面理解：一是要根据自我需要进行选择；二是对所读之书要通过自己的独立思考确定应吸收的部分。这里既体现了明确的学习目的，也体现了在明确目的指引下的正确学习方法。通过这样的学习就能从无边无际的，甚至有些芜杂的著作中撷取精华。王葆心在《艺林演雅》中引用了泰戈尔、罗素对东西方文化所做的评价。泰戈尔说：“欧人妄自尊大，欲以西方物质思想征服东方精神生活，致使中国、印度最高之文化，皆受西方物质武力之压迫然后快意，此实为欧洲人共同所造之罪恶。”王葆心认为此语极为有识，接着言：“罗素论中国现世不在西方文化吸收，反在兴东方旧有之文明。中国学术远在两千年，已经灿然大备，若加以整理，使之复兴，影响世界极为伟大，最后中国将为世界文化之中心。”以泰戈尔和罗素的评价为基础，王葆心这样写道：“余谓此二学者之言，真能洞见中西之异同而权衡是非之所在也。”王葆心找到了泰戈尔、罗素思想上的精华，表现出尊重祖国传统文化，同时又注意吸收世界先进的新文化，使中西文化相融相存、相互交流、相互促进，并以推进国家文化建设为使命。

要做到“书为我读，撷取精华”，首先得在心中排除一“我”字，即个人见解。初学时自己并无定见，易受教诲，听从他人观点；进入独立思考形成自家见解后，往往先入为主，在读书时用己见来排斥他人见解。这一阶段必须不固执己见，要能客观地审人之长、求己之短，然后取长补短，使自己的学识得到提升。有“我”是有我的学习目的和学习方法，无“我”则是虚心求进的一个重要步骤。这样才是做到“书为我读”的第一步。

“书为我读”的第二步取义于孟子的“尽信书不如无书”，不可不读书，不可尽信书。这个矛盾统一于书是知识传承的载体，因此必须以考订、训诂为基础，然后明晓所读之书的主旨，这样才能体现出“我”的独立思考。离开独立思考，“书为我读”只是一句空话。

“书为我读”，每一个“我”都应该有自己的读法。王葆心在《古文辞通义·识途篇》中引用了储中子的消纳读法、方望溪的引申读法、孙履斋的直进读法、曾文正的并行读法、陈勾山的专一读法、吕东莱的总七家文合读法等，对列举各家的读书法进行归纳、分类，提出了“常读之法”和“约读之法”。“常读之法”是指能读之愈长、思之愈深，取之愈高、得之愈广的文章应常置于手边时时翻阅；“约读之法”则为选择百篇左右各种文体都具备的文章，反复诵读，经过沉潜体味、反复熟演使古人之文若己出。同时，王葆心赞同何忠万《读书劝语》中的观点，“先秦文当熟读者也……汉、魏、六朝、唐、宋文字宜兼读者也……”①王葆心根据古人的时代背景以及不同时代的文风来确定读书方法，在读书中往往采取约读与常读结合的办法。他注重熟读先秦典籍，对先秦之后的文章则以兼读为主。他将朱熹所说的“读书之法，须正看、背看、右看、左看，看得是了，未可便道是，须反复玩味”② 奉为圭臬。“正看”即是按作者观点看作者之书，“背看”即是站在作者相反的角度来看作者之书，“右看”是从作者立论的角度退一步看作者之书，“左看”即是从作者立论的角度进一步来看作者之书。如此读过后，还得反复玩味。苏东坡“旧书不厌百回读，熟读深思子自知”，朱熹所言“熟

① 王葆心编纂，熊礼汇标点：《古文辞通义》，武汉大学出版社 2008 年版，第 153 页。

② 同上书，要义概说第 3 页。

读详味，久当自见”，李光地“读书千遍，其义自见”，曾国藩的“熟读成诵，自有悟境”……这些关于读书法的诗句与格言均被王葆心引入《古文辞通义》中，既表明每个人都应有自己不同的读书方法，但又点出所有的读书方法中都包含一个共同的原则，即要熟读。

王葆心采纳曾国藩家训中“读书之法有看、读、写、作四者”的读书方法，即“逐年所看者是也……譬之富家居积，看书则在外贸易，获利三倍者也；读书则在家慎守，不经花费者也。譬之兵家战争，看书则攻城略地、开拓土宇者也，读书则深沟坚垒、得地能守者也”①。在采纳了曾国藩的观点后，王葆心用老师刘永济的说法加以阐释：“看书宜广，宜快，宜方面多；读书宜少，宜熟，宜选择精。”② 王葆心有自己的读书方法，真正做到了书为我读、书为我用。

## 第三节　因人施教树桃李

“学而优则仕。”王葆心身处科举与新式学堂的过渡时期，在两湖书院修业五年取得的“优”没能让他在仕途上得以驰骋，但得到了有识之士的激赏。光绪二十三年（1897）春天，王葆心被钟祥县知县朱觐聘为钟祥传经书院院长，开始了教书生涯。光绪二十四年（1898），又被聘为罗田义川书院的院长。光绪二十五年（1899）春，任黄梅调梅书院院长；秋，任汉阳府晴川书院院长。光绪二十六年（1900），经罗田县邀请，再任义川书院院长。光绪二十八年（1902），任汉阳府学堂教习。之所以在该学堂任教习，是为了参加乡试。光绪二十九年（1903），仍旧担任汉阳府学堂教习，秋天参加乡试，被录取为举人第三名。光绪三十年（1904），在罗田县创办第一丙等私立小学堂。光绪三十一年（1905），任武汉黄德道师范学堂教员。光绪三十二年（1906），任汉阳

① 王葆心编纂，熊礼汇标点：《古文辞通义》，武汉大学出版社 2008 年版，要义概说第 14 页。

② 同上书，要义概说第 15 页。

府学堂教习。光绪三十三年（1907）秋，张之洞上奏朝廷，表彰王葆心办学十年成绩卓著，推荐他调任礼部司务厅行走，兼任京师大学堂及优级师范学堂教习、图书馆编纂，后迁任学部主事，并被礼部聘为礼学馆纂修。王葆心在礼部供职四年，其间依然在从事教育工作。

科举未废，王葆心依然想从科举一途脱颖而出，走上仕途，但"文齐福不齐"，科考的不顺使他只得走上从教之路。可贵的是，在教学工作中他真正做到了"诲人不倦""授人以渔"。

## 一、循序渐进的教学内容

王葆心善于总结经验、博采众长，这不仅表现在他治学上，也表现在对教育事业的钻研上。光绪二十五年（1899），他在黄梅调梅书院院长任上，据自己的学习过程，结合张之洞办教育中模仿国外制度设置的学制，考虑到当地学生的年龄差异问题，将13岁以前的教育分为两个阶段，即蒙童阶段和成童阶段。蒙童指8～10岁的孩子，成童指11～13岁。根据这种年龄分段，他将小学教育分为蒙馆、经馆，在不同阶段确定了教学内容和目标。他规定："蒙馆则先以识字，读简要发蒙书，读四子本经书、粗浅文法；经馆则教以讲解四子本经书，学较深文法。"① 对在蒙馆及经馆学生学习的要求上，"蒙馆只尚记诵，不求讲解；经馆只攻帖括，不究群学"②。王葆心认为对8～10岁的孩子只用以识字、读书、写算三者讲解之；对11～13岁的成童则需教授识字法，加答问、演文二者，并讲解图表书。王葆心非常重视选用教材，提出识字应该采用当时最新的方法，从《课蒙易晓》（武昌张氏家刻本）、《启蒙捷径初义》（上海算学报馆刻本）、《字课图说》（上海澄学堂刻本）书籍中择选一种；读书则主张先读各门歌括书，以领悟各门之要。如小学《说文建首字读》（苗氏四种本），经学《十三经韵语》（江夏陈氏刻本）、《春秋列国地形口号》，史学《历代年号世系编》《史鉴节要》，理学《幼

①② 王葆心：《拟乡塾授书课程》，《晦堂文钞》。

学口语》《小学韵语》，天文《步天歌》《天文歌略》，舆地《皇朝直省府厅州县歌括》《地理歌略》，算学《学计韵语》《算雅》，名物《名物蒙求》《植物学歌略》，以这些歌括书为提纲，再进入四子本经书的阅读。

在算学教授中，王葆心认为应先教授加减乘除四种计算方法，然后逐步提升教学内容；要求学童在计算上做到以准确为前提，努力提高运算速度。王葆心注重写字教学，不仅要求学童在笔画顺序、书写构架上不许犯错，还要求蒙童从写仿入门，通过习帖逐渐走上书法之路。在讲解上王葆心赞同采用答问之法，以便形成课堂上师生互相提问、互相回答的活跃气氛。他还主张兼取中西，建议采用《启悟要津》《西学蒙求答问》《时务蒙求答问》《地理问答》等教材；演文（即写作）应该由浅入深，先写浅近小论或笔答、注解，主张以《训蒙捷径》为主要教材。

王葆心主张对学生讲解的时候一定要使用前人图表书，通过图表教学使学生对所学知识有直观的印象，并帮助学生形成系统的记忆线索。他推荐的图表书计有《禹贡图》、《毛诗品物图考》、《春秋名号归一图》、《尔雅图》、马氏《绎史》中的《世系图》《历代沿革险要图》、《理欲盛衰极致图》、《善利图》、《人极图》、《赤道南北恒星图》、《天文图说》、《皇朝地舆全图》、《皇舆全图》、《平圆地球全图》、《格物图说》、《百鸟图说》、《百兽图说》……在教材选择上王葆心做到了煞费苦心，目的是让学生学得生动活泼、容易记忆。

完成蒙馆教学后，学生进入经馆。王葆心要求学生先读经书，再读传注，同时了解中国政治史和东西政治学。为了提高学生的写作水平，他要求学生读文法书，有选择地读作文门径书。对经馆学生，王葆心要求先从《十三经注疏》或者近人义疏（如《论语正义》《孟子正义》）中选择一种读之，最后读讲义一种。在史事政治上，王葆心要求学生读《御批通鉴纲目》《御批通鉴辑览》或《三通考辑要》，还要求学生读《泰西十八周史揽要》《泰西新史揽要》《日本新史揽要》，要求经馆学生阅读近译的西方和日本书籍及报刊。

王葆心根据当时的教育目的所拟定的教材内容，我们已感到很陌生，但仔细斟酌后就会发现这一教材内容体现了三个原则。首先是紧紧围绕教学目的的原则。因当时科举未废，不得不迁就科举考试的需要，又因张之洞的教育目的是培养除善写八股文之外还能为时代所用的人才，因此所拟书目不免显得有些芜杂。这也是王葆心处于新旧交替时代无奈的选择。其次是提升学生实际运用能力的原则。为了让学生能为时代所用，王葆心不得不为学生走科举这条路打好基础，使其取得立身朝堂被国家所用的机会。没有真才实学、仅仅取得科举功名，那不过是尸位素餐。最后是调动学生积极性的原则。在教学活动中，通过循序渐进的知识灌输、生动活泼的课堂答问、图表结合的直观教学，提升学生兴趣，化抽象为具体、析深奥于浅易、化繁杂为条理，使学生在易于学的前提下乐于学。

王葆心在分层教学、教学内容编制及教科书的制订上都花费了心血，为学生考虑。

在早期从教生涯中，王葆心在教学活动中将循序渐进体现得淋漓尽致。"序"，王葆心理解为一是学生年龄长幼。现代教育学证明年幼者注意力集中时间较短；由于知识结构不全，理解力和领悟力较低；但记忆力较强。根据这一年龄学习特点，王葆心对蒙童教育特别强调记诵，通过对记诵能力的训练为蒙童打好扎实的治学根基。年幼者善于模仿，故王葆心要求学生写仿临帖，使他们通过临摹掌握书写规则，养成良好的书写习惯；对稍年长的经馆学生，则要求博览以扩充眼界、思考以求学理精深、关注时务以求有用于世，训练学生的写作能力，体现了"言之不文，行之不远"的思想。

王葆心对"序"的理解的第二重含义是学问程度之深浅。在与学生的交谈中，王葆心了解学生所读之书，也注重考查学生的独立思考能力。他注重学生的天赋，但并不将天赋作为学生能治学有成的唯一条件，在教授时始终强调有针对性地进行引导，抓住这个"序"，真正地对学生起到引导及提升之作用。例如他对学有小成的谈瀛进行教育时，对其"不以授课为主，特许相从问学"。通过师生间相互质疑使谈瀛在学识、学养上得到极大的提升。谈瀛在2007年秋天回忆王葆心："他慈祥和蔼，诲而不倦。他把他的治学经验、他的学术思想以及对学术上某些问题的看法，都毫不保留地向我述说，这对我后来的著述产生了极大的影响。"

## 二、适时而进的教育思想

从求学至早期的教育活动，王葆心经历了从启蒙被动地随师学习、吸取老师的学习方式到形成自己的治学方法的不同阶段，每个阶段他的教育思想都有所发展变化。师从第一位老师叶骥才时，王葆心年仅5岁，他学习的动力是长辈对他的赞扬。例如母亲表扬他比较聪明、记忆力强，父亲王培浚肯定他说："看来这个小东西是块读书的料。"这些表扬可以让他高高兴兴地进入学堂。叶骥才先生看到王葆心聪明受教，时加表彰。王葆心至暮年仍感到叶师的表彰对自己有极大的激励作用。1918年，他为叶骥才作传时写道："童年之师，尚有此白头一弟子，亦不可谓无缘，葆心亦借以慰答先生昔年之青目云尔。"50岁的人依然记得老师当年对他的青眼有加，可见激励教育法对王葆心影响之深。

他的第三位老师邓绎曾创唐学一目，言："国朝三百年来，汉宋二学至今纷然未有所定，而言不及唐。愚谓辞赋有韵之文，即唐学也。此派造源风骚，集成唐代。言词学者此为巨宗。"能于汉代经学、宋代理学之外，单独提出唐学，姑不论其见解是否正确，邓绎这种独立思考的精神已属难能可贵。王葆心终生师承邓绎这种不盲目追随前人的学风，在文学、史学、考据学、方志学等方面卓然成一家。

对王葆心影响最大的是周锡恩先生。周锡恩通过对考订、性理、经济、辞章四门课程的分解与联系，认为当以考订为先，继而追求用源流离合、分析致用的教学方法教导学生。王葆心在其早期从教生涯中始终遵循了这一教学方法与步骤。

进入两湖书院后，张之洞聘用外国教师、推行留学政策等开放的教学思想，使他大受启发。早期教学生涯中，王葆心不单纯要求学生攻读国学，同时要求学生注意学习西学。对西方传入的实用科学，他坚持让学生学习，要求“以我国材料为经，而以欧人哲学、科学为纬”。这种在学术上打破中外界限、打通古今隔膜和要求学生阅读报刊、关心时务的教育理念被王葆心实践在教学活动中。对于传统文化，王葆心师古而不泥古，既不全盘肯定，也不全盘否定。对于西学，他已超越了张之洞“中学为体，西学为用”的认识，希望用中西学问互作经纬织出一匹学习的锦缎。他要求学生“务振朴学以迎新知”，广纳博取的教育理念使他的教育思想始终有前进的动力，从未落伍于时代。

从光绪二十三年（1897）至光绪三十二年（1906），王葆心在钟祥传经书院、罗田义川书院、黄梅调梅书院、汉阳晴川书院、汉阳府学堂任教，他的教育理念使他能因人施教。除了能根据学生的年龄差异进行分层教育外，还能使用图表来提升教学效果，通过让学生对所学知识有直观印象，来帮助他们形成系统的记忆线索。十年辛勤耕耘，王葆心在教学活动中始终坚持既为学生走科技之路打好基础，也努力提升学生实际运用能力的原则。他的教学活动和教育成果为社会承认。光绪三十三年（1907），张之洞表彰王葆心办学成绩卓著，上奏推荐他到朝廷任职。

张之洞肯定他不是因为他教龄长，也不是因为他个人学术造诣深，而是因为他在教育工作中具有开拓精神，提出了超前的观点并付诸实践，且做出了一定的成绩。1906 年，武汉拟在汉阳玉树里建一初级女校，遭到不少封建势力的反对，王葆心对“女子无才便是德”的封建礼教极为厌恶，不仅支持女校的建立，并且为该校撰写《募资小启》，引经据典阐明开办女校的必要性和重要性，并对创办女校之壮举大为称赞。文言：

岁维丙午秋月之孟，同人匄资设女校于汉阳城玉树里。盖兹方姆训之开宗，而众志一时之微尚也。婵娟独立，哀窈窕于婺砧；江汉永怀，思贤才于楚宝。爰陈阴礼，用诏来修；式奖国风，以持王化。盖坤灵博厚，得玉树之滋培；亘古贤豪，本金萱所钟毓。峄山贤母，居必择邻；太任高风，贻而有教。女宜修学，有由然矣。而况义存《诗》《礼》，女重修身；职注起居，女能历史。蚕休桑落，职业逮乎王宫；数与方名，舆算及乎幼女。音乐写房中之歌曲，艺文绘姒氏之诗篇。公宫三月，垂毕业之期；姆教十年，定入学之齿。以及重德育而首妇德，修体育而正妇容，广智育而注意妇言妇功。女学在周，详且备矣。①

这篇短文反映了王葆心从旧礼教的桎梏中挣脱，从妇女应享受平等教育的权利这一角度，对传统礼教进行批评、抨击的一次尝试。这一尝试高妙之处就在于王葆心引用古代儒家推崇的贤母、才女的典故，“以子之矛攻子之盾”，让封建卫道者瞠目结舌、无言以对。

在教育思想和教育方法上，王葆心一直坚持“择其善者而从之，其不善者而改之”。在教授学生作文法时，王葆心遵循桐城派家法，强调考订、义理、辞章三者缺一不可的原则。对方苞、姚鼐、刘大櫆及桐城殿军曾国藩的文章多有赞许，但对姚鼐主张以模仿作为学习文章的途径则进行直言不讳的批评。姚鼐有言：“近世人习闻钱受之偏论，轻讥明人之摹仿。文不经摹仿，亦安能脱化？观古人之学前古，摹仿而浑妙者自可法，摹仿钝滞者自可弃，虽杨子云亦当以此义裁之，岂但明贤哉！”② 王葆心认为这种做法是剽窃前言、句模字仿，全是他人口中余渣，为此他力斥这种模拟之说。同时，他又赞同曾国藩以规模其意形容之的夺胎法教初学者，以不蹈袭教成人作文的方法。取舍分明，不像某些偏激的论者那样，要么一棍子打死，要么一味地恭维。王葆心敬人之长则扬之，识人之短则婉拒之。这虚心受教的气量与赠人以芝兰的包容气度，值得那些学以自傲的老师们仿效。

在材料的选择上，王葆心不因人废言，也不因言废人。对韩愈欣赏

---

① 王葆心：《汉阳玉树里初级女校募资小启》，《晦堂文钞》。

② 王葆心编纂，熊礼汇标点：《古文辞通义》，武汉大学出版社2008年版，第3页。

的樊宗师，王葆心直接指出“其文涩也”。对他所佩服的韩愈，亦指明“韩昌黎之文可谓至矣，而每于碑记好为奇字涩句以标新异”①。王葆心能随时代之潮流、学识之增长逐渐接受新的教育思想，为他成为大教育家奠定了基础。

## 三、教研结合

“学然后知不足，教然后知困。”王葆心在教育生涯中，深深认识到“学不可以已”。他为了更好地对自己的学生负责，不认为完成教育任务即可逍遥自在，兢兢业业，日求寸进。不管在任何学校、担任何种职务，王葆心始终视治学为第一需求。光绪二十四年（1898）和光绪二十六年（1900）王葆心两次任罗田义川书院院长，在承担繁重教学任务的同时，还得进行学校的行政管理，时间安排非常紧张。就在这超负荷的高速运转中，王葆心通过对古籍的考订和寻访调查，对罗田的地理沿革提出了有独创性的见解。这一疑问的产生、观点的形成有一段有趣的故事。

罗田的方志只记载了萧梁设立义州，后设义城郡，但在萧梁之前罗田以“义”为名之史只有如下三种说法。其一云蛮族归义，故以“义”为名；其二云罗田之水多向西流，西方主“义”；其三源于第二种说法，因为水向西流，故冠以州名。王葆心对以上诸说一向有疑。他的一位朋友张璧斋在1897年设立区小学，用“义川”命名，王葆心认为他袭用古名，并未在意。直到1923年夏天王葆心同次子王夔强在北京图书馆查阅罗田史料时，才知道张璧斋并非袭用古名，而是真正详细了解了罗田的历史沿革。他对儿子感慨地说：“君之命学，诚可谓古雅有法，有自县先辈所未窥见者也。”循着张璧斋的研究路径，王葆心多方求索，考订出秦之前罗田为安国，到西汉属六安国，魏晋时称为安丰，东晋时因当地土蛮归顺称为东安蛮县，刘宋时称为义安县，萧齐时称为义安古县。理清这一脉络后，王葆心上溯至先秦，指出罗田在春秋时是偃姓群国中的一员。

---

① 王葆心编纂，熊礼汇标点：《古文辞通义》，武汉大学出版社2008年版，第13页。

王葆心将教学与学术研究相结合，在教学中提出疑问，通过学术研究解答疑问，然后将科研成果用于教学，接受教学的检验。如此反复数次，让学术研究观点逐渐臻于完善。其中体现的哲学道理，包括实践对认识的决定作用：教学实践出现的疑问为学术研究提出了新的课题；教学实践形成的研究方法为学术研究提供了工具；教学实践又检验了科研成果的正确性。其结果是教育实践的发展推动了学术研究的发展，而学术研究丰富了教学实践的内容。这一结合点的把握贯穿了王葆心在教学实践中进行学术研究的一生。例如王葆心巨著《古文辞通义》的问世就是在教授学生进行古文阅读和写作时出现了疑问，对这些疑问进行的探索和研究。这本书的初稿为《高等文学讲义》，是在搜集大量门派各别、观点各异学者们的资料的基础上进行比较，并在教学实践中对不同观点的正确性进行鉴定后编辑而成。王葆心在教学实践中使用讲义后，找到了应进行修改之处和加以补充之处，对原书做了大幅度的重订补充，其成书过程显示了他对学术负责的态度。

教育实践对王葆心的学术研究起到了决定性作用，这样说并不是否定王葆心在学术活动中的自觉精神，他在遇到学术疑问时，从不采取“付之阙如，存疑以待来者”的态度，而是将“疑”作为自己的研究范围，这是求真知的自觉表现。据此王葆心的“书为我读”中的“我”是一个自觉的我，是一个充满进取精神、积极探索的我。

## 四、振朴学以迎新知

光绪十七年（1891）王葆心进入武昌两湖书院学习，为拓宽学术眼界提供了机会，也让王葆心从偏僻的乡村进入张之洞主政的湖广省城武昌。这一年汉口已开埠 30 年，但僻居鄂东罗田地区的王葆心还未能感受到西方文化的强烈辐射。当地传统的文人对外来事物不屑一顾，像鸵鸟一样将头埋进“华尊夷卑”的文化沙土中。蒙受过周锡恩教诲的王葆心进入武昌后迅速摆脱了“华尊夷卑”的心态，接受认同了张之洞的开放思想。善于广纳博取的王葆心在两湖书院阅读了达尔文的《物种起源》，他觉得此书是对自然科学研究的巨大推动，研究社会科学也需要达尔文的这种精神。张之洞在《劝学篇》中主张的“中学为体，西学为用”与达尔文的进化论思想在王葆心心中以一种奇怪的形态结合在一起。对于张之洞提出的“中学为体”，王葆心表现为重视国学，认为国学是学问之基，而要让国学得到传承、发扬光大必须注重朴学教育；对“西学为用”，他是在坚持传统文化为根的前提下去接纳、吸收来自国外的新文化。他主张中国文化与外来文化的相融、相存，因此提出了“振朴学以迎新知”。而对《物种起源》的反复阅读，使他重视科学价值和科技的实用价值，使他摒除了传统的儒家重道轻术的观念。他的这些思想在他的办学和教学的实践活动中有着充分体现。

对年幼的学生，他就要求学习国学基础知识和科技常识，并因时因地地纠正学生鬼神崇拜和宿命论的观念。对具备独立学习能力的学生，他要求学习《西学通考》《五洲政治通考》，并主张他们主动去阅读中国政治史事书籍，学习“通乎今日者”的法政学、经济学、社会学、美术学、艺术学、外国语。王葆心从不排斥外来文化，但也不主张以西方文化改造中国文化，要求学生“以我国材料为经，而以欧人哲学科学诸说纬之”。

他这样要求学生的同时，自己也做出了表率。王葆心对西方的科技实用之学是非常尊重的，但对文史哲并不能虚心而授之。他在讲述文史哲之科目时往往指出外国著作之缺陷，以显示中华文化远在两千年前已灿然大备的发展状况，认为要做的工作就是加以整理使之复兴。例如他在《古文辞通义・例目》中对日本学者的文章评价并不高。他认为：“然以鄙见揣之，东人于此道之能事所见只此，其为书多系普通急就应用之论，可以无须取证……大抵东人此学，其较高者之铨论，都用内籀法，以阐明文家之制体与构思，而综定征实、课虚两义。彼其为书，虽与彼都浅人所为有别，究其实，大都为中下说法。以吾观之，殊觉浅薄，不餍意。”①

① 王葆心编纂，熊礼汇标点：《古文辞通义》，武汉大学出版社 2008 年版，例目第 16—17 页。

王葆心并非就书评书，而是在思想深处对西方文化（不包括科技文化）本能地排斥。一方面，生于清末的他，对西方列强侵略的仇恨，对国运的担忧，都超过了对西方文化的欣赏；另一方面，一生敬佩张之洞的他将“中学为体，西学为用”的观念牢牢刻在心中。“中学为体，西学为用”在近百年来每一次中西文化碰撞时，都被后来学人及思想家加以引用诠释，甚至树为一面旗帜，根基之深厚，影响之广远，在近代思想史上可谓深刻的一笔。国学根基深厚的王葆心对“体”“用”二字的关系一向坚持“依体而用”，不主张“变体为用”。尽管他在教学中能主动选择外来教材，但与后世大学者陈寅恪相似，“平生为不古不今之学，思想囿于咸丰、同治之世，议论近乎曾湘乡张南皮之间”。书院引进西方教材，王葆心研究的却是国学，在废科举后他也能接受新的教育理念，所为不仅是“不古不今”而且是“不中不西”，其对中西文化之观念确实近乎曾湘乡、张南皮。

从王葆心对马通伯终身敬仰足可看出他在为人为学上的追求。在为人上，他崇拜马通伯坚持正义、舍己为人的品德。1913 年，章太炎及其学生马叙伦被袁世凯拘捕。马通伯与二人关系密切，不少亲朋好友劝他避出京师，以免受到牵连。马通伯大义凛然地面见袁世凯，指斥袁世凯关押章太炎、马叙伦之过错。王葆心对马通伯这一义举是赞不绝口。在为学上，他认为马通伯深得桐城派的真传，是桐城派后期的真正代表人物。王葆心认为马通伯为文以言学术为最。这样既避免了汉学家之文重考据，然而缭绕不清、芜杂不文的琐屑之风，也避免了宋学家空言义理、陈陈相因、枵然无物的浅浮之风。可见他推崇马通伯是推崇儒家的义利观和桐城派的学术成就。

在进京为官之前，王葆心的思想就处于这一境界。这是时代的局限，使得王葆心背负着沉重的历史包袱，不能走得更远。

# 第二章　普被礼制、法制

和不少博学之人相似，王葆心尽管德学均为上品，仕途却非常坎坷。至光绪二十年（1894）王葆心举优贡后，张之洞及历任学使都认为他有抡元的希望，但“文章憎命达，魑魅喜人过”，科举场上说不清道不明的原因使王葆心多次落选。光绪二十八年（1902），王葆心又一次乡试落榜，考官们都十分惊奇并相互责怪，幸亏当时湖北巡抚端方重王葆心之才，将落卷另揭一榜，王葆心为该榜第一名。这使得王葆心从打击中恢复了信心，在第二年考中了举人第三名。但王葆心并未自此走入仕途，直到光绪三十三年（1907）在礼部侍郎张燮君、湖北巡抚梁鼎芬等大员的推荐下，礼部才奏请王葆心任本部司务厅行走，并兼图书馆编纂，后迁学部主事，并被礼部聘为理学馆纂修。可怜一代学人熬了十五年才担任一个正六品的低级官吏。

## 第一节　《修礼书条议》获尊重

从1907年至1910年，王葆心在清朝廷连头带尾任职四年，所担任的工作是有实权者不屑于干、学识浅薄者不能干的事。但王葆心不仅干了，而且干得很出色。过人的学识与才干使人们不得不对这位来自鄂东僻乡的官吏产生敬畏之心。

### 一、礼有广狭义，当因时而变

初到北京，在京官吏对来自穷乡僻壤的王葆心颇存鄙夷，认为他是经人推荐才能进入礼部，未必有真才实学。礼部负责管理国家大典祭祀、科举考试和铸造皇帝御宝以及内外官署的印信。王葆心一进礼部就赶上要重修《大清通典》。礼部主官将撰写重修《大清通典》方案的担子压在王葆心身上。这项任务琐碎繁杂，牵涉面极广。王葆心爽快地接受了这个任务，以历朝礼书为依托，根据当时各部门对礼制的要求，并遵照民政部《请修明礼制折》和学部《议复川督修明礼教折》，写出了9000多字的《修礼书条议》。

瞧不起王葆心的官吏们从这篇9000多字的条议中，看到了王葆心的学识渊博、思路开阔，从而对他有了新的认识。随着与王葆心的接触不断深入，不少人与他相互切磋砥砺，成为至交，如陈石遗、饶竹荪等。有句俗话"是金子总会发光"，王葆心在不易出彩的工作上都能做出骄人的成绩，可见真才实学和认真负责永远是战胜苦难的法宝。

在《修礼书条议》中，王葆心提出礼有广狭两义。礼之广义泛指在群治（社会治理）状况下要普遍遵守的礼，这种礼已经具有道德上的公序良俗之意；礼之狭义专指仪节（具体的礼节形式）而言，例如祭祀大典、庆祝仪式等。该观点表明王葆心已认识到礼是道德的外在表现形式，以从众共遵广义之礼来实现教化作用。从众共遵是对"礼不下庶人"的天然纠谬，既然共遵，何来庶人？基于此，王葆心提出修礼书应预筹可以普及民间之法，并直接提出要模仿国外普及法制、经济思想于民间，使所修之礼人人可观、处处可行。通过这样的普及，人尽知礼而不悖于德。通过对礼的广、狭义划分，王葆心提出了自己的第二个观点，即民间之礼只要不违背国家之礼，均应纳入广义的礼。王葆心在分析"历代礼教所以不能普被民间者"这一问题时，指明"实由于列朝，各求隆备王礼而省略民礼"。这样做的结果是礼制穷极纤微，而民间的礼仪逐渐缺失。王葆心的第三个观点是要改变这种弊端，必须要详修民礼，并且在详修民礼中应该做到中外通酌。王葆心引用曾纪泽的话，"外国礼仪简肃，其国之所由强也"，主张礼应该简便、简易，要做到礼求实用。王葆心的先见之处在于"今日应是世界愈文明，则礼应愈简肃"。礼制简肃更容易为不同阶层的人接受，其实用性和普及性才能得到更好的发挥。同时，王葆心以外国之礼来衡量中国传统之礼仪，已超越了儒家用礼维持等级制度“克己复礼为仁”的见识，将礼放进了现实社会，使礼在适应社会发展的前提下，起到规范社会、教化民众的作用。

王葆心认为：“吾国礼教所以不能通行民间者，又半由于不能通俗……今日东西人之行礼也，往往因俗尚而沿为礼，亦或缘宗教而沿为礼。求之吾华古代，盖亦有然。故礼不通俗，决不能通行也。”[①] 王葆心此说指明了古代礼不能通行的内在原因，并指出“因俗尚而沿为礼”“缘宗教而沿为礼”现象的存在，要求礼必须通俗；还指明了修礼在文字上需要做到文从字顺、语义通达、合乎民俗。

在《修礼书条议》中王葆心条分缕析地将上述观点做了充分阐释。由于立论有据且将西方之礼俗及我国之民俗均纳入礼的范围，故而条议一出，许多人认识到王葆心不仅学识渊博，而且思路开阔，能广采博纳。他所提出的方案紧密结合实际，操作性也极强。由此礼部及学部同仁对他由学识上的尊敬，转而形成了交往上的亲近。王葆心用自己的学识纠正了他人的偏见。

## 二、礼有因有创，应“专”“通”并采

《修礼书条议》撰成后，王葆心经反复思虑，认为自己在条议中“有纷见之绪言，而缺划一之经纬”，故而又撰出了《修礼书续议》（简称《续议》）。在《续议》中他提出了修礼应该有因有创，“创者，作之谓也”，即根据时代发展之要求、国家治理之需要，创造出新的礼。王葆心列举了叔孙通作《汉仪》，荀觊、郑冲定《晋礼》，牛弘、辛彦之定《五礼》，房乔、魏徵定《开元礼》，刘温叟、卢多逊、扈蒙定《开宝礼》，宋濂、詹同、陶凯、刘基等修《集礼》。这里列举的是历朝历代开国时期所制的礼，这些礼对于历史上的礼既有继承也有发展。

另外，他认为在“详民礼”中要做到专与通并采。在《续议》结尾

① 王葆心：《修礼书条议》，《晦堂文钞》。

处王葆心深有感慨:“大儒言礼,必依倚其时势而高下其程度。今民间生计凋瘵,习俗浇漓,须缘是定礼,以俟丰亨,果有饶余,再求递进。举一切文明进步无不系乎此也。”① 王葆心认识到社会存在对社会意识的决定作用,也认识到物质文明与精神文明之间的关系,指出了礼的进步必须在物质基础发展的前提下才能做到。这在当时是一种非常先进的观点。

为了修礼的具体操作有章可循,王葆心又拟出了《修书约例》,对修礼的内容、范围、格式,均做了详细的界定。

王葆心所起草的《修礼书条议》《续例》《修书约例》十分完备,也有一定的可操作性。但清政府外对列强凌辱,内临各政治派别互相倾轧,加上孙中山领导的同盟会组织的多次起义,处于焦头烂额之中,不可能将王葆心精心设计的修礼之事加以实施。这让王葆心深感报国无门,从这件事上,王葆心对清政府的腐败无能有了进一步的认识。但根深蒂固的忠君思想使他只想到向朝廷上疏进谏,希望当权者认识到修礼之事的必要与急迫,从而采纳自己的建议。王葆心此时的政治观点已明显落后于革命派,没有认识到不解决封建专制制度这个根本问题,再多的建议也不过是空话。苦恼的王葆心只能将报国之心转移到治学上面。他经常到图书馆查阅大量政治、历史资料,想通过自己的学术活动对朝政改革起一定推动作用。

## 第二节　忧国忧民策论文

在上书《修礼书条议》《修礼书续议》《修书约例》之时,王葆心的思想是以爱国和忠君为主流。关注国事的他为民虑、为国忧。“书生报国一支笔”,王葆心将修礼书之外的时间大多用来建言献策,这种行为在当时是有一定风险的。但对王葆心而言,这是自己的本分。这种建言

① 王葆心:《修礼书续议》,《晦堂文钞》。

献策在他未入京为官时就已有突出表现。修礼之事被废后，王葆心的爱国激情转而向为国建言献策喷涌。

## 一、未食君俸即忧国

1893年王葆心从报章杂志上了解到，苏伊士运河之开通使英国得以扩大航海权，航路所通、商贸日盛，反过来促进了国内经济之发展。王葆心认为中国位于太平洋西岸，有航海的历史，明清两代的禁海政策不仅使海上商贸萎缩，更令人畏惧的是海权日益受人蚕食。出于争海权以强国家的动机，他撰文建议实施扩张海权政策，他在文中说：

> 抟抟大地，悠悠今古，其国家、人民两者立于地球之上，必有其自存之道。其自存业术之善与否，视乎其能扩张权力与否。析五洲万国而观之，自古沿今，有居国者，有行国者。较乎狭度而观之，则游牧之民为行国，农商之民为居国；较乎广度而观之，则大陆多居国，海岛多行国。居国重安土，其积势在保守；行国擅交通，其积势在进取。①

王葆心指出现在大清王朝既不能利用本国的优势扩大陆行权，反而屡屡割地，为求保守而不得进步；处在太平洋西岸有航海历史的支撑，却不能像英国那样通过控制海运来强国富民。因此他提出，必须要扩张海权。王葆心认为扩张海权的可行步骤为首先要充分利用我国沿海的地理优势，从南海开辟进南洋群岛和西洋之路，从东海开辟进入日本与美洲之路，从黄海和渤海开辟进入日本西部和俄国东部之路，实现“东海直美，南海直欧”，通过掌握航海的主动权从实质上扩大海权。

---

① 王葆心：《自英人得好望角以达印度，欧洲航海事业日以发达，及苏彝士河开通，英国遂占领欧洲之航海权，中国位在太平洋东部，实踞优势，然海业兴盛不及欧洲，盍拟扩张海权政策》，《晦堂文钞》。

其次要“利用工商诸民扩大海权”。王葆心列举了西方人在航道开辟时以工商业者和传教士为前驱，凭借国家势力作为后盾，进行航道开辟的事例，提出：“凡工商诸民，有能业鲁滨孙之业、穷探荒岛者，人民争荣显之；有能志立温斯敦之志、深入危地者，国家特优励之。工民、商民互为经纬；出口、进口货相抵制。以外营为习惯，以家食为羞愧。万里海天，视同庭闼，而海权中之人民拓张极矣。”① 通过国家奖励、社会推崇、舆论尊重，改变传统的安土重迁习性；通过发展工商业，来改变中国的经济结构，在此基础上造就一代具有开拓精神的中国航海者。王葆心在强调以工商业者和传教士为前驱时，已然认识到西方进行航道开辟是富国、强国之策。

再次，王葆心主张进行世界性的物质交流，通过航海业发展促进中国与世界进行物质交流。这样既可以使本国货物倍增其利，又可以进口所缺之物，满足国家之需。更重要的是，通过物质交流“必令吾工为世界公需之工，吾商为世界公需之商，吾物产为世界公尚之物产”②。这个观点彻底否认了清王朝中故步自封者认为“中华之大，何物不有”的自我陶醉意识，指明了中国必须打破自我封闭，通过物质交流走向世界。

最后王葆心谈到，要拓张海权，先要建立航海学堂培养人才、发展制船业提供航海工具、设定法律来保证航海通商的顺利进行、根据海域的安全状况来决定是否派兵保护。

王葆心纵观当时的国际航海形势，认为中国拓展海权肯定会受到外国阻挠，要有对抗阻挠、扫除阻挠的预防策略。鉴于中国航海业已落后于发达国家，他认为不要急于成事，必须开先踵后、始终不懈，才能积累实现拓展海权的目的。王葆心表述的观点直至今天并未过时，其在文章中将通商、航海与捍卫海权结合在一起的观点至今仍有现实意义。

---

①② 王葆心：《自英人得好望角以达印度，欧洲航海事业日以发达，及苏彝士河开通，英国遂占领欧洲之航海权，中国位在太平洋东部，实踞优势，然海业兴盛不及欧洲，盍拟扩张海权政策》，《晦堂文钞》。

## 二、外拒强邻欲自强

王葆心从拓展海权方面提出了富国强国的见解，修礼搁置后，针对沙皇俄国的东扩政策，写出了《拟保高丽以防俄患疏》。他考察了沙皇俄国的拓展史，认为俄情叵测。他列举了自康熙二十八年（1689）沙俄开始蚕食中国东北，经雅克萨之战，中俄签订《尼布楚条约》，双方划定国界，而沙俄拓地之心未熄。咸丰八年（1858）沙俄以调停为名，外交代表与英法联军一起北上，贿赂、欺骗奕山，签订中俄《天津条约》夺走乌苏里江东5000多平方公里土地，又通过中俄《北京条约》夺走巴常卡伦以外万余平方公里土地，至今沙俄尚在东北攫取路权。“外托辑和，内存觊觎，恃其富强，久有封豕长蛇之志。”① 面对沙俄咄咄逼人之势，王葆心提出了只有保高丽才能保中国的见解。要保高丽首先要做到“平居代为整顿”，也就是要帮助高丽自强；二是“有事予为协剿”，即要从军事上帮助高丽守住平壤和釜山，并且要在江华岛上驻重兵来防备沙俄军队的偷袭。这篇文章对于国人认清沙俄之真面目，克服麻痹、加强战备，巩固国防以保疆土具有极重要的意义。

这一时期王葆心所写的文章、策论始终围绕着救亡图存。生于同治初年的王葆心看到了晚清官僚政治的黑暗、腐败，了解到民生的艰辛，随着列强对中国的侵略日益加深，愈加清晰地认识到助长列强侵略野心的是国力的贫弱和清政府的退让。王葆心积极呼吁“乘时修德以自强”，希望国人不要自暴自弃，而是要在民族危亡之际振奋民族精神，全力备战，以挽救国家的危亡。他时刻将自己生命的脉搏和国家民族命运紧紧联系在一起，其行为饱含着爱国主义精神。

出于爱国精神，王葆心提出振兴水师。他并非军事家，对于海军是莫知其然，但他从世界海军发展之形势、英国海军之强大中找到可借鉴之处，提出振兴中国水师的六点建议。结合前面所提到的王葆心关于拓

---

① 王葆心：《拟保高丽以防俄患疏》，《晦堂文钞》。

展海权的策论，足以证明他与美国人马汉所提出的《海权论》有接轨之趋向。

除关心军事以外，王葆心痛心疾首于清政府外交官员昏庸无知，不懂得保护国民利益，使流落在国外的中国劳工处在任人宰割的悲惨地位。咸丰朝时，美国人在加利福尼亚州发现金矿，招华工前往采掘。华工刚到美国时，美国政府派官员接待和安置，浴室、果园、餐厅由华工任意使用，几年后华工达到数万人之多。同治七年（1868）美驻华公使与清政府续订招工条约。条约中规定华侨与白人享同等之权利。至此赴美华工越来越多，随之在美华工寄回来的外汇日益增多，仅以光绪二十九年（1903）海关报告来看，该年在美华工就寄回 7300 万两。从《辛丑条约》后我国每年赔款银 2000 万两，主要是靠华工所寄银两。但清廷腐朽懦弱，王葆心认为清外交官只知讨好洋人，放弃本国国民权利。1882 年，美国通过“排华法案”。处于列强压迫下的清政府不敢反抗，节节退让，于 1884 年签订条约，10 年内禁止华工赴美，承认了美国“排华法案”的合法性。自此以后，华侨地位愈益低下，受尽虐待与欺凌。王葆心在《美洲各埠华侨禁约之惨》中痛陈华工待遇之差，指出：华人赴美打工，对大清和美国都有利，未可厚非，理应受到本国的支持和保护，受到美方的欢迎和尊重；清驻美官员一味献媚于洋人，该斗争的不斗争，该坚持的不敢坚持，导致丧失了华工在美既得利益。

无论是身在僻地书院，还是繁华京师，王葆心念念不忘国家民族之命运，其爱国主义精神，尽管在不同的时代有不同的表现，但“爱国”二字可为这位学者的一生注脚。

# 第三章　由鼓吹革命回到书房

1911 年的辛亥革命推翻了清王朝，埋葬了两千多年的封建帝制，创立了资产阶级民主共和国。这场波澜壮阔的历史变革，如大浪淘沙荡涤着阻碍时代进步的污泥浊水，也让国人面临着一次选择的机会。新型的知识分子群体，面对历史风云迅速出现了分化。

新型的知识分子群体最早出现在洋务运动时期。洋务派为解决人才缺乏而创办的同文馆、船政学堂、水师学堂、铁路矿务学堂等新式学校，开始了西方科学技术知识的教学。由于洋教习的聘用和留学生的回归，新式学堂的学生们接触了传统读书人很少接触的新观念、新理论、新知识。随着这个群体人数的扩大，一个有别于传统士大夫阶层的新型知识分子群体开始在各个领域发挥作用。这个群体在不同程度上接受了新式教育，能质疑传统的道德、政治、伦理模式，对西方的社会政治学说有一定的了解和接受。《南京条约》签订后，中国开始沦落为半殖民地半封建社会，内忧外患愈加使他们抱怀强烈的拯救祖国、振兴中华的情怀。他们因“开眼看世界”，故而更深刻地了解到中国在世界的处境和地位。继承了“天下兴亡，匹夫有责”的爱国信念，他们以不同的方式投身于挽救国家危亡的活动中。“百日维新”以六君子牺牲而落幕，新型知识分子群体意识到改良这条路在清王朝的统治下是行不通的。同盟会领导的黄花岗起义、萍浏醴起义虽以失败告终，但武昌起义不仅导致清王朝的垮台，也促使国民实现了一次价值观念的自我改变。

## 第一节　自审悃朴为鼓吹

王葆心是新型知识分子群体中的一员，在黄州受周锡恩影响，在武昌受张之洞影响，也认识到救亡图存、富国强国已是当务之急，但他始终徘徊在政治活动的边缘，在辛亥革命前也未能摆脱忠君思想的束缚。他所受的新式教育和所阅读的西方书籍，让他认识到国家需要改革，改革需要向西方学习，但他赞成的改革是渐进式的，是在民智大开基础上的改革。童年时期从父母及师长言谈中听到的明末张献忠起义军队及清代咸丰、同治年间太平军在家乡所造成的战乱惨状，使王葆心一直希望在和平的环境中让政治理想得到实现，不赞成暴力革命。他的忠君思想和反对暴力革命的观念在其 1901 年所著《经义策论要法》一文中表现得很充分。

### 一、《经义策论要法》

清政府深感八股取士积弊日深，即使是昏庸弄权之奕劻也对以八股文所取的官僚责以“言不及义，行无事功”。在朝野上下的一致推动下，清廷于光绪二十七年（1901）七月颁布谕令：“自次年始，乡试、会试头场试中国政治、史事论五篇，二场试各国政治、艺学策五道，三场试四书义二篇、五经义一篇。考官阅卷，合校三场以定去取，不得偏重一科。”[①] 谕令对朝廷取士的考试内容和文章要求都做出了根本性的改变，使死抱着四书五经和朱子疏注的读书人陷入茫然。科举未废，“学而优则仕”依然是读书人改变自己命运的通途。但谕令中的新规则使历几百年不变的通途有了障碍。读书人学什么、怎样学，老师该怎样教。教师怀疑、观望，学生不知所措。针对这种状况，王葆心以多年从教的经验和自己对废除八股的认识出发，撰写了《经义策论要法》。应

① 《清实录・德宗景皇帝实录》卷 485，中华书局 1986 年版，第 412 页。

该注意的是，谕令七月下达，《经义策论要法》成文于九月，足以证明王葆心在谕令下达之前，已敏感地察知朝廷必废八股，并意识到八股一废则“乡塾之师及其弟子，依依观听，相因废业也”①。从维护科举制度、维护教育的角度出发，王葆心写了此文。

在“叙目”中王葆心指明了此文“法程宜晓古人，从违仍视今制”②，指明了经义策论的写法古已有之，应该吸取古人的经验；又指明经义策论的内容已不同于从前，需要根据朝廷当今的要求进行变革。文章通过对各种文体选本的研究，在分析前代经义策论创作得失的前提下，指明经义创作先要做到“三要”：一要“去机巧而深义理”，二要“考注疏而辨异同”，三要“明纲领而识体要”③；同时要坚持“五忌”：“忌用套类”“忌穿凿迎合，议论乖僻”“忌佐以诸子书”“忌冗长繁复”“忌命题断裂”④。“三要”是从经义的写作角度进行探讨，确有见地。而“五忌”除“忌用套类”是要求经义的作者能打破藩篱、自己独立写作外，其余四忌均是对经义的内容有所要求。如“忌穿凿迎合，议论乖僻”就是担心“必至离经叛道，心术不端之士，杂然并进”；“忌佐以诸子书”则公开言明“一切离经叛道之言严加屏除，不准闹入”；“忌冗长繁复”是“恐仅能稍变八股面目，仍不免以时文陈言滥调，敷衍成篇”；⑤“忌命题断裂”则是将当时考官们所出的四书五经的搭接题列在忌讳之中。

王葆心在为废八股而考经义策论的学子提供帮助之时，更从广泛培育人才的角度出发，指明“科场变法兼崇学堂，郡县会城，将次开办”⑥。王葆心强调，开科举学堂“其善有四……可补小学堂未逮也……可兼备蒙养学堂之事也……可免寒儒失业也……可俾士子皆得

①②　余祖坤编：《历代文话续编·经义策论要法》，凤凰出版社2013年版，第1125页。
③　同上书，第1131页。
④　同上书，第1131—1132页。
⑤　同上书，第1132页。
⑥　同上书，第1157页。

依归也”①。他希望“师循成归，则尽人可能；业不旁歧，则学者可守”，在节约开支的前提下既可“畅行新法，而又可安置旧人”“用新章课旧日八股之士，用意极善”。②

王葆心除提倡新办学堂外，对读书法也独抒己见：“晨间观经部义理书，次观经部考订书；午间观中国史事、政治书，次观西国政治、艺学书；夜间观经义、策论文法书。”③从所列书目种类来看，王葆心既尊重传统文化，又不排斥西方的文化、科技。看得出来，他在师法宋代的邵雍，要求“二十以后三十以前，宜朝经暮史，昼子夜集”，要求在思想逐渐趋于成熟的年龄段，进行融会经史、旁涉子集的综合性学习，并强调曾国藩所说的将写、读、看、作四种学习活动“日恒为之”。④他既讲究读书法，也要求对读书内容有所拓展，认为“西学、西政书宜多读”⑤。由于王葆心在两湖书院阅读了大量的报纸、杂志和中外书籍，学而思之，对于西方书籍的弊端有所了解。王葆心已经注意到外来书籍的翻译存在很大问题，“前译者太旧，近译者有流布未广”，“译者类不深华文，文理多不显豁”，提醒学子要“验其佳者而读之”。⑥

看得出来，王葆心所著《经义策论要法》是想保持科举学堂的存在，较之废科举的改良措施有所后退，但他能从教学内容、教学方式，结合考试方式进行针对性的讨论，足以证明他寄希望于教育，并扎扎实实地按自己理解的方式为教育进步进行探索。

从王葆心进京修礼上的精心工作和在改试经义后所作的《经义策论要法》来看，王葆心师承张之洞，以“中学为体，西学为用”作为自己在从政路上的宗旨。他并不具备资产阶级的革命思想，甚至在改良主义的道路上也走得很慢、很稳。

---

①—③ 余祖坤编：《历代文话续编·经义策论要法》，凤凰出版社2013年版，第1158页。

④ 同上书，第1156页。

⑤⑥ 同上书，第1154页。

## 二、蒙业而安改革难成

王葆心给自己的定位是“自审悃朴，不善游谈奔走以从革命，爱国思想蕴积于胸中者，惟以托之笔墨以为鼓吹”①。他愿意做革命的喉舌，以爱国思想作为革命之动力，以笔为刀，用文章作为宣传革命的利器，来热情讴歌革命，为唤起民众而尽一己之力。

武昌起义后，清政府“百足之虫死而不僵”，在做着最后的挣扎。同盟会会员吴禄贞在娘子关与阎锡山组建了“燕晋联军”，决定于11月7日共讨北京，彻底毁灭清王朝。在清陆军大臣良弼的指使下，朝廷以白银两万两买通吴禄贞的部下。11月7日凌晨，吴禄贞被枪杀，其首级被割下向清廷邀功。与此同时，北京、天津、通州、滦州等地革命党人被杀害的事件时有发生。清政府的血腥镇压激发了王葆心为革命而奔走的豪情，他毅然决然地与湖北随县人周泽春、湖北江陵人杨祖讦及殷汉光、林唐辅、李仲韬、廖舒筹、望桂臣等人在天津成立了革命团体“天民社”。

“天民社”在这一时期的主要革命活动为：一、成员主动刺探北洋军消息，向革命党人通报，义务充当革命党人的情报人员；二、筹集重金支付给望桂臣，由望桂臣去游说姜桂题、张勋、王怀庆等拥兵将领，让这些将领要么作为革命军的内应，要么不主动参与镇压革命；三、筹措经费购置军火，密谋起义。“天民社”并非严密的组织，且成立日短，革命的具体活动成效并不明显，所取得的成就主要表现为扩大革命影响的宣传活动。

《天民报》是“天民社”为宣传革命创办的报纸，殷汉光任总经理，林唐辅任总编辑。王葆心任该报编辑，并以主要撰稿人的身份写了不少宣传革命思想的文章。

作为《天民报》的主要撰稿人，王葆心针对辛亥革命后的形势和社会动态，从以下四个方面撰写文章：其一是揭露反动势力的阴谋；其二

① 谈瀛：《王季芗先生事略》，《湖北方志通讯》1984年第3期。

是为维护革命成果，抨击某些革命党人以功臣自居、攫取名利的行为；其三是颂扬辛亥革命；其四是宣传要实行资本主义改革，必须从彻底铲除封建制度入手。这四类文章中影响最大的是第四类。

《吾国政治改革动机论》就是第四类文章中比较有代表性的一篇。文章首先热情讴歌了辛亥革命，“今日之大革命矣乎？自尧舜以后，四千年所未有也！是积晚清百千万亿人图强望治之决心，千回百转求之而忽得者也。自封建井田之世，皇帝王霸之持权，中历黄帝之创法、周公之创法、管子之变法、商君之变法、秦皇之变法，屡变而仍未至于斯也”①。“图强望治之决心”，表明了辛亥革命不仅顺应了历史潮流，也是民心归一的表现。“屡变而仍未至于斯”，指出辛亥革命的意义远高于以前历史上的改朝换代。在此前提下，文章阐述了辛亥革命前我国政治改革的历史，并指出改革失败的原因。

> 一为明季清初诸大家拟改革政治时期；一为清嘉道后诸家拟以利法改革弊法时期；一为咸同逮光绪中叶诸家专主效西国艺技、武备时期；一为光绪甲午以来诸家力主以东西人法全变旧法时期。此四者，皆为私家言论之时会，而非国家实行之时会。其第一时期之改革问题则缘国家兴亡而发生；其第二时期以降诸问题则缘吾国内忧外患而发生；到戊戌、庚子始由言论自由时代而入实行时代；至甲辰又由变法问题转而为立宪问题。②

王葆心在两百多年的政治改革分期上依然存在重君主个人行为的趋势，存在着以动机进行判断分期的观念，不完全符合清朝的政治改革史。但在指出原因时，确有见地。

> 国家蒙业而安。诸凡今日所吐弃诸弊法，在尔时犹有实心实力主行之人。专制之英君钤制于上，奉法之百辟震慑于下；莘莘人

①② 王葆心：《吾国政治改革动机论》，《晦堂文钞》。

士，又无暇究心国务之重要……其时王者方以一道同风禁束士类，而以讥评朝政为大戒；且闭关自守，又无相形势绌之见闻，文武恬嬉，方谓长治久安之道在是。①

他认为政治改革失败的原因首先是“蒙业而安”，也就是常说的以“上国”自居，而安于现状。清承袭明制，六部直接对皇帝负责。雍正设军机处使皇权更加集中，军机大臣成为皇帝的私人秘书。废掉“王大臣会议”后，国家大政方针绝对由君主口衔天宪，“专制之英君钤制于上”，臣僚震慑于下，同时又以“文字狱”和八股取士束缚思想，加上闭关锁国、妄自尊大，“因循苟且，粉饰夸张，蒙蔽拘虚，刚愎傲狠，于欧洲之形势茫乎且未之知也”②。“无相形势绌之见闻”是闭关锁国带来的思想封闭的后果。这种后果的可怕之处在于处在劣势中的“老大帝国”会在无知中堕于危亡。

认识到清王朝的覆灭是历史的必然，王葆心在思想上有了一个巨大的转变。在很短的时间内，完成了从忠君的小官吏到希望和平改革的旁观者，再到辛亥革命的观望者，最终完成了希冀辛亥革命成功的鼓吹者的转变。从束发受学起，王葆心就志在以学求进、以身报国、以己为民，即使面对科举路上的坎坷，他依然为国忧、为民虑。王葆心思想的转变不是跟风，也不是希图趁革命之势来上位，而是对清王朝希望彻底破灭的表现。

## 三、从忠君到歌颂革命

王葆心长期秉忠君之心，在第一次乡试落榜后，他明知这是不可言明之原因造成的，却毫无怨尤，反求诸己，心中始终抱持对朝廷的期待。光绪二十七年（1901）七月，清廷颁布谕令：“进士朝考论疏，殿试策问，均以中国政治、史事及各国政治、艺学命题。以上一切考

① 王葆心：《吾国政治改革动机论》，《晦堂文钞》。

② 〔清〕王韬：《弢园文录外编》卷5，上海书店出版社2002年版，第113页。

试，凡四书五经义，均不准用八股文程序，策论均应切实敷陈，不得仍前空衍剽窃。”① 谕令中宽泛地提出了读书人学什么、怎样学，老师该怎样教的新要求。不在其位的王葆心从为朝廷培养人才的角度出发，撰写了《经义策论要法》，目的是维护科举教育制度，拳拳之心溢于字里行间。

清朝灭亡前夕，王葆心长期接受的忠君教育受到了多种思潮的冲击，张之洞“中学为体，西学为用”的思想对他影响极深，康梁维新派思想的启蒙和民族精神使他经历着时代风雨带来的思想荡涤。也就是在这段时期，他受到了同盟会会员周泽春的影响。

周泽春是湖北随县周家台子人，1903 年以官费生身份进入德国柏林大学攻读政治法律，获法学博士学位，曾主编《欧美法政介闻》杂志，并加入同盟会；1910 年回国，授法政举人，在外务部任职。他打听到王葆心在礼部工作后极为欣慰，主动到王葆心门上拜访，二人见面后都非常高兴。在畅谈时王葆心夫人叶淑兰做了一些湖北家乡菜招待周泽春，两人频频举杯，相谈甚欢。由于周泽春学的是政治法律，且已多次参加过同盟会的秘密活动，在了解到王葆心忧国忧民之心后，主动拓宽话题。他一方面用西方政治制度与清朝政治制度进行对比，拓宽王葆心的眼界，使王葆心逐渐认识到清王朝已不能靠修修补补重现辉煌；另一方面又将同盟会与康梁保皇派的争论详细介绍给王葆心。周泽春又隐晦地向王葆心介绍了同盟会的某些活动。王葆心的忠君立场有所动摇。通过二人的不断交流，王葆心认为自己“拨开云雾见青天”。与周泽春频频往来，王葆心已对自己在礼部担任的工作失去兴趣，将更多时间用在结交朋友、交流思想上，其余时间则主要用来进行资料编纂和论文撰写。京华五年，王葆心撰写了不少有用之文。思想的转变也让王葆心为迎接辛亥革命的暴风骤雨做好了准备。

与周泽春的交往使他认识到封建专制制度这个根本问题不解决，希图社会进步、国家强盛都是空谈。

---

① 《清实录·德宗景皇帝实录》卷 485，中华书局 1986 年版，第 412 页。

"垒片石以成山。"从上条陈、写策论以图强国为起点，在时势的教育下，王葆心应属这一时期醒悟得最早的、不以遗老遗少的心态缅怀清朝的传统知识分子。质言之，与同时期的陈三立、王国维等人相比，王葆心亟于变革的思想更强烈。

辛亥革命使一向以天下为己任的王葆心看到了实现自己政治理想的曙光。他在《天民报》上写了不少歌颂辛亥革命的文章，其中既有对辛亥革命事迹的叙述，也有对革命牺牲者的歌颂。歌颂辛亥革命是王葆心抛弃忠君思想的表现，歌颂革命者显示出王葆心并不是盲目地跟风，而是基于爱国之情和强国富民的愿望，希望辛亥革命能实现真正意义上的政治改革。

随后发生在革命党内部的派系纷争、政坛风云中的尔虞我诈、宋教仁的被刺身亡、袁世凯的善后借款、二次革命袁世凯修改《大总统法》、梁启超发表《异哉所谓国体问题者》、袁世凯接受日本提出的"二十一条"……至1915年底袁世凯称帝、蔡锷云南起义、护国战争爆发，这一系列事件令王葆心惊愕。进入民国，王葆心看到的是国事更不堪言，这样的现实与王葆心的政治理想相距甚远。他对辛亥革命产生这样的民国的现状感到怀疑、失望，对逐权逐利之人在政治风云中朝秦暮楚的表现不屑一顾，发出了"不料衰宋晚明之人所不为者，今则岸然为之，而不疑此，亦可觇世变之将未已也"① 的感慨。

## 第二节　搜访坠逸，阐发幽微

失望于辛亥革命后的现实，使被动卷入革命潮流中的王葆心又缩回到书斋。无权无勇的他既不愿攀附旧友故交，在当时的政府中混个一官半职；又不愿学陶朱公行货殖于江湖，于是"搜访坠逸，阐发幽微，整比钩阶，勒成正史体制"②。

①② 甘骏：《王葆心在辛亥革命中》，《辛亥革命研究动态》1993年第2期。

## 一、自幼即立愿搜逸志

王葆心写《蕲黄四十八寨纪事》的念头起自幼年，文中记叙“葆心儿时侍母夜诵，先黄太恭人好为说明季佚闻及洪、杨乱事。自是读书，遂专意此种。太恭人所说多关乡贯旧闻，因于本贯尤留心。迫慕音容，倏逾二纪；实禀母训，以有此书”①。“欲子成立需母贤”，王葆心的母亲既是他的抚育者，也是他学业的引导者。出自书香门第的母亲极有教养，对明季佚文、清初史实、太平军之事迹，知之甚多且言而有征。在进行训诲时，她不同于一般妇女教育孩子，往往结合本地的佚文史实，于潜移默化中对王葆心灌输民族大义。王葆心在幼年时即从母亲的讲述中，开始质疑正史中的记载。成年后，王葆心经师长拓宽眼界，进一步激发了对正史的质疑，开始广泛收集当时的私人笔记、宗族谱牒，甚至对当地流传甚广的民间传说都一一笔录。上学返家之时他还访问当地尚健在的老人，寻根究底地考察传说中的地理形势和战争状况。

幼年时母亲的讲述让王葆心知道百姓眼中的历史与朝廷的正史大有区别，正史摒弃的历史人物未必不铭记于百姓心中，正史肯定歌颂的历史人物有些在百姓心中或为奸佞。母亲的教诲隐约在王葆心心中埋下了以百姓之心评价历史人物的价值评判标准。王葆心认为：

一心腾坠，一念死生；顺逆互为往来，身名各分存朽。被衮褒于异代，何荣？荣乎其克保我邦家也。受钺诛于朽骨，何辱？辱乎其湛覆我邦家也。乌乎！爱国之杰，其遗泽果及身而斩矣乎？有山川阻隘以湮之，有子姓零替以蚀之，有文献凋弊以佚之，有兴朝之严刑峻法、迭兴大狱以束缚而禁锢之，皆末造英豪九死不还，一瞑无可回春之巨厄也。于是，国史攘之，不予书其详；宗族屏之，争与讳其事。官书方志淆列疑似而隐其真，私家断简摭拾一二而阙其

---

① 王葆心：《蕲黄四十八寨纪事凡例》，《蕲黄四十八寨纪事》。

绩。口碑隐约，荒略无绪，而末由究稽。乌乎！爱国之杰，其遗泽果及身而斩矣乎？①

以“保我邦家”为荣，以“覆我邦家”为辱，王葆心爱国爱民之情跃然纸上。王葆心认为这些“爱国之杰”的遗泽应该传至后世，激励后人。但由于种种原因，这些“爱国之杰”的史迹因宗族讳其事，官书方志隐其真，私家断简阙其绩且荒略无绪。对于这一现状王葆心深有所感：“若吾黄明季四十八寨诸豪者，吾哀之痛之、景之企之、仿之佛之，发箧陈书，耳治口讯，留心越二十年之久，采书积八九十种之多，比类属词，神昏目倦，始克一二补缀，若有以钩其沉，启其键，发其覆而表其微。”②经过苦心搜索，王葆心将这些“爱国之杰”通过自己的笔端刻画了出来。

## 二、依山建寨求自保

《宋季江淮六寨纪事》《蕲黄四十八寨纪事》成书于光绪三十四年(1908)。在辛亥革命后，王葆心将两书合订为《明季江淮七十二寨纪事》。

光绪三十三年（1907），由于礼部侍郎张燮君、右丞乔茂蘐、参议曹东宣、湖北巡抚梁鼎芬的举荐，王葆心调派为礼部司务厅行走，并兼图书馆编纂。这为他撰写《宋季江淮六寨纪事》《蕲黄四十八寨纪事》收集资料提供了便利。

在京供职期间，为学严谨的王葆心就到京师图书馆翻阅资料。出于乡土情怀，他对与湖北有关的文献资料先以抄录汇编，然后分门别类与自己私人笔记、宗族谱牒和民间传说相对加以考订，严格遵循“孤证不立”的原则。对自己拿不准的史料采用存疑的形式，纳入资料之中。在做到了有证有据、史料充分的前提下，再进行一次汇编，剔除芜杂。数年之后，王葆心根据这一批所收集的资料写出了《明季江淮七十二寨纪

①② 王葆心：《蕲黄四十八寨纪事自序》，《晦堂文钞》。

事》及《罗田靖乱记》。

《蕲黄四十八寨纪事》分为大事篇、形势篇、前事篇、统系篇、规律篇、鄂寨篇、鄂寨续篇、鄂寨附篇、附皖寨篇、山寨列传、山寨秩官列传、山寨列女传，努力做到了既弥补正史的不足，又真实地记录了当时这一地区百姓的生活状况。这是一项具有开创性的历史著述事业。尽管王葆心具有正统的忠君观念，也不懂唯物史观，但他对本地区农民起义、农民抗争的观点与历代封建统治者和封建文人迥然不同。他在为山寨中人立传时，不以他人之见左右自己，以客观、实事求是的态度来钩稽史料，让史料说话，不妄作评论。在指明正史和地方志书对山寨中人的不公正记录后，表明自己的态度。

> 既大恨我生太晚，上不逮四库馆销毁禁书之前；又自念出身太迟，进不获入中秘探国初之档，所得盖亦仅矣。然犹幸及我身为之，尚赖有此一二之存也。①

“哀之痛之、景之企之、仿之佛之”体现了对黄冈地区明末四十八寨豪杰的内心仰慕之情，也体现了王葆心的历史观念已冲破封建正统观念的藩篱。在他眼里，这些豪杰们是在人格、道德上值得肯定，是历史长河中的灿烂星辰，因此他在行文中不露声色地对他们进行了褒奖。如《山寨列传》中他写出了胡伯为保全众人、舍生取义的故事：

> 胡伯，黄安人。少有大志，好骑射，天启甲子武举。后贼氛渐逼，伯度形势，设木栅以守险。贼才之，招以书，不往。崇祯八年秋，贼众突至环攻，必欲得伯而后已。伯慨然曰：“岂以吾一人故累众人耶？苟吾死而围解，死亦何恨！”语贼曰：“我即出，可解此

---

① 王葆心：《蕲黄四十八寨纪事自序》，《晦堂文钞》。

围?”贼许之。遂单骑赴贼营。围解，卒自刎死。①

寥寥数语刻画出胡伯的感愤磊落之气和视死如归的激昂之情。

由于准备充分，一年之后《蕲黄四十八寨纪事》问世。该书分为四卷，卷一《形势篇》中对蕲、黄、英、霍、光、固等依附大别山三省交会处的地理形势描述如下。

> 鄂之蕲、黄、麻、罗，皖之潜、太、英、霍，豫之光、固、商、汝，皆阳渎而阴岳、左扬而右荆，积旁薄之万山，势绵亘而不绝。其高者或插天汉，其出入径道隘，仅错趾悬岩；左右列河环之，路阻谷深，摇骇心目。其山巅或平衍，饶水泉竹石之居。其河入江、淮，有航帆运输之便。平时可为乐国，乱世亦保障之资焉。②

这一带的地形可归结为山“绵亘而不绝”，“高者或插天汉”，“路阻谷深”，山巅平衍，“饶水泉竹石之居”。丰饶的植被为百姓躲避兵乱、依山结寨创造了条件。从南宋金兵南侵起，这一带的农民、官绅、商贾为求生存筑寨于山，兵匪至则拒之，兵匪不可抗时则避之。由于筑寨时目的就很明确——避兵匪以求自保，故而山寨大都依据山势，形成“一夫当关，万夫莫开”的险要形势。山寨内大都外垒高墙、内筑寨屋，利用泉水形成取之不竭的水源，并修建谷仓储备足够的粮食，俨然是一座可封闭自守的独立城镇。战乱使百姓形成了对山寨的依赖，依赖则让百姓即使在和平年代也不忘对山寨进行修葺。至明清之际，这一带山寨的存在已有300余年。悠久的山寨历史使蕲黄四十八寨及周围的二十四寨，在明季动荡之时成为抗清的据点，显示了当地百姓秉承忠义、敢于反抗

① 王葆心：《山寨列传》，《蕲黄四十八寨纪事》。

② 王葆心：《形势篇》，《蕲黄四十八寨纪事》。

的性格。

王葆心从地域上将蕲黄四十八寨分为：在罗田的天堂寨、石柱山寨、仙女崖寨、李莽崖寨、韭菜崖寨、乌云寨、黄狮寨、扬旗寨、古羊寨、大龙寨、大垴寨、鹤皋寨、大罗寨、富主寨、白马寨、独龙井寨、尖峰寨、观音山寨、周家山寨，黄冈有金盆寨、保安寨、响水潭寨、寨云垴寨、桃花洞寨、何家山寨、天马山寨、马家潭寨、淋山河寨、白云山寨、大崎山寨、小崎山寨，麻城有朱山寨、东山寨、东义洲寨、石马寨、塔子山寨、云雾山寨，在黄梅有红花寨、鼓角寨、卓壁寨、挪步园寨，在黄安有天台山寨、大藤堡寨，蕲水有石门山寨、斗方山寨、三角山寨，蕲州大桴山寨，广济四望山寨。

## 三、末造顽民争生存

王葆心指出："山寨者，末造顽民争生存之帜志也。因争生存而生儆惕，因儆惕而结集其精神，因精神结聚而自生规律，于是有合群之规、有独立之制，以合群匀其森立之制度，以区画勖厉其守助之情形。"① 一个朝代的灭亡时期称为"末造"，"顽民"在这里是贬义褒用，用来称呼南宋末年、明朝末年不屈服的当地百姓，"争生存"不仅仅是为个人、为家庭，更是为宋、明政权之存在而进行的斗争。可见在历史政治风云变幻之时，在民族矛盾冲突之时，蕲黄两地有斗争传统的百姓乘势而起，在该地区留下了可歌可泣的篇章。在《鄂寨篇》，王葆心说："蕲、黄，一战地也；而六朝、南北宋南迁时尤甚。以故其民质沐战斗之余风，富于虓悍之魄力与战争毅力。每大乱出，辄倡为联合策与进取策，以乘时会。元季进取，其争锋南逮于江介；明季进取，其争锋北直于淮壖，皆因地因时，收召其英俊。"②"富于虓悍之魄力"和"战争毅力"的百姓敢于在"每大乱出"的动荡之中，"因地因时"争锋于南北。

---

① 王葆心：《规律篇》，《蕲黄四十八寨纪事》。

② 王葆心：《鄂寨篇》，《蕲黄四十八寨纪事》。

据王葆心记载，1265年宋度宗即位，罗田吴乡（今英山）人段朝立在英山结寨，阻挡蒙古阿术军进犯蕲黄，这一举动被南宋小朝廷认可。1267年段朝立请求南宋朝廷建立英山县，得到朝廷允许后，段朝立担任英山县的首任县令。

1277年蕲州人张德兴、罗田人傅高分别以蕲州的司空山、罗田的天堂寨为根据地，联合周边六寨的义军反抗元兵南侵。宋端宗的丞相文天祥派程纶、程晃来蕲州协助张德兴进行军事斗争。为了让张德兴更好地指挥军队，宋端宗任命张德兴为淮西安抚使，任命傅高、刘源为招抚使。蕲州、黄州、兴国（今阳新）、寿昌（今鄂州）百姓起兵响应，在短短三个月内占领了蕲州、黄州、寿昌、阳逻。这年秋天，元朝的湖广宣抚使发动大兵进攻，张德兴战死，傅高兵败天堂寨，下落不明，大批起义者及其家属被杀。元至正十一年（1351），罗田布贩徐寿辉、麻城西乡（今红安）铁匠邹普胜和袁州（今江西宜春）和尚彭莹玉在天堂寨起兵反元，为响应安徽的韩山童、刘福通起义，也以红巾为号。义军于1351年10月占领蕲水县，徐寿辉在蕲水清泉寺称帝，国号“天完”（就是在大元二字上分别加一横和一个宝盖）。彭莹玉被封为军师，邹普胜被封为太师，倪文俊被封为大将军，天完朝廷设莲台省和六部，建立了较为完善的政府结构。1352年天完朝廷分头进军，攻占湖北、湖南、江苏、安徽、江西等省，在短时间内超越刘福通、张士诚、方国珍等义军，极大地震撼了大元王朝。不久义军发生内讧，陈友谅杀害徐寿辉，建立大汉，在湖口之战朱元璋消灭了陈友谅的主力军，陈友谅受箭伤，死于军中，其子陈理在武昌称帝后投降朱元璋。

## 第三节　直言无隐

王葆心通过广征博引，对被正史摒弃在外或记载不详的元末江淮农民战争史进行了追叙。除了忠于史实外，王葆心敢于正视史事，并拿出自己的历史观点。他的历史观点有许多与封建王朝的正统观点不一致，也与当时某些激进者的观点迥然相异。例如当时民间史料记载中对清朝不少当权者持排斥态度，王葆心能根据史实，对于成龙等大臣在蕲黄实施的政策做了比较公允的评价，堪称良史。

## 一、独树已见显公允

明朝末年，阉党祸乱天下，土地兼并严重，农民与地主矛盾尖锐化，陕北旱灾数年，农民被迫揭竿而起，死里求生；女真贵族努尔哈赤起兵建州，灭海西九部，征战辽东，继承者皇太极追前人脚步，加强集权，征服朝、蒙，改国号为清，建都沈阳，时刻准备向中原进军。有所作为的崇祯皇帝性格多疑，朝廷倾轧日益严重。蕲黄两地并非净土，在攻城略地、改朝换代的旋涡里遭受到巨大的冲击，山寨也在这个时代发挥着不同的作用。

在王葆心笔下，明末高迎祥、张献忠、李自成、罗汝才的陕北义军并没有得到肯定，不能就此认为是出于阶级偏见，王葆心只是依据当地民众的谈吐和方志的记载，据实而录。例如：

> 八年正月，有寇数万入黄安，杀戮甚惨……三月，满天星大股掠麻城……蹂躏地方……十三年，流贼由河南诈称官兵，昼夜兼行，袭陷罗田，焚毁房舍，杀虏殆尽……二十四日，贼入，择其娇丽者，驱之夷城，缓者斩指堕腕，血渗洒淋壁间。三日，城平；乃杀而投之以填堑，备极惨毒。杀人盈城，内外官民房舍尽毁。①

> 男子十五以上二十以下，录为兵，余连项就戮。贼持刀者，腕为脱，乃佯开汉阳门，纵之去。门逼江，铁骑围而蹙之，自鹦鹉洲达于道士洑，浮胔蚁动，水几不流。逾月，人脂厚累寸，鱼鳖不可食。流尸蔽江下，至黄冈，易为泰收余骸葬之，甚多。②

---

①② 王葆心：《鄂寨篇》，《蕲黄四十八寨纪事》。

以上摘引，显示出这支军队在军事行动中残暴的一面。与此同时，王葆心对明朝军队也如实记载，并不加以美化。例如对马士英受贿贪赃的事就做了如实记载，对左良玉纵兵蹂躏武、黄诸郡，对楚王收藏金银而不劳军守城的贪婪行为，也做了针砭性的评论。可见在王葆心看来，民大于天，凡有伤于百姓性命、让百姓无法安生者，均不值得肯定。这也许是书生之见，用这样的观点，王葆心肯定了利用山寨抵抗陕北义军的蕲黄农民。

对于清兵入侵，王葆心反对八旗贵族以满压汉，强迫百姓从满俗“留发不留头”的铁血政策。对于当地人民的反抗，如率兵起义的周损、曹胤昌、王鼎、李有实、陈于藻等义军首领都被王葆心书之如实。在《山寨列传》中王葆心记载了 62 人，《山寨秩官列传》记载了 11 人，《山寨列女传》记载了 38 人。在传记中，王葆心尽可能做到了客观、实事求是，即使放在今天，其立传的出发点及观点仍值得肯定。

从被摒弃于正史之外的野史、方志、民间叙谈中挖掘蕲黄四十八寨的事迹，是为正史补遗，也是在为编修方志增添材料。

## 二、立言务实求可行

王葆心不以他人评价代替自己的思考，表现了不依傍他人，不阿附权威，敢于坚持己见的负责精神。这种精神也表现在他为文论事上。走出两湖学堂后，王葆心结识了一些在学识上能相互切磋、为人正派可敬的朋友。与这些朋友探讨学问、交流思想，拓宽了王葆心的视野。王葆心逐渐将所学所知与眼前所见国家贫弱之现实结合起来，努力探求富国之策；以当时欧、美、日之国情与中国相比较，希图从国外取得经验和教训。他从改革币制、扩张海权、发展海运、整顿海军、保障华侨权益等多方面进行了认真的研究，提出了具体的主张和具有可行性的措施，没有一般政论文章大言炎炎、不落在实处的虚妄。

他在两湖书院刚刚肄业就已突破了人云亦云的范式，所写《外洋各国报馆有益政事学术论》直接提出报纸既有益政事，又有益学术。文章对报纸有益政事总结为以下三个方面。

一、有益于富国之政。王葆心说，“西人富国之政有二：曰工、曰商，工商互为富国之源流。有报馆则由之以周偏，借之以进益，考之以利弊，鼓之以名誉，化之于公溥。西人通商之大政曰火车、曰轮船、曰电报、曰邮政，有报馆可以辅之。西人通商而更以惠工之大政，曰赛会、曰博物、曰制造，有报馆可以广之。故报馆以辅车轮，则报为主，而舟车为之奴。以辅电报，一则以利速而伤略，一则利以详而能周；以辅邮政，一则散以私而集以公，一则集以公而散以公。故西人有商务会，即有商务新闻纸”，“有工艺会，即有工艺新闻纸”，“西人制造广行于各国者，则见于各国之报；见重于一地者，则详于一地之报。远之登报，数年而不衰；近之登报，一月一季而不厌”。“故欲多开通商之埠，不如新开报馆。布人岁取新闻之利，而四分收一，其数颇巨。故欲多取商税，不如多行报而取其税。一千八百七十年，报称意商岁收报资六十三万九千有奇；一千八百八十一年，报称美商岁收报资二十六兆二十五万有奇。然则欲多为民兴自然之利，不如即报中求自然之利。此谓有益于富国之政者，此也。”①

通过新闻业对工商信息之传播带来的经济效益来探讨新闻业对国家财政收入的影响，在今天看来是可笑的，但在长期封闭，信息没有得到很好利用的中国，这种探讨是有益的。报资不能等同于税收。王葆心对经济学所知甚少，但能从新闻业可带来收入看问题，也算是打破了只读圣贤书、言义不言利的陈规，脚踏实地地探讨实际问题。王葆心又叙述了报纸有益于强国之政和用人之政，在论述报纸与用人的关系上王葆心写道：

内有益于用人之政，而外有益于成俗之政。报中有关用人者，如前岁英各报馆均以首相禄斯勃来为合宜，客岁法人各报馆均言埃及之英钦使克罗茂为不善。善与不善，报馆未必持之公也，然而

---

① 王葆心：《外洋各国报馆有益政事学术论》，《晦堂文钞》。

> 可由之而加察矣。报中有关成俗者，如西班牙颁条教于古巴，曾列诸报；香港计官学之工程，年有列报，是其例也。①

王葆心注意到报馆对人的评价未必公正，但他认为由于报馆对所用之人的评价“可由之而加察矣”，故仍将报馆的评价作为评判依据之一，同时媒体可以在宣传教化上起一定的引导作用。在此基础上，王葆心列举了德、英、法、意、比、荷、美等国报纸种类的数目，指明报纸有益于“周通之学”和“专门之学”。

从读书和著文之间的联系来看，王葆心是为用而学，故不作无益之空谈。正如他在追叙往事时所说：“好推究古今人经纶权变的作用和寰海强弱原委的异同，以天下为己任，本不欲以文字传世。”“守经从权”是历来从政者为应对世事变化而研求的政治策略，早于王葆心的前辈——精研帝王之术的湖南王闿运，曾在咸丰皇帝指定的八辅臣核心肃顺府中任家庭教师，其所著《祺祥故事》为肃顺被慈禧所杀辩冤，认为肃顺被杀系不知权变而未能当机立断之故。王闿运做学问是为了“佐治道，存先典，明古训，雄文章”②。“佐治道”和王葆心的“以天下为己任”意义相同，都是为了治国而理民。受儒家影响极深的王葆心，在辛亥革命前依然受“学而优则仕”观念的影响，但与清末那些“以叩头当官，以下跪求禄”的官吏相较，王葆心确实希望自己能有益于世、有益于民。

---

① 王葆心：《外洋各国报馆有益政事学术论》，《晦堂文钞》。

② 〔清〕王闿运：《湘绮楼诗文集·尚书大传序》，岳麓书社 2008 年版，第 107 页。

# 第四章　一年总纂，信令传后

严复评价黎元洪说：“黎公道德，天下所信。然救国图存，断非如此道德所能有效。何则？以柔暗故！遍读中国历史，以为天下最危险者，无过良善暗懦人。下为一家之长，将不足以庇其家；出为一国之长，必不足以保其国。”① “良善暗懦”是同代人对黎元洪的评价，证之以黎元洪在 1912 年、1913 年时，杀害了湖北大量革命党人（近一万多人），“暗懦”未必。

王葆心在这个有“良善暗懦”之名的黎元洪延聘下来修纂《湖北革命实录》，注定了善始未必能善终，原因就在于黎元洪从来就不是革命者，只是被革命潮流推动，仅顺势而行的“路人”。

## 第一节　湖北革命实录馆的成立

1912 年 6 月，参加武昌起义的孙武、蔡济民等 14 人发起成立湖北革命实录馆。在湖北都督黎元洪批准后，该馆于 6 月 16 日成立，馆址位于汉口英租界普海春菜馆。17 日，黎元洪任命谢石钦为馆长，苏成章为副馆长。在正副馆长下设总纂、编修、文牍长、文牍员、典守、调查长、调查员等职位，另聘请了蔡济民等 89 名义务调查员。② 由谢石钦延聘文史著述卓有成就的王葆心担任总纂。

王葆心对修纂《湖北革命实录》热情极高，上任伊始即作文告诫于鄂人：

---

① 转引自兰晓丽、左灿丽《黎元洪大传：从贫寒书生到首义都督》，华中科技大学出版社 2011 年版。

② 刘会信：《湖北革命实录馆及其历史地位》，《档案工作》1990 年第 9 期。

> 曩者吾鄂文献日归凋废，实由留心搜访之无人；而鄂人纪载之向多中辍，又缘当事意见之不一。故近世各省皆有文征之作，而鄂则未闻；各省都辑方志之书，而鄂则终废。此可憾者一也。至于鄂人特长，功能创始；而鄂人偏短，病在无终。求之远古，鬻熊以著述冠九流，竟缺嗣音；屈原以骚赋开百代，岂无法□。求之近代，天完起而肇移元祚，以意见裂而大功不成；江陵起而政变明衰，以徒党孤而伟绩弗耀。此非前此最可憾之二者乎？今之首义既先各省而树帜，则今之纪载允宜先各省而成书。三复前车，一洗旧俗。凡诸志士，当有心监。特布寸忱，用谛同志。①

文中指明“纪载之向多中辍”是因为主管文献编辑的人意见不统一，尽管楚人自鬻熊起就有著书之能，至屈原则以辞赋开百代之风，但在近代却未能继承著述之伟业。因此更应该“有其实”“播其文”，不仅要捍卫首义的成果，更要录之于史，并通过史传文字以传播。

看得出来，王葆心希望将自己的修史之才用在修湖北革命史上。在被聘后他积极工作，对修史理论、步骤、内容、进程，做了周详的布置。针对修史的内容框架，他撰写了《修革命史宜先立长编议》《革命史宜以图画相表里议》《革命史应为生人立传议》。为使这一内容让社会认同，又撰写了《再续革命史应为生人立传续议》。在编目上，王葆心事先拟定了草稿《湖北革命志拟目》，作为编撰实录的工作方案。据此可见，王葆心这位总纂可谓殚精竭虑、以求事功。

## 一、知难而进，据实播文

处在革旧鼎新之时，欲修革命之史，无论是立论之观点、选材之方法、叙事之笔调，均无旧途可寻。王葆心在《湖北革命实录馆布告通

① 王葆心：《湖北革命实录馆布告通启》，《晦堂文稿》。

启》首先指明修《革命实录》既不是“新旧账簿之钩稽”，更不是“种族盛衰之记录”，意义重大。“然以革命论，其勋绩则炳乎世界；以首义论，其风尚则靡及全国；以起源论，则数典宜不忘古初；以结局论，则声光尤昭垂禩世，其形式虽云至约，其精神实称至闳，顾不重欤!”①因此首先要做好调查工作，王葆心从征文、考献、“调查及于口碑”、“调查及于物质”、“调查及于报章公牍”、“调查及于国外方闻”六个方面要求调查工作必须全面。在资料准备充分的基础上，还必须考虑到史料编纂之难。王葆心写道：“至于见闻所及，不无异同；偏党偶存，动形钼铻。流传百喙，书报千歧。考异既窘温公，纠谬或来羲仲。则取材之难也。论非盖棺，人多一节。或以爱憎为黑白，将疑恩怨市褒诛。浮夸则蹈左氏之讥，属托易扬魏收之秽。则述事之难也。至于通俗则搢绅难言，高文则藻绘失实。微词则淆疑信，直笔则动戈矛。故荆公欲续国志，东坡尚谢不能；昌黎之为实录，老泉犹且不取。又临文之难也。”②取材难、述事难、临文难，这“三难”不仅来源于旁观者见闻角度之差异，流传中夸饰和缩小，讲述者个人之爱憎；也来源于编纂者自身对史料的鉴别情况，是否能做到客观公正，在文字描述上能否做到直言无隐、不欺世不媚世。

认清了调查是否全面和“三难”问题形成原因，王葆心又进一步对实录进行了研讨。他指明：“实录者，所以存一时之史掌，将以昭示方来，垂诸无暨者也。践其大观，全在民纪与表、志、图、说，岂仅仅一传记足以了其本末?”③ 实录不是传记，首先要求收集到“起义后各种机关成立，关乎改革之历史、文牍、章则”；“九月后各军调遣、驻扎、布置、攻战之情形，并战事计划、图册、探报”；“九月后各郡县光复片段汇总之报告、纪事书”；“八月下旬以后与汉埠外人交涉之历史函牍、电报”。④通过罗列应收集材料之种类，表明了王葆心对实录撰写的主要原则不是有闻则录，而是落脚在一个“实”字。他要求这个“实”字有

①② 王葆心：《湖北革命实录馆布告通启》，《晦堂文稿》。

③④ 王葆心：《实录馆修书进行要议三篇》，《晦堂文钞》。

相应的纪、表、志、图、说，历史事实必须与历史文献互为表证。

## 二、筹划缜密，严谨求真

“工欲善其事，必先利其器。”王葆心任革命实录馆总纂后以修一部信史为工作目标，为完成这一目标，对于修史之事尽可能筹划缜密，不仅考虑到每一步该怎么办，还考虑到在每一个工作环节应该用怎样的人。

在《修书余事议》中：“吾则以为修书时便须先有目录，且不但须先有总目，并且须先有子目。故一民纪也，为之先立一年月日之子目；一表也，为之先立一区分篇类之子目；一志也，先有每种之子目；一图也，先有每种图之子目；列传则先有专传、合传之子目。各门先有此项子目，则可供循途按节之用，不致倒置遗漏，生种种之周章。”① 王葆心极强调修史的条理性，并要求通过总目和子目表现出文章之顺序和史事之统属。他认为实录修纂非一人之事，必须在每个环节都有可用之人。例如，“校雠之事，由书报及调查册收入长编时，必须校正字内及章段，观其是否讹脱，与其起讫之是否悉应原文，此犹校雠之粗者”②。他又指出：“至修辑书时，则校书人与修书人乃息息相关，心心相印，绝非浅学所能。先须以全书大例衡校之，察其是否悉合；继须以各门画一之例衡校之，观其有无钮铻；又继校其字句有无疵病，又继校其体裁有无出入；又合纪与表、志、传而通校之，观其能否融贯。而凡出自两人以上之众手，彼此管照不到者，皆恃校者尽其能事也。此又因时发生之一种也。吾人于此，欲得校书与修书者获互相表里之用，则不得不妙选通材。”③ “非浅学所能”决定了校雠者不仅仅要了解原文，更要求校雠者在了解原文的基础上与修书者“心心相印”，统一体例，观察所修之纪、表、志、传能否融会贯通。

王葆心要求之严谨，也表现在对录稿的要求上。他认为：“写官录稿，关系于程功期限，其责至重。去冬两月编修交稿后，诸录事绝不能

①—③　王葆心：《实录馆修书进行要议三篇》，《晦堂文钞》。

按期交稿，似此漫无限制，不知虚耗日力几许。往往编修三四日之稿目，录事受之，至一月写之不尽。如此宕延下去，将全馆人受录事之影响，致外来之诘责，成何事体！今拟由文牍中立一稽查督催专员，日日严催，于编修交稿目于录事时限，同订立期限，按限缴交，不许稍爽。”① 要求在编写实录的每一环节都不出现积压。

王葆心认为之所以出现积压，“实因机关停滞不灵”。为改变这样的状况，他提议“今拟立一互相提撕、依时振奋之一法，须馆中立定会议时限，俾得勇往进行……每一事发生，经议决后，承受者即当从速实行”②。

总纂实录很多事王葆心可以不管，但多年养成的严谨作风使王葆心把所有的责任都肩负在自己身上。

## 三、长编为导，无一漏遗

王葆心在《修书本事议》中直接提出：“今兹修史，亦既发凡起例，先行荟辑长编矣。长编之作用，例主网罗，凡关乎此次之史料，皆期毫发不遗。其用意在举散殊之事实，用年经月纬之法，使彼殊观，归我部勒，俾零畸之事皆得贯串，于是取材乃有范围，修润乃可着手。”③ “荟辑长编”首先“用年经月纬之法”，使得史实、史文均由时间形成联系，先后次序不至颠倒；其次在行文上以时间顺序来确定叙事顺序，不至错乱拉杂；典章制度都颁布于一定时间，以时间为网来收集这些资料会“毫发不遗”。在年月可稽的前提下，“始可循途逐项修去，而颠倒搀越之弊，不期去而自去”④。这样王葆心把汇辑长编作为修纂《革命实录》的正确方法，推荐给实录馆的同仁。

实录馆的同仁提出来：“凡外来事实，须有一次审查，以公决其是否公允而确实。此为关乎史材正确之衡定。”⑤王葆心同意这样负责的史材审查，但他认为这种审查“当在长编既成之后。长编既经审查完竣

①—⑤ 王葆心：《实录馆修书进行要议三篇》，《晦堂文钞》。

后，则吾人始可施秉笔修润之功与条理檃括之法。否则，举棋不定，技无所施”①。王葆心抓住纲领而后列举条目的看法，是来有所自的。北宋历史学家司马光修《资治通鉴》为王葆心的想法提供了依据。《资治通鉴》以长编为指导、时间为经纬，采用史料除17部正史外，还有杂史、野史、笔记等320余种，凡与长编所列史实有关的无一遗漏，经司马光等人对长编所记内容的审查考异，择其可信者而从之。这种编纂方法使《资治通鉴》历来被史家赞颂。南宋学者李焘按《资治通鉴》的编纂方法，编纂了《续资治通鉴长编》，其历史价值和学术价值不在《资治通鉴》之下。王葆心是一个善于学习他人长处，并能择善而从之的学者。他总纂《湖北革命实录》时的方法和措施表明他是一个善于学习、敢于探索的学者。

在决定先立长编的编纂方法后，王葆心认为在处理互相矛盾的史料时应采用“互校弃取法”，王葆心详细地叙述了该法：

> 今此所辑长编之中，凡大小繁简，详略异同，无不互载，吾人取材者，似难遽诣折中。然秉笔于此，正宜从此繁赜中着眼，于是有互校而弃取之法。盖此前审查之举，即为是时之预备。然审查之顷，人多口杂，走马观花，一览无余，不尽细致，又不能长谈久聚，与大家细意磨砻。则吾人秉笔时，欲处处见其矜慎有法之心。惟有信誓于心，于互阅之中，务从多数之收采，而践原寻根以折中之。苟存此心，虽不必处处密合，然未始不可十得八九也。②

以长编作为审定史材之纲目，在审定后如依然有矛盾之处，那就应该“务从多数之收采，而践原寻根以折中之”。这里的多数是指史材之多数，强调了以多证一的史料使用原则，也强调了践原寻根的尊重原始史料的原则。

---

①② 王葆心：《实录馆修书进行要议三篇》，《晦堂文钞》。

## 第二节　对传统修史的创新

在两湖书院接触和阅读的不少翻译的国外书籍和报章杂志，不足以从根本上改变王葆心做学问、写文章的基本模式。有清一代，戴名世、方苞、刘大櫆、姚鼐所创立的桐城派驰骋文坛两百余年，其理论后学者必奉之圭臬。方苞提出“义法”，“义”要求言之有物；“法”，要求言之有序。言之有物，是要求文章不能空对空，必须有内容。言之有序，是要求文章有条理，讲究技巧。对文章风格方苞要求“雅洁”。“雅”指高雅，不俚俗不庸俗；“洁”指语言干净，不做过多修饰。在方苞的“义法”基础上，姚鼐提倡“义理、考据、辞章，三者不可偏废”。王葆心终身服膺于义理、考据、辞章三者缺一不可的理论，认为：“所以为文者八，曰：神、理、气 、味、格、律、声、色。神、理、气、味者，文之精也；格、律、声、色者，文之粗也。然苟舍其粗，则精者亦胡以寓焉？”① 其在著作《古文辞通义》中将姚鼐所提出的“古文八要”全部录入。

王葆心在作文上师法桐城，在编纂革命史上则从传统的修史观念走出，“不寻章摘句，不墨守成规，更不是古非今，专谈空理”②。不墨守成规是修史方法上的创新，不是古非今则是历史观念上的创新，王葆心抛弃了辛亥革命后遗老遗少们怀念往日“好时光”的情结，在随历史前进而进步的人生途中，接受了进步的历史观念。

### 一、王葆心进步的史观

黎元洪能选择王葆心、谢石钦等人，能尊崇王葆心，是因为其以文史著述闻名，也是因王葆心的历史观念符合时代的标准。王葆心说：

---

① 〔清〕姚鼐：《古文辞类纂》，上海古籍出版社1998年版，第2页。

② 转引自闻惕生《王季芗先生生平学术及其遗著》，《罗田文史资料》1988年第2辑。

革命之事，本仿西方，革命有史，亦见西籍。政治既有更张，文籍亦随世递变，即往古无生传之例，此时要可重开。苟于颠倒与请托无两者之嫌疑，则生传与死传初亦无能轩轾。即其人日后之自改各有隆污，而其人过去之陈迹初无改变。至于成书是否能传信而无斁，则在秉笔人之能矜慎而知缺疑。①

“文籍亦随世递变”，说明了文章体例应该随时代的要求而进行适应性改变，这既含不墨守成规之义，也体现了进化论的观点。即使古代没有为生人作传的先例，辛亥革命后也应该开创这一先例。如果没有歪曲或者美化历史的现象，为生人立传和人死后立传又有什么区别？中国一直强调盖棺论定，但为生人立传如果以后出现了“隆污”也不要紧，因为为生人立传写的是“过去之陈迹”，只要立传者能“矜慎而知缺疑”就够了。

为生人立传，“海通以来，外史灌输，活人纪传，时见掌译，开方来历史之新裁，启乙部广涂于束缚”②。王葆心列举了宋代司马光始为范景仁立传之事例，并不以古已有之来掩饰自己向西方学习的事实。“西人观念注重现今，不贵过去……悠悠陈迹，匪所尊崇……西人眼力趋重进化，其于过去，亦判以兹；其于方今，亦与昔较；其于历史也，常目为不完全之物；其于人也，亦视为依时而演进之人。历史既属不完全之物，即不妨用不完全之法，以传随时而演进之生人。”③王葆心完全采用了西人注重现今的概念，并且没有打什么“中学为体，西学为用”的招牌。

历来编史“以君主一人为主体，统领历史”，王葆心摒弃了以君主为主体、为个人立传、以个人史代替社会史的修史方法，指明“君纪以君主一人之身，为本纪主体；民纪以民人全体，为本纪主体……实录开

①—③　王葆心：《革命史应为生人立传议》，《晦堂文钞》。

编即是民纪”[①]。辛亥革命群体在《湖北革命实录》中是作为主体出现的。尽管没有使用“人民群众”这一概念，但“一大群人”已扩大了立传对象的范围。这应该是王葆心在接受唯物史观的体现，联系王葆心在《明季江淮七十二寨纪事》一书中表现的历史观念，可以看出他在历史观上具有反封建、反专制的民主色彩。

## 二、修史方法的创新

王葆心在历代修史的经验中指出不足之处，并尽可能加以补正。他在《修书本事议》中写道：“从前修方志，凡采访日久不齐者，多留空缺以俟补，否则先纂成书，续到者别为补编，附当卷后，此旧例也。但志体零散，史体完整，此例殊未可援。”[②] 王葆心认为修史不能在史料不足的情况下进行，更不能在“采访日久”史料依然不齐的前提下，留下空缺以后再补充。王葆心这样说，一来是担心前后收集的史料有矛盾之处，二来是考虑到前后文风可能不一致（前后修史可能不是同一人）。那么能否将先收集的史料编辑成书，以后收集的材料作为补编呢？针对这种旧例，王葆心强调，这样做会出现“志体零散，史体完整”的不足，因此“此例殊未可援”。

既然旧例不可援用，追本溯源还是要从史料的收集入手。“故史材必须征调齐全，速速完聚，其有空缺之处，必先占此一门之人，严重索取史材于馆长，否则难担责任。凡得有此项续到之材料，由编修指索者，固可即补于空缺处，即不由指索续送者，亦必随时勤为收入。”[③] 即对史料的征调要求又完整又迅速。针对空缺的史料，要指定专门的人负责，并由编修者事先留下空缺，史料一收集到，立即补充到空缺之处。

当出现“互异比较而得”的史料时，王葆心认为修书人应着眼研

① 甘骏：《王葆心在辛亥革命中》，《辛亥革命研究动态》1993年第2期。

②③ 王葆心：《实录馆修书进行要议三篇》，《晦堂文钞》。

究、严密讨论和考订，最后通过开会商定。考订应拿出评语，有两种方法：“一详说：取异同者而悉数予以辨证，此为成书后考异之材料，乃吾人避攻击、逃疑难之要事，未可忽也。一夹注：夹注有即存于本条下者，用《续通鉴》例，其有悉附此篇之末者，则殿本正史例也。二者以存本条下，义便省览。”①

修史者具备学、识、才，才能胜任修史工作，王葆心认为修史者的才表现在“述史之文字上”。

> 此在史家成书居最后之功能。若成书后出而问世，则为人人争先留意之事，盖言文行远之价值，未可苟也。吾人于此，直钞文牍则俗；条摭原文则杂；过于拘牵义例，则土木形骸而失之优孟；过于描摩刻画传神，则细碎不经而近于小说；务求僻涩险怪，则遗换字代字之讥，皆乖正则。鄙意纪事文字，第一要典核，第二要古雅。征实处多，而掉运不可不空灵；纪述有定范，而前序后论可以行我妙笔。吾人能于作成之后，取以对照左氏、马氏、欧氏三家，而参用其体制与笔法，则得半矣。②

王葆心信奉“言之不文行而不远”的先贤教诲，强调在文字上不能随便，不能俗、杂，不能模仿他人，也不能“细碎不经”，要求“典核古雅”，文字转折之处要转得自然，在前序和后论中修史者可以施展才情。王葆心提出要以左丘明、司马迁、欧阳修的作品作为判断标准，在体制和笔法上要有选择地使用。

王葆心在修史的方法上既有创新，也有继承。创新之处在于对史料的收集和选择上，要求做到完整和准确判断；继承之处在于对史书的文字要求不依傍他人“失之优孟”，也不过分“描摩刻画”，要避开晦涩、险怪之字。修史标准以《左传》《史记》《新唐书》作为对照。美中不足的是王葆心认为的“直钞文牍则俗；条摭原文则杂”并不准确。修纂革

---

①② 王葆心：《实录馆修书进行要议三篇》，《晦堂文钞》。

命史有关文件、宣言必须应以照抄，且既是大众革命则宣传文件必然是“又俗又杂”，在直接引用史料时去强调“雅”那又从何去表现“实”呢?

## 三、旗帜鲜明，秉笔直书

王葆心在修纂《革命实录》过程中，不是以旁观者的身份做纯客观的记载，而是以辛亥革命参加者的身份满怀激情地肯定辛亥革命的壮举。他为生者立传，颂扬首义者的牺牲精神和大无畏气概。他尊重响应武昌起义的各市县的历史，充分认识到革命非一城一地之事。在史料的选择上王葆心坚持不为尊者讳，不为贤者讳的求实精神。他在叙述首义者的革命历史的同时，也能客观地叙述首义者的不足之处。在了解了某些革命党“内幕”或某些人借革命之名行个人谋利活动之实后，敢于秉笔直书。在察知革命后各派系尖锐复杂的斗争，认识到黎元洪掌权后湖北军政府内错综复杂的人事斗争和官场腐败，他虽对其失望，但并不因此而否定辛亥革命，而是将革命与革命后产生的某些不良后果分而论之。

王葆心对革命期望甚高，因而对所了解到的人事斗争、官场腐败深感痛心，“不料衰宋晚明之人所不为者，今则岸然为之，而不疑此，亦可觇世变之将未已也”①。辛亥首义后确实革命队伍中人员素质各异、品流混杂。为国为民者有之，为权为利者有之，以致王葆心看轻某些革命者的人品，从而以一种矛盾心态编纂《革命实录》。

尽管在怀疑与失望中徘徊，王葆心仍然期望能为辛亥革命后的国家建设做出贡献。他写道：“老夫无学无德，经历鼎革，只此厚爱吾国吾乡之一分热心未死，托于报纸，为刍荛之献焉。”② 王葆心以对吾国吾乡的赤诚写出了《敬告吾鄂政界诸英俊》和《论新造民国之两大主义》，分析了湖北军政府面临的困难以及对国家立法、行政、致富、图

① 甘骏：《王葆心在辛亥革命中》，《辛亥革命研究动态》1993年第2期。

② 王葆心：《敬告吾鄂政界诸英俊》，《晦堂文钞》。

强的设想。他恳切地指出：

> 今日诸君所治之人，皆父老兄弟、亲邻洽比之人；所领之地，泱泱乎山峙湖潴、江汉贯输六十余县之地；所值之时，则专制悉摧、民国甫立之时。而又官人无定法，理财极困难；亡国之旧污悉存，军武之横恣万状；法律多归破坏，实业半归废弃；外有交涉，而内有伏莽，人心浮动，莠言四兴。……投身此中，领此危局，吾知其必且张皇补苴，救过不给。欲行权职，则困于假共和；欲澄官方，则阻挠于众口；用人行政，悉入虚浮，虽有忧勤，无从下手……①

民国甫立，晚清的腐朽黑暗大都保存，军人蛮横骄奢，法律得不到维护，事关民生的实业荒废，境内有潜伏的扰乱政体之人，与其他国家有利益之争，故而人心不安定，谣言四起。在这样困难的状况下“欲行权职，则困于假共和”。“假共和”三字将辛亥革命的不彻底性表露无遗。因实为“假共和”，则“阻挠于众口”，王葆心“不胜为诸君忧且危，且为我湖北忧且危也”②。王葆心在“忧且危”的心态中开出了挽救时局的“药方”。他没有提孙中山的“三民主义”，而是主张既要借鉴“欧美真正共和之美风”，又要认真研究“吾国固有经史之大义”，“用以宽其意，而广其才”，③实现依法施政、富国图强的目的。

## 第三节　批评射利与啖名

辛亥革命后，黎元洪被推举为湖北督军，成立了鄂军都督府。混进起义队伍的君主立宪派分子（汤化龙等）和投机分子与同盟会成员展开了钩心斗角、争权夺利的斗争。

君主立宪党人、投机政客和旧官僚混进革命队伍，目的是争夺个人

---

①—③　王葆心：《敬告吾鄂政界诸英俊》，《晦堂文钞》。

权力和地位。某些抱着个人目的投身于武昌首义的革命者，在取得政权后不是想着继续革命，而是竭力地、尽快地要求自身利益的实现；有的人甚至和清末官吏一样，过着荒淫无耻的生活，王葆心目睹这些现象难免灰心失望。

## 一、去伪存真，黜浮崇实

王葆心在担任革命实录馆总编纂后，看到报纸上一些不符史实的吹捧文章大为惊骇。

> 今姑取所偶见举例言之，其不足征信竟在在皆是。其有摭报章一时之浮言剿说，萃多数革命之人勒成专编者，如《革命党小传》之类；有自书、自赞纪一人革命之行为，如革命家张某及李某革命事略之类。是二者一出于射利，一出于啖名，无论其书有无价值、为实为虚，然终无解于轻躁浮浅，相太寒乞，究亦终不能禁其不流传。①

胡编乱造、以无作有，自我吹捧加上相互吹捧，这样的文章确实“不足征信”。王葆心对这种混淆是非、无中生有、射利啖名、编造史实的做法深恶痛绝。他在《革命史应为生人立传续议》中举了两个例子：“其中有一人焉，与吾雅故，乃观其传，则尽舍其人生平长技，极力虚污以装点其革命云为；又有一传焉，举去年武昌起义时，全局布置调遣，悉归之此一人之计画，而自都督以下无一人不受其被动。吾即此一隅以推之，其可征信者盖亦鲜矣。”② 许多革命党人既不追念从前患难与共之苦，又不计建设而立求贤者之谋，骄纵自恣，盛气逼人。当一些革命党人将骄纵自恣表现在修纂革命史上，危害尤其严重。在当时这种危害表现为颠倒黑白、混淆是非，造成混乱；传之于后代则以讹传讹、惑延

①② 王葆心：《革命史应为生人立传续议》，《晦堂文钞》。

子孙。

王葆心义愤填膺地指出编纂《革命实录》是为了“去伪存真，黜浮崇实”①，留下真实的历史记载。要实现这一目的，王葆心认为首先要抓紧时机，乘“此时文献具存”②，通过核实存真，将有价值的史料收集起来。其次要审慎地进行调查，在调查中要注重征文、考献，收集街谈巷议、稗官野史、民歌谣曲，还要注重社会风情和生产生活状况。质言之，调查既要求全面又要求有所侧重。再次，《革命实录》编纂者必须是“无爱憎无门户之学者”③。“无爱憎”并非指编纂者没有感情，而是指编纂者无主观之偏见，能出于公心去鉴别史料之真伪；“无门户”并非指编纂者学无师承或没有自己的学术风格，而是要求编纂者能做到“海纳百川，有容乃大”；最后王葆心谈到了对有争议的史料应该以夹注的形式保存在实录中，这是对客观的尊重，也是修史者职业道德的体现。

在解决了史料的核实存真后，王葆心强调必须以新的历史观念来编纂《革命实录》。他认为《革命实录》中必须“以一大群人的活动为中心”，“以民权代君权”。只有用这样的观念来看待史实才能不陷于为个人树碑立传的史观之中，才能真正地用一大群人的活动来显示辛亥革命的历史意义。民国初年，从二十四史中走出来的王葆心已形成朴素的唯物史观，可谓因时而进者。

## 二、褒贬抑扬，尽从众议

王葆心被聘为《湖北革命实录》总编纂后，一时门庭若市，来拜访他的人都希望他能在实录中为自己或亲朋好友美言。这些人不知王葆心在史书的修纂上“不隐其恶，不没其善”，为自己一向崇敬的张之洞撰写文章时，都只以客观事实来彰明张之洞的政绩。如王葆心所写的《太子少保体仁阁大学士湖广总督南皮张公德政碑记》，不似一般德政碑文字歌功颂德、言过其实，其文客观公正。文中写道：

①—③　王葆心：《革命史应为生人立传续议》，《晦堂文钞》。

> 自公帅楚，经纬万端，总其所施，皆可括以劝学、惠民两大政。……鄂人桎梏功令，耗心俗尚。公遴其才士，创立学舍，主以雅儒。虽习辞章，必根经义，遂有近三十年湖北文学之士。洎乎再至，进而聿隆，拓金菱湖，辞章之外，迪以经史，兼及义理。学者宗之，更诣翔实，遂有近年文行朴茂之风。①

张之洞在湖北的政绩被王葆心概括为劝学和惠民两类。在劝学上列举了张之洞创办书院和办学的具体措施，这些都是实绩，信而有征。在惠民方面，记张之洞：

> 综前后惠民之政，往往举一事，命意在此，而利益兼及彼，因而四民咸沐其大利。故织布、纺纱、缫丝、制麻、制皮等局之设，本广商业以塞漏卮也，而兼能利农；筑红关堤、筑沙洲堤、筑汉口后湖堤，本以利农商也，而兼可惠工；创劝业、善技、益智三场，以振起工商也，其究而四民皆便；造铁路、开矿山、浚河渠、修马路，亦以利益工商也，其究亦四民皆便。②

通过"四民皆便"的结果，表现出张之洞的施政举措。这种忠于事、诚于史的态度，在编纂《革命实录》中表现得非常充分，做到了"人物不分贤否，理宜并载"③。

王葆心宣传社会中所有人为本纪之主体，强调人们对历史发展起决定作用，故而是从社会中考察个人的作用，将对个人的评价置于社会之中。他提出革命史应为生人立传，主张为活着的革命志士立传，若"其人日后之自改各有隆污"，但由于过去之陈迹无改变，则应该记载过去之陈迹和日后之隆污。不以个人主观情感好好恶恶，即"进不掠美，

---

①② 王葆心：《太子少保体仁阁大学士湖广总督南皮张公德政碑记》，《晦堂文钞》。

③ 王葆心著，湖北省地方志编纂委员会点校：《方志学发微（注析本）》，湖北省地方志编纂委员会办公室1984年刊行，第103页。

退不避谤……因闻以纪实，准义以规时”；主张“文字有褒贬抑扬处，须从众议，不得偏执独见”。[①]“须从众议”并非自己无独立观点，而是在对历史人物进行评价时，不以个人好恶作为评价标准，必须遵从社会大众的评价。湖北参与辛亥首义者不少人虽与王葆心有较为深厚的关系，两湖书院中也有不少同窗厕身于新贵之列，而这些人中有部分借革命投机、身居高位，但王葆心恪守孔子君子之道，不会因这些人与自己的关系而以曲笔来褒扬。

## 三、修史不能，飘然而去

湖北革命实录馆是黎元洪批准设立的，其存在和功能发挥均取决于黎元洪的态度。遗憾的是黎元洪尽管有“黎菩萨”之称，在袁世凯镇压二次革命时也与袁世凯相呼应，对湖北的革命党人进行了镇压。

湖北是战争的枢纽地带，黎元洪因张振武、季雨霖等案而与国民党关系恶化，不仅不参与李烈钧等人发起的二次革命，还在战争爆发前向袁世凯表明态度：“元洪惟知服从中央。长江下游，誓死撦柱，决无瞻顾。倘渝此盟，罪在不赦。”[②]这一表态让袁世凯少了一份后顾之忧，敢于对南方革命党人进行打击。

乘北洋军南下讨伐之际，黎元洪在1913年8月以“从前革命党人附和乱党甚多”[③]为由命令撤销湖北革命实录馆。王葆心于1912年7月被聘为湖北革命实录馆总编纂，至1913年8月实录馆被撤销，辛辛苦苦工作一年，搜集的资料已达一定规模，但由于人事变动未能善终其事。

黎元洪对王葆心学识人品素所敬仰，一再表示愿在武昌合适部门

---

① 王葆心著，湖北省地方志编纂委员会点校：《方志学发微（注析本）》，湖北省地方志编纂委员会办公室1984年刊行，第74、101页。

② 陶菊隐：《北洋军阀统治时期史话》第1册，生活·读书·新知三联书店1957年版，第181页。

③ 甘骏：《王葆心在辛亥革命中》，《辛亥革命研究动态》1993年第2期。

安置王葆心，但王葆心认为与教育无关、与学术无关的行政衙门，均不足以发挥他之所长。王葆心不愿意向崛起的两湖书院同窗新贵做“干禄之请”，恰在此时黎元洪无意之中为王葆心创造了一个机会。

1913 年 9 月，袁世凯让海军次长汤芗铭进入湖南打击革命党人，不怀好意地请黎元洪以湖北都督的身份兼任湖南都督。黎元洪未中圈套，表示“敬谢不敏”，袁世凯就请黎元洪“荐贤自代”。洞察袁世凯用心的黎元洪立即推荐汤芗铭，随后袁世凯任命汤芗铭为靖武将军、湖南军务督理兼巡按使。汤芗铭，湖北浠水人，与王葆心在 1903 年同应乡试，王葆心被录取为第三名，汤芗铭名次在后，也被录取。二人既是同乡又为同科举人，多有交往。王葆心所不知道的是，光绪三十年（1904）汤芗铭被选送西欧留学，在法国、英国海军学习。在巴黎时汤芗铭参加同盟会，但因盗取其他同盟会会员的志愿书，后向清驻法公使自首之缘故，1909 年回国后先后任职长江舰队“镜清”“南琛”舰上。1910 年汤芗铭调任海军提督萨镇冰的参谋，1911 年又随萨镇冰由上海赴汉口协助镇压武昌起义。汤芗铭得到他兄长汤化龙“早日返正，以立殊勋”的来信后，在“海容”舰上召集会议，决定起义，并参加了武汉保卫战。南京临时政府成立后，汤芗铭被任命为海军部次长，兼任北伐军海军总司令。袁世凯继任总统，对汤芗铭恩礼相加，授予汤芗铭海军中将衔，从此汤芗铭成为袁世凯在南方倚重的将领。

汤芗铭在主政湖南后，为控制书报言论，将湖南图书编译局并入官书报局，聘任王葆心为官书报局总纂。对王葆心而言，编纂书籍足以“崇儒重道，植教培风”①，既符合平生之志，又能施展胸中所学。在了断了湖北革命实录馆的琐事后，王葆心于 1914 年初夏携家眷来到长沙。

---

① 王葆心：《复□□都督书》，《晦堂文钞》。

# 第五章　南北风尘路，坎坷希有为

“居高声自远，非是借秋风。”在辛亥革命的大潮中，王葆心定位自己为“悃朴”之人，以手中之笔为革命“鼓吹”。他一直孜孜向学，成名于黄州经古书院。受汤芗铭之聘到长沙时，他的人品学识既显扬于京华，也蜚声于湖广，加之他不重虚名，愿意做实事，广受赞誉。每每受聘之后，他殚精竭虑，期望能做出让自己满意的成绩。在告别湖北革命实录馆后，他到湖南工作三年，又于1920年赴京，南北奔波，希望能展毕生之学，有所作为。虽然愿望是美好的，但现实环境让王葆心有心无力，很多拟好的计划都得不到实施。

## 第一节　应聘湖湘，思吾道不孤

汤芗铭在湖南主政后立即给同乡、同科的王葆心写了封热情洋溢的信。在信中他回顾了两人情谊，讲述了官书报局工作的重要性，表达了对王葆心博学多闻的崇敬，坚信王葆心能在官书报局大展宏图。汤芗铭认为王葆心不仅可以施展所学“德化湖湘”，还有助于他在湖南达成“政通人和”的政治理想。王葆心被汤芗铭这封信打动了，在短时间考虑之后，他回信如下。

□□都督同年执事，客夏南返，曾奉惠书，委以编辑之任，属以差池，道左不获借奉清尘，至今耿耿。比复手翰遥颁，载隆关聘，葆心文行无似，何以克当？敬维执事，肃清江介，坐镇南邦，回澜之功，屹如砥柱，下风额手，企颂无穷。葆心捧读惠书，心长语重，雒诵再四，恰如出自菲衷。鼎革以来，久不闻此洞幽造微之

> 论。异时表见，当为天下先，岂第湘中一省专之哉！□□私幸尤在癸卯同谱，北有苾僧，而南有执事，发抒伟抱，吾道不孤。今苾僧解官，私心钦之。敬望于执事者，已于手牍见其端倪。窃以从古开国，当求惇厚盛大之气象，事事从培元赞化入手，舍崇儒重道、植教培风，更无捷法。汉祖过沛，以太牢祀孔子，此何大事，而史家载笔纪之？诚以汉家四百年太平之基植于此举也。今执事伟怀孤寄，独见及之，并世诚未有其偶，要当于数百年上下求之。此□□获公绪论，而雀跃不已，非为一人私庆也。比以犬马疾久不获痊，近始渐可而元气未复，医之尚须调理月余。届时敬当束装趋候，并聆崇论。专此奉复，敬颂勋安。①

从这封信可以看出，王葆心认为汤芗铭为袁世凯效力镇压二次革命是“肃清江介”，有“回澜”之功。这并非书信中敷衍吹捧之语，足以证明王葆心对袁世凯、汤芗铭等人的认识不足。基于这样的认识，王葆心才能心安理得地接受汤芗铭的聘任。善于在政坛“跟红踩黑”的汤芗铭为让王葆心能对他言听计从，在信中言语中肯、情意切切，使王葆心大为感动，认为汤芗铭所写的话“恰如出自菲衷”，产生了“吾道不孤”的认同感。于是，他欣欣然来到长沙。

王葆心很看重在湖南官书报局的工作，其一是他认为这个工作对于发展教育、改变社会风气作用巨大；其二认为这个工作对他做学问有利。安顿好家眷后，王葆心立即意气风发地投入官书报局的工作之中。

汤芗铭治下的官书报局，其设立目的是维护袁世凯的政权，颂扬汤芗铭的政绩，引导和控制湖南的书报言论。凡是违背这个目的的书报出版行为都不可能实行。这成为王葆心工作的第一重障碍。工作中的又一困难则是官书报局虽聘了位人品好、学问好的总纂，但其他的工作人员就未必能符合官书报局的工作要求。汤芗铭下属各部门有权之人都要

---

① 王葆心：《复□□都督书》，《晦堂文钞》。

照顾自己的关系，官书报局成了安排无能之人的最好渠道。不论所推荐的人是否有学问、是否有能力，只要关系过硬就可以挤进官书报局，这样一来形成了人浮于事的情况。加上王葆心及官书报局的其他负责人根本不懂出版经营事务，所出版的书籍不能畅销，且数量很少，只能依靠调拨的经费来勉强维持日常运作，甚至连工资都难以按时发放。在出版流程上，王葆心虽然是总纂，但官书报局在书籍的出版把关上第一是编辑所长何劲，第二才是王葆心，最后由局长胡少卿签字后才能决定。这样一来，就影响出版效率和出版书籍的质量。但王葆心在这样困难的条件下，依然尽心尽力地做好自己愿意做的事。

## 一、衡文取舍自主张

因与汤芗铭的关系，湖南官书报局的一些人对王葆心有些偏见。幸亏湖南学界的贤达之士有相知之雅，王闿运、吴雁舟、程子大、黄丽泉、易石甫、刘腴深等学人都知道王葆心是个重道义、轻权势、重学问、轻利禄的人，都明白汤芗铭聘王葆心是为了给自己脸上抹粉，并非王葆心在攀附权贵。当王葆心来到长沙后，三湘名人先后登门造访。这些名人对王葆心的推崇，使部分官书报局的人不得不改变对王葆心的态度。

王葆心历来是襟怀坦荡，也不与人发生是非名利之争。有人在背后议论他，他也懒于计较。官书报局的人与王葆心相处的时间略长，都明白他真正做到了“事无不可对人言”，别人理解也罢，不理解也罢，编纂书报一概按自己制定的选择原则和质量标准，该取的取、该舍的舍。王葆心在官书报局编纂出版的书籍只有五种：《墨子笺》（曹耀湘著）、《墨子尚书古义》（胡兆鸾撰）、《鹿川田文集》（程颂万撰）、《张太岳文集》（张居正撰）、《古文辞通义》（王葆心著）。

从《墨子笺》和《墨子尚书古义》二书的出版，很容易看出王葆心思想的动态。墨家在先秦时代与儒家并称显学，曾在百家争鸣时期兴盛繁荣达两百年之久。秦汉后墨学衰颓，以至中绝。至清代乾嘉年间两千年中，研究墨家的著作仅有西晋鲁胜的《墨辩注》和唐乐台的《墨子注》，被冷落的墨学与被捧作官方意识形态的儒学形成鲜明对照。随着封建专制制度的衰败和文化思想上儒学一统天下的格局被打破，墨学由潜而显、由微而著，其研究范围也由校注、训诂发展到对墨家精神的公允评价，以至弘扬。这股学风是对儒学一统江山的冲击，也是以复古名义进行的学术思想创新。王葆心能出版墨学著作表明他在学术思想上已不尽然被儒家学说束缚，能用比较的方法来进行学术探讨。

## 二、"不便打扰"疏权贵

中国传统乡土社会非常看重同乡、同姓、同科的关系。利益所在，没有这些关系的人也彼此牵扯。汤芗铭与王葆心既是同乡、同科，位高权重的汤芗铭与王葆心又有举荐者与被荐者这一重关系，稍作援手则可为王葆心搭建起名利的阶梯。"遗憾"的是王葆心依然书生本色，将受聘于官书报局看成职务上的变迁，而不是人事关系的拉拢。他到长沙后，一心一意投入官书报局的工作和做学问上，连向汤芗铭进行感谢也是通过书函表达。汤芗铭主动登门拜访，王葆心在接待这位地位显贵的客人时，不卑不亢地说："你很忙，我不便去打扰。希望包涵。"① 这句客套话不是为客套而去客套，"希望包涵"说明王葆心知道当时的社会风气，也愿意尊重有来有往的礼仪；"不便打扰"是指双方都感到这种拜访有所不便。也许这一举动并非王葆心自表清高，但由此王葆心拉开了自己与汤芗铭的距离。

物以类聚，人以群分。王葆心在疏远汤芗铭这类权势之人的同时，与三湘名士来往甚密，如吴雁舟、程子大、黄丽泉、刘腴深诸先生，常群聚官书报局中，"诗酒流连，论者谓不减洛社群英之会"②。除了这样的聚会外，三湘名士和王葆心之间也互相登门造访。王葆心到长沙后，年过八十的湘绮楼老人王闿运由一个学生搀扶，来到王葆心家。见面后

---

①② 王延杰：《王葆心先生家传》，《湖北文史资料》1981 年第 3 辑。

王闿运详细询问了王葆心的工作、生活情况，并表态说："我是老湘乡，在这里生活时间长，熟人多，你有什么困难，照直对我讲，凡能帮助解决的，我一定帮助解决。"①

通过王闿运，王葆心打听到自己已故老师邓绎后代的情况，帮助邓绎孙子邓伯庸找工作维持生计，并为邓绎留下的书稿《幕府琐言》写序，准备机会一成熟就安排出版他的著作。

与师友来往，是感情上的沟通、文字上的唱酬、学术上的切磋，绝无利益上的纠葛。所谓君子之交淡如水，在这些交往中，王葆心表现出严于律己、真诚待人的个性，与对汤芗铭的态度有天壤之别。后来汤芗铭为袁世凯推波助澜在湖南进行残酷统治，被世人称之为"汤屠夫"。王葆心已逐渐失去工作的条件和环境。

1914年，袁世凯为称帝开始大造舆论，汤芗铭在湖南专门设立机构为袁世凯造声势。湖南通俗教育图书馆编辑所出版的演说词和《湖南通俗教育报》中有言论反对袁世凯复辟称帝，汤芗铭没收书报，将编辑所长何劲撤职逮捕，以此获得袁世凯的欢心。1915年12月，汤芗铭被袁世凯封为一等侯。蔡锷、唐继尧、李烈钧在云南组建护国军反袁。汤化龙投入反袁行列，并劝其弟汤芗铭反正，汤芗铭一直不予理会。直到1916年5月，袁世凯的干儿子四川督军陈宧和陕西督军陈树藩都通电反对帝制，汤芗铭见大势已去，在5月28日宣布湖南独立，通电反袁。电文中说道："芗铭虽有知遇之私情，不能忘国家之大义。但使有另途之悔悟，决不迷萁豆之相煎。如必举全国而牺牲，唯有发干戈相见。"②"起病六君子，送命二陈汤"，汤芗铭的通电如压垮骆驼的最后一根草，成了袁世凯的催命符，但已无法改变汤芗铭自己被赶出湖南的命运。

官书报局被撤销，1915年七八月间，王葆心在长沙失去次女礼媛和原配夫人叶淑兰。长沙已成伤心之地，1917年初，王葆心应湖北罗田县长滚滨的邀请，赴罗田义川学堂（义川书院改名）任堂长。

---

① 叶贤恩：《王葆心传》，崇文书局2009年版，第106页。

② 同上书，第103页。

## 三、湘省心伤，避地罗田

1917年至1919年，王葆心回到罗田老家担任义川学堂堂长。在这三年中也和外界接触不多，故而在叶贤恩所著之《王葆心传》中仅就任职义川学堂做一交代，但具体到王葆心在此期间的活动，连一笔带过的叙述也没有。有学者总结认为："他的一生是学术的一生，从早年的教书育人，到中年的弘扬国学，再到晚年的编纂史志，他几乎每天都在从事学术活动，经历丰富；他几乎每天都在读书写作，著作等身。"① 两相对照，不禁使人疑惑，王葆心是否因妻女相继过世一直沉浸在悲哀中，这段时间除主持义川学堂的教学活动外，并没有从事学术活动。

考察一下王葆心的著作不难发现，巨大的悲痛也并未将他压倒，他在悼念亲人和从事日常工作之外，依然在从事著述。

在《续汉口丛谈》卷一题签"丙辰秋仲，罗田王葆心手稿"，丙辰是民国五年（1916），足证王葆心于1916年开始了《续汉口丛谈》的撰写。卷五提到时间的有两处："丙午冬，余僦汉阳"，丙午是光绪三十二年（1906）；"吾以癸丑秋登眺"，癸丑是民国二年（1913），这两条是王葆心对往事的回忆。卷六中提到时间的有三处："光绪己亥秋，余在汉阳府试院校郡试卷"，己亥是光绪二十五年（1899）；"庚申入都，见汉阳周子干平事贞亮"，庚申是民国九年（1920）；"壬申春，汉阳门人张小春业广，与余癸卯同举，因纂谱来与余商量"，壬申是民国二十一年（1932）。② 据此大致可以肯定《续汉口丛谈》的写作时间为1916年至1932年。以王葆心的工作习惯，著述一开头就不会停顿，且《续汉口丛谈》这种笔记体的书籍，资料来自于各种史料，王葆心在阅读大量史料的基础上，有所选择，然后加以摘录。该书的资料收集需占用大量时间，而在义川学堂的三年，王葆心应为这本书的资料收集付出不少。

---

① 陈昊：《王葆心的学术成就与学术思想研究》，华中师范大学2012年硕士论文。

② 王葆心著，陈志平等点校：《续汉口丛谈　再续汉口丛谈》，湖北教育出版社2002年版，第4、152、145、185、181、189页。

1917年王葆心作《窈溪旧话》、1918年作《青垞旧闻》十卷，后《窈溪旧话》与《青垞旧闻》合编为一书。《窈溪旧话》与《青垞旧闻》是王葆心对家乡风土人情及王氏家族迁至罗田后家族史的记载。其中不少章节内容是王葆心从长辈及邻人言语中收集，而有些章节则来自于王葆心的回忆。这些资料不仅有助于反映这一历史时期罗田地区的状况，也有助于后来的研究者认识和了解王葆心个人的精神世界。

这一时期王葆心还编订了《是园遗书八种》和《罗田两太史骈体文录》两书。可见王葆心从1917年至1919年这三年依然是每天都在从事学术活动，每天都在读书写作。读书著书既是他的生活习惯，也是他的精神寄托。在别人以为他陷于悲痛之中的数年，他依然在学术的道路上努力地做着自己愿意做的事情。

## 第二节 任职京师图书馆

1920年春，王葆心应京师图书馆之聘，担任京师图书馆总纂。

在义川学堂任职的三年里，潜心学问、淡于名利的王葆心生活并不舒心，原因有四：其一，义川学堂的经费毫无保障，时常拖欠教职员工的工资，素无积蓄的王葆心难以保障家庭生活之所需，免不了为钱财俗事担忧；其二，罗田相对封闭，资料缺乏，难以满足王葆心研究学问、进行著述的需要；其三，罗田兵匪为患，社会不安宁，加之旱涝灾害频繁，乡村经济濒于破产；其四，罗田病灾不断，如1918年的霍乱流行，仅大河岸汤河一地，据县志记载就死亡近30人。

因此在京师图书馆聘请王葆心时，王葆心是心情舒畅的。他在1907年至1910年就兼任过京师图书馆编纂，了解其庞大的藏书对他做学问和研究大有裨益。当接到聘书后，他携带家眷欣然赴京。

王葆心到职后，京师图书馆安排工作人员引导他对图书馆进行全面了解，并根据相关资料做了介绍。王葆心这才知道，尽管自己此前曾在此任过编纂，但对图书馆的规模、历史、藏书等具体情况知之甚少。

## 一、三易寒暑，成功不止校书

京师图书馆是宣统元年（1909）御批兴建，廖荃孙首任监督。馆舍设在什刹海广化寺，未对外开放。辛亥革命后图书馆由民国政府教育部接管，1912年8月27日正式对外开放。1913年2月教育部派社会教育司司长夏曾佑负责管理该馆，实际由周树人（鲁迅）负责管理。1917年1月26日，该馆在安定门内方家胡同（清国子监南学旧址）开馆。1917年4月，该馆开始接受国内出版物呈缴本，标志着京师图书馆开始履行国家图书馆的部分职能。

从1909年至1920年，尽管京师图书馆兴建已十余年，但因这期间政权的更换，北洋政府对图书馆并未进行正常管理，没有对原藏的大量图书进行认真清理、分类、编目，部分古籍因保管不善，破损、霉变。近年来呈缴和收进的图书资料既未归档，也未编目，混杂地堆积在书库的走廊和书架侧边。王葆心本身的工作是负责编辑和出版书目以及整理馆藏目录，“校书于国家图书之府”①，但不将京师图书馆杂乱无章的堆积状况改变，从何开始工作！

王葆心与馆中其他工作人员经一段时间的努力，从整理京师图书馆堆积书籍着手，不仅堆积状况有所改变，更重要的是王葆心对图书馆存在的问题写出了系统的整改方案。按照方案进行京师图书馆的整理工作，第一步是对多年收进的图书进行清理、分类、归部、归档；第二步以部为单位，对图书进行编目登记；第三步是一部书一部书进行检查，将缺本（针对圈套书而言）、缺页（针对一本书而言）、缺字和字迹模糊不清的书籍，通过检查列出条目进行登记；最后根据登记的问题分别予以解决，该重新装订的重新装订，破损该补的修补完整，缺字的和字迹模糊的，经和善本对照后，按善本进行校正……总之，尽可能地使每本书成为善本。

---

① 叶贤恩：《王葆心传》，崇文书局2009年版，第80页。

工作的每一步王葆心都亲自把关，不厌烦难。图书的分类、归部、归档，他经常要进行指导。图书检查中，对于有存书籍，他要亲自查看、校阅。他认真的态度和勤奋工作的精神，感染了与之一起工作的同事。几年后，王葆心在回顾京师图书馆工作三年的情况时，轻描淡写地用“在图书馆三易寒暑，闭户不见一人”① 来自述。通过与京师图书馆同仁一道努力，经过三年艰苦工作，图书馆过去所存在的主要问题基本上都得到解决。能使更多读者来京师图书馆阅读书籍，王葆心觉得自己的努力没有白费。

## 二、且读且抄，学亦日进

在京师图书馆三年的总纂岗位上，王葆心除了完成自身职务工作外，还以学者的身份自觉地进行了学习和资料收集。由于工作的缘故，王葆心广泛地涉猎京师图书馆书籍，其中有部分书籍他是听说而未曾见过，有部分博学如他听也没有听说过。这一难得的机会不仅开阔了王葆心的眼界，丰富了他的学识，也为他治学开拓了新的领域。

王葆心酝酿已久，要著一本《方志学》。1914 年到 1916 年在湖南官书报局工作时，他就草拟了《方志学》的大纲。架子搭起来了需要有足够的内容来充实。京师图书馆收集海内方志比较完备，王葆心想要趁这个机会搜考湖北的县府方志。这一工作说起来简单，做起来繁难。因受印刷条件的约束和经费缺乏的限制，王葆心所要的县府方志资料只能靠手抄，以他的收入根本雇不起抄书的写手，故而年过五旬的他只能自己在校雠之余，将需抄之资料，或在馆中或携带至家中进行抄录。所幸王葆心的次子王夔强随他在北京读书，夔强除在学校上课以外，就到图书馆去按要求进行阅读和抄录，这对王葆心帮助极大。

王夔强非常懂事。他和弟弟夔武商议说：“我们俩在学习方向上要好好设计一下，不能糊里糊涂地下去，要根据各自的实际情况，包括年

① 王葆心：《致陈石遗书》，《晦堂文钞》。

龄、兴趣爱好、时代要求，来确立自己的发展方向。”王夔强考虑到父亲年老、弟妹年幼，认为自己既要担负起家庭责任，又要为父亲当好助手，所以他给自己的定位是继承父业，照父亲指引的路走。在考上中央政法大学后王夔强并未放弃继承父业的想法。在学习上坚持读、看、写、作四者每日一定轮遍，勤于抄录，注意积累，因此他学识相当渊博，远超同龄之学人。例如《光绪光州志》载，光州、固始、商城都有霸王台，人们往往将霸王台和西楚霸王项羽联系在一起。王夔强考证后指出，南北朝时巴水诸蛮王为豫州、霍州、定州刺史，治所就在今天的光州、固始、商城，因此霸王是巴王一音之转，这数处的霸王台并非因项羽而得名。王夔强在文史上的知识使他成为父亲著书立说上难得的助手。

除抄录京师图书馆能找到的方志外，王夔强按照王葆心的要求广泛地收罗方志义例。只要是有名的方志序录，王夔强都摘要抄录，供王葆心选择使用。对清代名家修志的章程和议论，王夔强抄录了数百页。对从史学、经学、文学、地理学著作中所见的及杂家所论关于方志的渊源、流派、系统的内容，王夔强也进行了“原汁原味”的抄写。总之，不论是明清以来旧派还是雍乾以来新派修志的体例，抑或新旧两派之外自成一家的修志体例……王夔强均进行了抄录，供王葆心参考。王葆心在方志学上的贡献最为突出，在京师图书馆工作的三年，为其在方志学领域的研究创造了条件。王夔强是他最得力的助手和参谋。

## 三、闭户不见一人留下的遗憾

《礼记》云：“独学而无友，则孤陋而寡闻。”中国传统学人的交往不单纯是道德上的相互针砭、感情上的相互交流，最主要的是学识上的相互切磋。杜甫云“转益多师是汝师”，经常与同学之人叩疑问难往往能起到拓宽思路、启发思维的作用。王葆心从发蒙就与大几个月的从兄王佑祺在学习上互相竞争。王佑祺“操笔为文，吐语清新，辄为葆心所不及。而葆心嗜书不辍，兄亦迹葆心所读者，相与竞胜”，“十龄时，君以所得诸稗官家言夸语我，并自指目，我在某书当为某人。我懵然不晓，辄大愧汗，则四出求其书，穷日夕读之，所得又先君。儿时负气，互以读书为尚，不解精择，率类此可笑也”。[1] 王葆心深知与其他学人交往的重要性，然而他一心扑在京师图书馆的工作上，剩余时间又要用来收集和抄录史料，在学者云集的京师很少与朋友们往来。

是时，王葆心与马通伯、姚永朴等相知甚深的好朋友以及樊增祥、左笏老等亲之敬之的同乡同居一城，近在咫尺却三年中未见一面。多年以后王葆心在给陈石遗写信时对这种“隔绝”表示了遗憾，认为这样虽非在感情上疏远朋友，但影响了朋友间的学术交流，无助于自己的提高。

马通伯与王葆心在礼部工作时就成为朋友。王葆心一向以兄事之。马通伯在学术上能避免汉学、宋学两家之弊：汉学家之文重于考据，缭绕不清，杂芜不文；宋学家之文空言义理，陈陈相因，枵然无物。清代姚鼐提出义理、考据、辞章合一的理论，但即使在桐城派内能真正做到三者合一的学者也不多，马通伯是少数得到桐城派真传能做到三者合一的学者，为桐城派后期的传灯之人。即使1917年钱玄同在《新青年》上指责姚鼐等人为“十八妖魔”，攻击写古文的人为“选学妖孽，桐城谬种”时，马通伯也不盲目追赶潮流，仍冷静地做自己的学问。他既不像林纾写《荆生》去攻击新文化运动，也不像某些狂热者那样对中国传统文化进行彻底否定。在这一点上他和王葆心颇有相同之认识，“务振朴学以迎新知”。王葆心不仅崇拜马通伯的学问，也推崇马通伯坚持正义、为人正派的高尚情操。袁世凯欲复辟帝制，授意杨度等人组织筹安会，议更国体。袁世凯及筹安会看重马通伯的名气，遣使固邀之，马通伯陈说百端，坚拒不就，即日束装南归。不攀附权贵希求尊荣，王葆心也具有这样的品德。

在京的同乡中，王葆心崇敬的是清末民初著名诗人樊增祥。樊增祥以创作繁复著称，死后遗诗三万余首，并著有上百万言的骈文，是我国

---

① 王葆心：《从兄佑祺先生五十三岁行状》，《青垞居士文稿》。

近代文学史上一位不可多得的高产诗人，著有《樊山全集》。王葆心敬重樊增祥主要是认同樊增祥的为政之道。樊增祥同情穷苦百姓，刚任职陕西宜川知县时，针对前任知县谎报开荒田三千多亩，导致百姓要为这些不存在的田缴税的现状，向上司提出这样的赋税“量予豁除”。如上级不准，樊增祥愿把这些并不存在的三千亩田“作为已垦复荒，专坐卑职以招垦不力之咎……但使降三级之官阶，而永豁万民之积累，卑职虽拂云归里，亦有余欣”。他为减轻百姓的痛苦宁愿丢官，实为难得。另外樊增祥重视文教事业，认为官得其人，不学可教之使学；官非其人，纵使身居大邑，人才盛而物力充，也不会把学校办好。因此他强调地方官员的素质。在社会变革上樊增祥也和王葆心一样，赞成渐进式改革与向外国学习，反对愚民政策，主张通过推行教育提高百姓的文化程度。

京师图书馆工作三年，在取得工作上的成就和学问上进益的同时，王葆心感到遗憾的是错过了很多请教和切磋的机会。

## 第三节　道艺兼修，拯救时弊

1922 年王葆心接受武昌高等师范学校代理校长张继煦的邀请，辞掉了京师图书馆总纂职务，于秋初到该校任教。

张继煦，号春霆，近代教育家，两湖书院学生，1902 年以官费生身份留学日本学习教育学，1905 年加入同盟会，同年回国。后历任湖北省学务公所实业科科长、湖北第一师范学校校长、教育部普通教育司司长、安徽省教育厅厅长等职。1922 年被任命为武昌高等师范学校代理校长。久闻王葆心是国学大儒，担任代理校长后张继煦立即修书邀请王葆心回汉任教。王葆心非常喜爱武昌高等师范学校的地理位置，校园北靠蛇山，南对长湖、紫阳湖，东接抱冰堂，西邻红楼阅马场。从学校后面可直接攀上蛇山最高峰大观山，山上大炮台安放着在武昌起义中立过大功的三尊大炮。当时每天午时大炮鸣放一声供市民校对时间。王葆心登山北望，江中舟船往来如织，江北汉口商业繁盛，他对“镜湖枕麓，屏城襟江”[①] 的环境十分满意。在他安定下来准备在高师开课时，张继煦告诉他经湖北督军萧耀南批准成立湖北国学馆。萧耀南点名要王葆心任馆长，国学馆就设在武昌高等师范学校。

## 一、制定《国学馆馆章草案》

民国初，新旧两派势力在湖北教育界互争长短，各不相让。五四运动后湖北文化界、教育界新旧两派的攻讦愈演愈烈。经黄梅帅畏斋、沔阳黄翼生提议，湖北督军萧耀南决定在现有新式高校武昌高等师范学校的基础上，再出资创设湖北国学馆。经众多在清朝即有进士、举人头衔的学者推荐下，王葆心被聘任为国学馆馆长，1922 年 12 月王葆心到职。

因有多年办学从教经验，王葆心有序地安排了国学馆创办的工作。他做的第一件事是精心撰写并制定《国学馆馆章草案》，在草案中针对“今日国体所关，法美学盛，欧化愈张；国性、国风日益摧败”的严峻形势，提出国学馆“专拈出有关吾国性、国风之学术，直接对于世界而讨论之、讲贯之”[②]的办学宗旨。

根据宗旨，国学馆对湖北应负的责任为：

（一）赓成未编竟之本省《通志》；

（二）编成前此本省未有之《文征》《诗征》；

（三）搜辑刊布吾乡先正未传世之遗书遗文；

（四）兼及外省人有关吾乡文献之著述；

（五）设储藏图书室，而以吾乡先民著述陈列为其一部分之收入；

（六）立国学研究会以宣导热心国学之士，其研究之程途爰有三种：

1. 区国学之科目　曰六艺学、曰九流学、曰六书学、曰九数

① 吴贻谷主编：《武汉大学校史 1893—1993》，武汉大学出版社 1993 年版，第 60 页。

② 王葆心：《国学馆馆章草案》，《晦堂文钞》。

学、曰汉学、曰宋学，通于今日者曰心理学、物理学、性理学，曰学术史、教育史、伦理史、宗教史。又有三礼学、九通学、正史学、通史学、政治学、地理学、金石谱录等学，通乎今日者曰法政学、经济学、社会学。又有骈散文学、诗词学、诗文评学，通乎今日者曰美术学、外国语学。其诸学科者，以我国教材为经，而以欧人哲学科学诸说纬之。

2. 定国学之研究　曰句读之研究，曰评校之研究，曰钞纂之研究，曰考订之研究。此四法连贯之进行，又须纬以观书之定程、疑问之笔札、定期之讲演、随时之条教而研求之，大略具是焉。

3. 招国学之馆员　凡入馆者，须有愿行研究学科之呈明，介绍人引之入馆，得为甲类之馆员；其各校诸生，该校长认为国文、国学等科程度不足者，送来补习，本馆亦可收入，由本生执取校长证由书入馆研究，得为乙类之馆员，其补习条则依时定之。①

除对本省应负的责任外，国学馆对全国应负的责任为："一、编辑教科书暨讲义，以辅助教育界之进行。二、刊发《国学杂志》及《讲演集》，以普及国民尊重古学微言之思想。"② 国学馆应负之责任确定后，依履行责任之需要确定了国学馆的教职员聘请原则、待遇问题及维护教学秩序需要的校规校纪。在学科设置上，王葆心坚持设经、史、文、理四科。在教育方法上，王葆心大胆地采用了古代书院制和西方现代学校制结合的方法，这种方法在国学馆取得了相当不错的教学成就。

在主要教授内容确定后，王葆心亲自领导了录取新生的考试。当时除本省应试新生外，外省慕名而来的投考者人数甚多。王葆心要求不以地域而以成绩划线，作为录取标准。由聘任教授黄福、黄侃等人亲自阅卷，黄福担任总校阅，在连续三场考试中，浠水徐复观、闻聪、闻惕生三人并列第一。黄侃尤为赞赏徐复观，在私立武昌中华大学课堂上赞扬徐复观说："我们湖北在满清一代，没有一个有大成就的学者，现在发

①② 王葆心：《国学馆馆章草案》，《晦堂文钞》。

现一位最有希望的青年，并且是我们黄州府的人……”① 黄侃对徐复观的肯定不仅坚定了徐复观治学之志，也激励了与徐复观同时进国学馆的学生。

## 二、聘师以学识

担任过西南联大校长的教育家梅贻琦说过：“所谓大学者，非谓有大楼之谓也，有大师之谓也。”王葆心的见解与梅贻琦相同。他将国学馆按无锡国专的标准定位，在聘请教师时以学识为首要标准，注重敦品砺节，强调学行合一。无锡国专创始人唐文治特别看重“检束身心，砥砺品行”。这种讲求体现在“说”和“做”、“学”和“行”的统一上，“平日读书，皆当体之于心，返之于身，倘被服儒素，不过雅步高论，如陆清献所谓读书自读书，做人自做人，每逢讲说，仅作一席空谈，而于礼义道德，绝无躬行之实，自欺欺人，可鄙孰甚，非吾徒也”②。唐文治强调的学行合一的道德要求，王葆心做到了。正因为他做到了，所以他有资格以此道德标准来要求有学之士。

在经学上，他聘请黄福。黄福，沔阳人，35 岁中举。历任湖北枝江、蕲水、江夏、黄州等府县学官，两湖书院、存古学堂经史文学主教，湖北高等师范学校教授，终生从事教育，潜心著述。著作有《诗经补正》《读史正义》《理学正宗》《洪范集解》《老子解》等，为人正直。1907 年民主革命志士张难先被清廷拘捕，黄福邀同乡宿儒刘熙卿、王慎庵、付廷义多方营救，张难先始被释放。黄福事后也不居功，人品学识均为王葆心推崇。

在史学上，王葆心聘请担任过两湖书院史学教习及黄州经古书院

---

① 徐复观：《我的教书生活》，李维武编《徐复观文集》，湖北人民出版社 2002 年版，第 300 页。

② 唐文治：《无锡国学专修馆学规》，王桐荪、胡邦彦、冯俊森等选注《唐文治文选》，上海交通大学出版社 2005 年版，第 181 页。

院长的姚晋圻。姚晋圻著作甚多，仅在史学上就著有《汉志矿地记》《历史讲义》《两湖书院讲授（排印本）》，公认其“学术精通，道德纯备”①。

在文学上，王葆心聘请黄侃。黄侃在文字、音韵、训诂方面的成就是空前的。著名文史大家程千帆说：“如果将我国整个古代学术比作十项全能运动，那么黄侃除了保持一两项世界纪录以外，其他项目的积分也是很高的。”② 作为国学大师，黄侃不是为教书而教书、为做学问而做学问，而是以发扬民气、以“继绝学、明旧章、存国故、植邦本、固种性”为己任，在逆境中始终坚守着民族文化的立场。

在理学上，王葆心聘请帅畏斋。帅畏斋，光绪二十年（1894）举人，担任《湖北通志》的编纂，在湖北国学馆和私立武昌中华大学兼课任教。他的国学根底较深，对程朱理学颇有研究，热爱教育事业，对学生尽可能给予帮助。老一辈无产阶级革命家，新中国成立后担任过中共湖北省委书记、粮食部部长等职的赵辛初（原名帅启泰），青年时期在武汉读书时，曾寄居帅畏斋先生家中，在帅畏斋先生赞助下完成学业。帅畏斋一生生性耿直，不趋炎附势，甘于清贫，淡泊名利。

王葆心尊重和信任自己所聘请的德才兼备的学者们，充分发挥这些学者们的作用，并自己参与教学，在教学活动中随时为学生解难。为激发学生学习的积极性，王葆心设立月课试奖金，通过每月的考试给学业优秀者发放奖金。这样一来可以救助贫困学生，二来使学生专心治学、奋发向上。对于家庭特别穷困的学生，王葆心甚至用自己的薪资予以资助。当听说徐复观因缺钱交不起伙食费而被停餐时，王葆心立即予以解决，多年以后徐复观谈起此事还热泪盈眶，感谢恩师王葆心。

---

① 湖北省地方志编纂委员会编：《湖北省志　人物志稿》第2卷，光明日报出版社1989年版，第782页。

② 程千帆：《忆黄季刚老师》，《量守庐学记——黄侃的生平和学术》，生活·读书·新知三联书店1985年版，第169页。

## 三、昌明国学存国性

湖北国学馆以“昌明国学、内存国性、外美国风、促文化之进行”为宗旨。围绕这一宗旨抓住教学、学术研究、社会服务三个环节，在每个环节都做出了成绩。

在教学环节，湖北国学馆体现了宋明传统书院与近代大学制度相结合的特点。学生分为内课生和外课生，内课生指住校的学生，分预科和本科。预科生两年毕业，本科生三年毕业。涂寿眉回忆说：“我与徐先生均为内课生，内课分经、史、理、文四课……外课生为武汉三镇学人，其中有前清举人、选拔等，参加一次甄别考试录取。”① 外课生被甄录者，按月应课，以一年为限，次年另行甄录。国学馆的办学条件比较优越，为每个学生提供自习室。学馆每月合内课、外课生考试一次，规定三日三夜作文两篇，或一文一诗。凡考取第一名者，发奖金30银圆。

在学术研究上，王葆心自为表率，在经学、史学、文学、方志学等多领域都取得极高的成就。在国学馆开办当年，王葆心就开始撰写《方志学发微》，同时为其他教授的研究工作创造条件。由于采用中西两种教育方式，传统书院师生切磋讨论的风气弥漫国学馆，教师和学生经常主动地进行专题讨论。教授黄侃常与学生朝夕共处，融教书育人于一体，门下一批出类拔萃的弟子如陆宗达、徐复观、刘赜、范文澜、骆鸿凯、金毓黻、张汝舟、程千帆、杨伯峻、龙榆生等就是用这种方法培养出来的。

在服务社会上，王葆心在国学馆外附设国文讲习班。在国文讲习班的招生简章中，直接提出“本馆之设，最要在保存吾国道德，次则保存吾国文字”。王葆心又强调：“文字与国家共存亡，文字存则国存，文字

① 涂寿眉：《我所知道的徐复观先生》，中国人民政治协商会议浠水县委员会文史资料委员会编《浠水文史资料》第3辑，湖北省浠水县商业印刷厂印，第140页。

亡则国亡。环球各国，未有不重本国文字者。”[①] 为吸收更多的人来学习国文，馆外班学生不拘资格、年龄，不需考试，只要有志于国文学习者均可报名。讲习班在学习内容上以浅近入手，逐渐求深，且读书与作文并重，强调学习的成果应体现在伦理上。

馆外国文讲习班从教材之编纂上颇见王葆心等人的苦心。在识字环节，编有《说文通训定声简录》及《新尔雅》两书。《简录》删繁就简；《新尔雅》分类加详，取义求显，这都有利于初学者。在读经上，该馆编辑了《论语修身讲义》和《孟子文法》两书。《论语修身讲义》使学生明晰《论语》为修身实践之书；《孟子文法》使学生识文章门径，得义理真诠。在读文上，国学馆编《国文详评》一书，指陈明晰，易懂易学。

因所编教材容易为学生接受，加之国学馆的不少同仁将昌明国学作为己任，在短时期内湖北国学馆声名鹊起。但至1925年秋，国学馆被停办。王葆心的侄儿王延杰说：“刚及三年，以时局停办，学界深为惋惜。”王葆心《致陈二庵书》云：“而馆中客年有求不遂之三四教员，起而作难，致弟求退不得。辰下要挟恫唱，罄纸难书（其情状可两言蔽之曰：对于馆款，意在分肥；对于葆心，则蹂躏良善，真令人发指）。”[②] 与早于湖北国学馆开办的无锡国专相比，无锡国专是私人创办，实行校董制，避免了官办体制下复杂的人事关系，故而能一直存在。而经督军萧耀南批准创办的湖北国学馆既要随政治局势的变化而变化，又要照顾方方面面的关系，书生味十足的王葆心无力应付这些与教学活动无关的事务，难免受他人挟制。

---

① 王葆心：《国学馆附设校外国文讲习班招生简章》，《晦堂文钞》。

② 王葆心：《致陈二庵书》，《晦堂文钞》。

# 第六章　十年成巨著，“百年无此作”

光绪二十四年（1898）冬，应罗田县县长石啸山之聘，王葆心任罗田义川书院院长。除主持校务外，王葆心亲自承担了历史与文学两门课程的教学工作。这两门课程的讲义也由他编纂。文学课程的讲义之首之《叙例》，以通论、说经、论史、辨学术、考政治、作文要例为目，曰：

> 右立六篇，大抵就葆心从前讲业义川书院时所编之讲义，录而增损之。始意本思新立篇目，取裁近日新资料与旧资料，鼓铸而熔化之，定一新旧文学适中之法式……卒以所占学科较多，而学期之时日又短，始因仍旧日之稿而为此，殊违本愿也。

复旦大学吴伯雄在其博士论文《〈古文辞通义〉研究》中说明讲义“共十三册，其字迹皆出自同一人之手笔，知当是抄工所为”①，应该是指王葆心讲课所用之提纲，是1906年编成的《高等文学讲义》的最初简要纲目。1907年《高等文学讲义》被学部审定，作为中学以上各类学堂参考书。经广泛使用之后，王葆心又对《高等文学讲义》做大幅度的重订、补充，将书由4册6卷扩充为10册20卷，并接受他人提议改名为《古文辞通义》。以上联系表明，从1898年起，王葆心开始撰写《古文辞通义》，至1916年始改正成书，前后越18年之久。

---

① 吴伯雄：《〈古文辞通义〉研究》，复旦大学2009年博士学位论文。

## 第一节 从学堂讲义到《高等文学讲义》

王葆心《罗田靖乱记》卷首其族弟存记曰“自庚子岁从先生义川书院讲业之暇”，庚子即1900年。这年八国联军侵扰北京，迫使慈禧西逃，历史上称之为“庚子国变”。王葆心的文学讲义最迟在1900年已编撰使用。该讲义仅有简要纲目，大约只为课堂讲授之提纲。直到光绪三十二年（1906），在师长亲友的敦促下，王葆心在文学讲义的基础上扩充篇幅、增补内容、修改文字，编成了《高等文学讲义》，并由汉口中华维新书局印行。

《高等文学讲义》通过篇幅的扩充、内容的增加，形成了与此前文学讲义本质上的区别，为六卷：《解蔽篇》《究指篇》《识途篇》各为一卷，总术篇分为上、下卷，《关系篇》《义例篇》各为一卷。

《解蔽篇》《究指篇》《识途篇》《总术篇》的内容在文学讲义中都包含在“通论”中，不同的是通论中的内容条理混乱，有相互矛盾之处。文学讲义中的说经、论史、辨学术、考政治四个部分，内容仅相当于《高等文学讲义》中《关系篇》的内容摘录，简而不明。两书中的最后一篇《义例篇》内容大致相同。

探寻古代文论文话，魏文帝曹丕的《典论·论文》、西晋陆机的《文赋》、南朝梁刘勰的《文心雕龙》，是较早探讨创作论、文体论、鉴赏论的文章学著作，其探讨范围除文章外，兼及诗、赋等其他文学体裁。这些文论的发展有诗话、词话，也有文话。专门研究古文的，成规模的文论应该是南宋时期陈骙的《文则》。继陈骙之后张镃有《仕学规范·作文》、吕祖谦有《古文关键·看古文要法》……南宋时期文话已初具体系规模，后代文话所表现的四种形式都已产生。至元代文话作者先后相继，如王若虚著《文辨》、李淦著《文章精义》、王构著《修辞鉴衡·评文》、陈绎曾著《文章欧冶（文筌）》《文说》等。明代时台阁派、秦汉派、唐宋派、公安派、竟陵派各自登场，形成了见解各异、品鉴有差的文话，如吴讷的《文章辨体序说》、徐师曾的《文体明辨序说》、王文禄的《文脉》、高琦的《文章一贯》、茅坤的《唐宋八大家文钞·评文》。清代桐城派成为文章宗主，文话均以桐城派的理论为皈依。不在桐城派之列的有以阮元为首的文选派。

王葆心的《高等文学讲义》上承历代文话之宗旨，以古文之学的一般原理和基本知识“从论理学角度审其思诣，从汉文典角度观其语言，从文学史角度道其沿革。而于三者之外，还从修辞学的角度，论述古文义法和古文大家特有的修辞艺术”①。他在讲义中明确表示反对用古文之学的某些观点比附西方文学理论，反对用实用手段“董理、整齐已往之迹”，或“添设其所未有”，“遗失其所自居”。②王葆心以其对古文的研究和品鉴，为古代文话的发展留下了一座丰碑。

## 一、著《高等文学讲义》时的社会思潮

从作为文学课堂讲述提纲的讲义提升改扩为《高等文学讲义》，时间约在 1900 年至 1906 年。在这一时间内，八国联军侵扰北京，慈禧、光绪逃至西安，清政府与八国联军签订丧权辱国的《辛丑条约》。条约约定清政府赔款 4 亿 5000 万两白银，39 年赔清，本息高达 10 亿两白银。清政府按列强的要求禁止中国人民从事反帝活动，对镇压反帝活动不力的官员也予以惩办。自《南京条约》签订以来，丧权辱国达到顶峰。慈禧竟言：“量中华之物力，结与国之欢心。”

秋瑾的《感愤》写出了当时进步知识分子内心的苦闷和救国救民的雄心壮志。“莽莽神州叹陆沉，救时无计愧偷生。抟沙有愿兴亡楚，博浪无锥击暴秦。国破方知人种贱，义高不碍客囊贫。经营恨未酬同志，把剑悲歌涕泪横。”“神州陆沉”写出中国被列强瓜分豆剖、濒临亡国的危难；“抟沙”是想要将散沙一样的国民团结起来振兴国家，恨不能当刺客去刺杀侵略者；“国破方知人种贱”是愤慨之言，与曾朴以“东亚

---

①② 王葆心编纂，熊礼汇标点：《古文辞通义》，武汉大学出版社 2008 年版，要义概说第 3 页。

病夫”作为自己的笔名用意相同。在当时，除完全不关心国事者外，读书人的思想接二连三地受到冲击。中华天朝的梦碎了，孔孟圣贤之说被挨打的事实否定，“中学为体，西学为用”的洋务运动被甲午中日战争清王朝落败的现实否定。六君子的牺牲，戊戌变法的失败，义和团运动被镇压，中国的有志之士在一次一次的冲击中经历着灵魂的蜕变。王葆心不属于先知先觉的革命者，从紫云庵蒙馆至两湖书院毕业，长达23年的学习生涯为他扎下了深厚的国学功底。在学问日进中，他的政治理想日益成熟，将忠君、爱民、爱国结合在一起，将个人价值的实现寄托于入仕、育人、著述上。所以在这一时期他不是像章太炎、黄侃等人那样投身于反对清朝的封建统治，或如陈三立、樊樊山那样在政治上赞成向外国学习、渐进式变革。在文化上，他坚持恪守中国传统文化之经纬。学术上，王葆心在两湖书院学习时就不是单纯地攻读国学，也注意学习西学。在任钟祥传经书院院长和罗田义川书院院长时，他要求学生学习中外文化与科学知识，并为学生选用《西学通考》等书籍。

忠君思想促使他一考再考，终于得入仕途。对王葆心而言科考即是事业，是实现他个人价值的途径。“忠君”就不可能参与反帝反封建活动。但面对现实残酷的政局，所持爱民的政治理想使他不得不注意到社会中的黑暗，因而产生怀疑。“爱国”使他更加重视传统文化，他认为：“好奇者昌言废经，附和随声，《论》《孟》几束高阁，以致首先堕落，人心凉薄，风俗颓败，此则大可忧者一也。”① 将传统文化与道德、风俗、人心紧紧联系在一起，王葆心说：“是故德尊则义深，义深则意微，意微则理辨，理辨则言文，言文则行远。无心之文，犹无声之乐、无体之礼也。”② “言文则行远”，为了使德能传播得更广泛、更容易被人接受，王葆心在古文教学上进行了深刻的研究。将文学课上的讲义提纲发展为《高等文学讲义》就是“言文则行远”这一目的的体现。

---

① 王葆心：《国学馆附设校外国文讲习班招生简章》，《晦堂文钞》。

② 王葆心编纂，熊礼汇标点：《古文辞通义》，武汉大学出版社2008年版，例目第12—13页。

## 二、国学沦亡的焦虑

日本学者竹内好认为，在东亚的现代化过程中，西方与东方的关系是前进、后退的关系。日本是西方的一个优秀学生，日本的现代化是投机型，中国是在坚持中西化的回心型。日本人面对西方文化很少抵抗，而中国传统知识分子是尽力抵抗，这是中国知识分子民族心态的表现——站在中华民族的立场吸收西方文化。[①] 在撰写《高等文学讲义》的过程中，王葆心充分体现了中国知识分子的这种民族心态。

站在中华民族的立场吸收西方文化有着不同的表现。王葆心基本是站在儒家的立场来吸收西方文化，而章太炎等人则是站在不认同儒家的立场来吸收西方文化。1899 年至 1905 年间，章太炎多次往来于日本，接触到远藤隆吉、白河次郎等人的批判儒家学说的著作。章太炎对远藤隆吉、白河次郎等人激烈的反孔言论略有辩解，但并未从根本上为儒学辩护。且章太炎所著《訄书·订孔篇》，就是仿效东汉王充《论衡》中的《问孔篇》，对孔子也有非难之意。看得出来，章太炎在内心深处并不完全认同儒家，对认为儒家是非正统的思想家如王充、嵇康、阮籍、颜元、戴震等人也做过积极的评价。五四以后反程朱理学的风气和章太炎对程朱理学的言论有直接关系。章太炎早就指出程伊川“饿死事小，失节事大”是不智之言。章太炎没有公开地反对礼教，但他提倡“五朝学”，认为以史事为证，五朝之俗并不比汉俗更为衰敝；五朝名士“其言循虚，其艺控实”，均有一技之长；玄学讲究恬淡养性，“故骄淫息乎上，躁竞弭乎下”，“五朝所以不竞，由任世贵，又以言貌举人，不在玄学”，肯定了玄学。章太炎对钱大昕为何晏翻案的文章极为赞赏。这些都表明章太炎对儒学一统的态度。作为一代大家，章太炎的观念影响了很多人，如他的学生黄侃、钱玄同（疑古）、许寿裳、朱希祖、汪东（旭初）、沈兼士、马裕藻、龚宝铨、周树人（鲁迅）、周作人、胡以

---

① ［日］竹内好：《何为现代——就日本和中国而言》，霍颖译，见张京媛主编《后殖民理论与文化批评》，北京大学出版社 1999 年版，第 445 页。

鲁、易培基、陶焕卿、钱家治、朱宗莱、余云岫等。其中表现得比较激烈的是钱玄同、鲁迅和周作人。章太炎及章氏众弟子的立场与王葆心相异，应该与他们接触的环境有关。章太炎等人与同盟会关系密切，且多次到日本接触了更多不同的学术思想，故而其文化批判意识更强。

木斋在《鲁迅：中国传统文化的传人》一文中用解构的理论来解释传统文化走向现代的过程："而每次的血火洗礼，都是一次大的解构，从而使华夏文化得到前行的新的动力，攀登新的境界。此外，华夏文化内部，也在不断的成熟中不断地打碎传统，来建构新的生命，像是果木的一次次成熟落地，在经历新的杂交之后，不断地产生新的品种。魏晋时代如阮籍、嵇康之于两汉，宋代的市井文化如柳永、近代诗词如苏轼之于唐代古典文化，明清人文主义思潮如李贽、徐渭之于整个传统文化的叛逆，等等，他们解构了传统，也就建构了新的传统。若是没有这些解构，华夏文化早已经成为一具僵尸，成了只能供人赏看的木乃伊。"① 处于传统被解构、新的传统还未建立时期的王葆心，将解构看作是对传统的毁灭，深恐传统之消失，故未能走进新传统的建构队列。在《古文辞通义·例目》中他引用洪良品之言："文者，古人所以立言、明道之一端……自唐、宋以来，作者所论本末源流得失之故，各据所见不同，无能越孔子'修词'三语之外。"② 通过《高等文学讲义》将孔子立言、明道而为文的学问传授给后人，正是王葆心这种心态的表现。

## 三、徘徊与折中

在一个动荡的时代，新旧思潮激烈地冲突着，社会深处酝酿着即将成为现实的突变。兴中会、华兴会、光复会在 1905 年 8 月下旬合并为同盟会后，章太炎、邹容、陈天华积极进行着推翻清王朝的宣传。如陈天华在《猛回头》中用通俗的唱词列举了清朝末年的状况："拿鼓板，

① 木斋：《自我放逐：木斋随笔》，上海文艺出版社 2011 年版，第 355—356 页。

② 王葆心编纂，熊礼汇标点：《古文辞通义》，武汉大学出版社 2008 年版，例目第 13 页。

坐长街，高声大唱。尊一声，众同胞，细听端详：我中华，原是个，有名大国……到今日，奄奄将绝，割了地，赔了款，快要灭亡。……转瞬间，西洋人，来作皇帝；这班人，少不得，又喊‘圣皇’。……这议论，都是个，隔靴搔痒。当时事，全不懂，好像癫狂。……要知道，这朝廷，原是个，名存实亡。替洋人，做一个，守土官长。压制我，众汉人，拱手降洋。……要学那，法兰西，改革弊政。要学那，德意志，报复凶狂。要学那，美利坚，离英独立。要学那，意大利，独自称王。……改条约，复政权，完全独立。……”看得出来，当时激进的革命党人对列强侵华心怀愤恨，认为清政府在列强对华侵略扩张中为虎作伥、为洋人守土，是一个卖国政府。因此不能隔靴搔痒地搞什么君主立宪，要推翻清王朝封建统治，要独立自主、改革弊政。

此时的王葆心正在积极参加科考。1894 年王葆心举优贡声名大著，每次乡试，师长、同窗、亲友不仅认为他可以中举，甚至认为他有抡元之望。但“文齐福不齐”，多次考试他均落榜。光绪二十八年（1902），王葆心乡试又未入选。湖北巡抚端方将落卷另揭一榜，列王葆心为第一名。到光绪二十九年（1903），王葆心才在乡试中中试，名列第三。《猛回头》发表于 1903 年。据此可见，为科举路束缚的王葆心，同样为忠君的思想所束缚，不可能赞同“改条约，复政权，完全独立”，以民族革命为先导的民主革命。但面向实学、接受了西学教育的王葆心，已不是思想僵化的冬烘之人。他在“中学为体，西学为用”思想的指导下，或作策论为国家建言献策，或论事理启民智使人警醒，或办教育传学问以继文明。出于爱国之心，他做着力所能及的，不违背其政治意愿的事情。编纂《高等文学讲义》与他的政治思想毫不冲突，有助于实现他办教育、传学问以继文明的理想。从王葆心这一时期的从政、著述活动来看，他徘徊于时代风云之外，是时代大潮的旁观者。他在这一时期完成《高等文学讲义》的编纂出版，是一种政治心态的自我表现——不善游谈奔走以从革命，但又不愿意成为历史潮流的抗拒者，故而藏身于书斋、隐形于著述。

在政治上不轻易表态，而是客观地认知自己，了解政治非所长，故王葆心不将未成熟之政治见解公布于众。一直没有直接从政经历的王葆心只是从爱国、爱民、热爱传统文化的角度，通过著述来表达自我。对于传统文化，王葆心深具自信，敢于坚持自己的见解。在《高等文学讲义》中王葆心引用苏东坡的话来证明科举的危害："西汉以来，以文设科而文始衰"，"妄论利害，搀说得失，为制科习气"；引梅伯言《〈李芝龄先生文集〉序》言"自进士设科，而人皆以方盛之才力困诎于场屋之文，仕宦成而精力亦销亡矣。惟早得科第如韩、欧数君子者，雄才盛年，早弃俗学，博观古今书，以从事于兹术"。① 王葆心引用这些话的目的是证明"科举有妨文学者也"②。对八股文的反感和迫于科举考试下的无奈，在王葆心不少作品中都可见到，足以证明王葆心在学术上是有原则并能坚持原则之人。

## 第二节　从《高等文学讲义》到《古文辞通义》

1906年《高等文学讲义》出版，王葆心认为自己的这本著作还需要提升。与马通伯、林琴南、陈石遗、胡绥之、饶竹生等旧友商榷，接受建议后，在整整十年内王葆心将讲义不断加以修订补充。修订后的书稿在语言方面，对一些不合学术规范的用语进行调整，对不够典雅庄重的文句进行润饰，并尽可能地注出引文的篇名出处。为使该书体例一致，王葆心有意收罗和扩充了文章资料。为保存前人的谈艺佳语，他亦尽可能地将同类或相似的言论予以收采。对于探讨文章发展轨迹的论文著作，无论观点如何都尽可能全面地收进书中。通过这样的修订补充，成稿后的《古文辞通义》比《高等文学讲义》在篇幅上扩大了三四倍之多，资料上更充实、更具体了，在内容上也增添了不少新的思想观念。

---

① 转引自王葆心编纂，熊礼汇标点《古文辞通义》，武汉大学出版社2008年版，第49、50页。

② 同上书，第50页。

## 一、自信地弘扬国粹

在《古文辞通义·例目》中，王葆心用这样一段话来表明自己的著书原则与态度。

> 吾国之经学、史学、理学、文学，本自具有纯粹之规，洎欧学输入，而天下嚣然。目此旧有之学日无用，而为此学者亦遂自舍其固有之良知、良能，择此学中近似他人而可为抵制、均势之柄者，发之以求一当于并世。其保爱旧学之心亦良苦，然兹学纯粹之质亡矣。吾之辑述文学本事，皆董理、整齐已往之迹，而不敢具应用之手段，添设其所未有，遗失其所自居。①

将《高等文学讲义》与《古文辞通义》的有关文字做比较。《高等文学讲义·叙例》中云：“私心自审，尚仍不免李屏山所谓失肢堕节之讥。若夫条流疏漏，未堪归纳万端，容更甄材料加以补订，求入完密则候异时。”而在《古文辞通义·例目》中云：“私心自审，冀差免李屏山所谓‘失肢堕节’之讥而已。”“差免”与“尚仍不免”相较，不仅语气不同，所表达的自信心差异也很大。修纂《古文辞通义》时的王葆心从僻居湖北到任职京师，有机会与京师众多古文学家接触切磋。众多名家对《高等文学讲义》的肯定使王葆心感觉到自己所做的事也是众多名家想做而未必能做到的事。林纾称《高等文学讲义》“百年无此作”②，李霖亦赞“前人所未有，后世不可无”③。这些肯定不仅提高了王葆心的学术声誉，同时也使他自信心大增。

从明朝后期西学开始输入中国，逐渐有一些开明的士大夫主张学

---

① 王葆心编纂，熊礼汇标点：《古文辞通义》，武汉大学出版社 2008 年版，例目第 18 页。

② 同上书，识语第 1 页。

③ 同上书，第 218 页。

习西方，但认为应将学习的范围限制在先进的科技之内，在文化方面依然坚持正统观念。士大夫们牵强附会地制造出“西学中源”说，如“自泰西诸国交乎中夏，西学兴焉，趋时者喜其创获，泥古者恶其奇柔，而不知西学亦吾道之所有也”①；“西学之渊源，皆三代之教之所有事”②，“中国是西学之鼻祖，西学是中国之支派”③；等等。随着林则徐、魏源等人引领放眼看世界的风潮，曾国藩、左宗棠、李鸿章、张之洞投身于洋务运动的实践，中国的知识分子认识到“道不能即通，则先假器以通之”④，中国学习西方不仅要学习“器”，也要学习西方的“道”。薛福成在《出使四国日记》中写道：“昔郭筠仙侍郎每叹羡西洋国政民风之美，至为清议之士所抵排。余亦稍讶其言之过当，以询之陈荔秋中丞、黎莼斋观察，皆谓其说不诬。此次来游欧洲，由巴黎至伦敦，始信侍郎之说，当于议院、学堂、监狱、医院、街道征之。”⑤ 随着西潮席卷，国人认识到学习西学的范围应扩大到政治、经济、军事、文学、艺术等诸方面。不少学者在进行中国文化与西方文化的对比后，又出现了只看到中国传统文化的弊病，并用这些弊病否定传统文化存在价值的情况。

鲁迅在《青年必读书》中写道：“我看中国书时，总觉得就沉静下去，与实人生离开；读外国书——但除了印度——时，往往就与人生接触，想做点事。中国书虽有劝人入世的话，也多是僵尸的乐观；外国书即使是颓唐和厌世的，但却是活人的颓唐和厌世。我以为要少——或者竟不——看中国书，多看外国书。少看中国书，其结果不过不能作文而

① 〔清〕俞樾：《格致古微》，光绪二十二年吴县王氏刊本。

② 〔清〕郭嵩焘：《丁冠西〈中西闻见录选编〉序》，《郭嵩焘诗文集》，岳麓书社1984年版，第68页。

③ 《续西学与中学异流同源论》，《皇朝经世文编五集》，光绪壬寅中西译书会刊印本，第253页。

④ 〔清〕王韬：《弢园文录外编》卷1，上海书店出版社2002年版，第2页。

⑤ 〔清〕薛福成著，安宇寄校点：《出使四国日记》卷1，湖南人民出版社1981年版，第39页。

已。但现在的青年最要紧的是‘行’，不是‘言’。只要是活人，不能作文算什么大不了事。”① 本篇最初发表于 1925 年 2 月 21 日《京报副刊》，反映了西学东渐后不少思想激进的读书人的观点。这种观点反映了当时的旧学人士中对国学将会沦亡的焦虑。“今也后生入学，束书不观，风气所趋，消文无用。户肄大秦之书，家习佉卢之字。三仓之典籍，舶载而东；六艺之精言，人谁过问？呜呼，斯文已丧，谁为继起之人；国学沦亡，能无青溺之惧？”② 王葆心在这两种观点之外独树一帜，他“振朴学以迎新知”，出于弘扬国学目的，研究国学纂修著作。

## 二、用古已有之，证明日本修辞学的浅薄

王葆心对国学沦亡的焦虑在 1907 年任职礼部起日益加深。进京后他结识了马其昶、姚永朴、林纾、陈衍等传统古文之学的中坚人物。这些人对西学日盛的担忧远过常人，对国学沦亡的焦虑表现在平常的言行中，学识上的见解极大地影响了王葆心。

在《高等文学讲义》中王葆心有意识地、客观地宣传西学，而在《古文辞通义》中王葆心侧重于肯定中国传统文化中的合理之处，表现得特别明显的是对日本学者的修辞学著作的态度。

《高等文学讲义》中言：“盖自近世分业之说发明，其用不第施于职业家，亦且用之学术家，由是而学校中之专科、选科与分科之法以立。抑自普通学有序有机之说发明，每一秩然有序之科学中又必赖他科学种种之机关组织而成体。”而在《古文辞通义》中言：“盖自近世分业之说兴，其用不第施于职业家，亦且用之学术家，由是而学校中之专科、选科与分科之法以立。抑自普通学有序有机之说兴，每一秩然有序之学科中，又必赖他科学相因而成体，实则隐合我《易·象》之类族辨物、

① 鲁迅：《青年必读书》，《华盖集》，中央编译出版社 2012 年版，第 4 页。

② 胡朴安：《历代文章论略》，《历代文话》第 10 册，厦门大学出版社 2007 年版，第 9099 页。

《易·系》之类聚群分，初无可矜异之旨也。”[①] 通过对比可知，王葆心从《周易》中找出“类族辨物”“类聚群分”，证明分科之学，我国古已有之，不值炫耀。在《高等文学讲义》中不引用“类族辨物”“类聚群分”，而在《古文辞通义》之中引用，明显是王葆心特意如此，来证明“彼有我亦有”的观点。

在《高等文学讲义》中王葆心言：“近今文学家称文学界域中，尚赖种种联合，而其用始完备。如欲思想无误，须明论理学；欲语言无误，须有国文典；欲得文学过去之状态，须解文学史。是编本在三者之界域外，然于三者之端绪均略启发，而在近世文学教科中，实与东西人所称修词学之一种用意正合。”而《古文辞通义》中他对此表述为：“近今文学家，称文学中须有种种之综合，而其用始完备。如欲思诣无误，须明论理学；欲语言无误，须有国文典；欲得文学之沿革，须有文学史。是编本在三者之外，然于三者之要旨，均已阐发。而在近世文学书中，实推广东西人所称修词学之作，而拓充用之。”[②]“均略启发”变成了“均已阐发”，在语气上更加肯定，在意义上有所扩充。“实与东西人所称修词学之一种用意正合”仅仅是在用意上合于东西之人，而“实推广东西人所称修词学之作，而拓充用之”已不仅仅是与之相合，甚至能推广词学，并且拓充使用。这两处的修改明显地表现出王葆心有意表达中国传统的“技高”之意。

《古文辞通义》中言：“曾文正谓：‘能通训诂，则后人承讹袭误之习可改；能通文格、文气，则后人硬腔滑调之习可改。’并举文典、修词两者言之也。然则此事岂第彼人有之哉?”[③] 对比《高等文学讲义》，王葆心在《古文辞通义》中特别加了“然则此事岂第彼人有之哉”，这一句与原文毫无关系，只是用来强调文典修辞并非日本人独有，在我国传统文化中早存之的感叹，实为有意为之。

---

① 王葆心编纂，熊礼汇标点：《古文辞通义》，武汉大学出版社 2008 年版，例目第 13 页。

②③ 同上书，例目第 16 页。

论及日本修辞学的方法、内容，《高等文学讲义》中说：“大抵东人此学，其脞论都用归纳法以阐明文家之体制与构想，而综定征实、课虚两要义。”王葆心予以了肯定。而在《古文辞通义》中评价则变成了“东人于此道之能事所见只此”①。这种明显的贬低在学术上不是一种客观、公正的态度。只能表明王葆心此时执着于传统文化，从捍卫传统文化的角度对外来文化有着一定程度的排斥，也是对盲从西学、否定国学学者的揶揄。

## 三、纵贯古今，不偏不倚

王葆心的《古文辞通义》一书专论古文，他在原序中所言：“文之为学，难言矣。”②“文之为学”并非只探讨写古文的学问，还有研习古文之学的含义。“古文”是韩愈倡导散文复古提出的名称，曾国藩曾说：“古文者，韩退之氏厌弃魏、晋、六朝骈俪之文，而返之于六经、两汉，从而名焉者也。”③韩愈在《题欧阳生哀辞后》云：“愈之为古文，岂独取其句读不类于今者耶？思古人而不得见，学古道则欲兼通其辞，通其辞者，本志乎古者也。”④韩愈提倡的古文在句读上不同于骈体文，立意上要合乎“古道”（圣人之道），故而为古文必须“本志乎古者也”。这就要求所写古文在形式上要脱离骈文，在内容上必须承载“古道”。从这个标准来看，古文并非简单以时间来划分，而是在内容、结构、体制、法度（包括谋篇、约章、选字、造句等方法）方面，与不拘形式的散体文有区别的一种文体。清代学者上承宋明，对古文之学的研究新意尤多。古文之学已成为专门学问，从古文发展规律、创作、批评理论、流派演变、为文如何学古等多方面提出问题，进行探讨。王葆心编纂的

① 王葆心编纂，熊礼汇标点：《古文辞通义》，武汉大学出版社2008年版，例目第16页。

② 同上书，原序第1页。

③ 〔清〕李瀚章编纂，〔清〕李鸿章校勘：《曾国藩全集》第14卷，中国致公出版社2001年版，第5194页。

④ 〔唐〕韩愈著，马其昶校注，马茂元整理：《韩昌黎文集校注》，上海古籍出版社2014年版，第340页。

《古文辞通义》对清代古文之学是系统性的整理，为近代古文理论的发展拓宽了路径。

在编纂《古文辞通义》的过程中，王葆心将古文之学放在与诗学、词学、曲学同等研究高度，去探讨古文体用特点、发展规律、流派演变、文学属性、创作艺术、批评理论、鉴赏方法，在引用资料的搜集上明显吸取了诗话和词话的搜集方法，广泛收集，精确分类。通过对引用资料的述评来表达自己的观点。例如《解蔽篇》中：

> 李习之云："六经造意、创言，皆不相师。"叶梦得谓："韩、柳文章无因缘卑陋之气，诸赋更不蹈袭屈、宋一语，在严忌、王褒上数等。"邵博谓："樊宗师之文甚怪，而退之但取其不相袭。"旨意皆同。①

"旨意皆同"四字系王葆心对三段引文的总结、归纳，表现了王葆心反对剽窃和蹈袭的见解。又言：

> 周密《齐东野语》及《瑞桂堂暇录》，吴子良《林下偶谈》，均以文章不蹈袭最难。朱昂《续骫骳说》谓："古人为文，各有所祖。"周紫芝《竹林诗话》谓："自古诗人、文人，大抵皆祖述前人作语。"殆谓是耳。近世曾文正采用两说，以脱胎之法教初学，以不蹈袭教成人，允为至论。②

此说肯定了曾国藩针对不同程度的学习者采用不同方法进行古文教学的做法。为做到客观公正地选用材料，王葆心博取众说，避免了一家之言，使不同的材料成为不同观念的佐证，从而为全面阐释古文之学提供了足够的支撑点。

---

① 王葆心编纂，熊礼汇标点：《古文辞通义》，武汉大学出版社2008年版，第2页。
② 同上书，第3页。

# 第三节　古今文话之大成

韩愈提出古文的概念，是与骈俪文相对。韩愈明确地提出儒家有一个始终一贯的，有异于佛老的“道”。在《原道》中说：“斯吾所谓道也，非向所谓老与佛之道也……博爱之谓仁，行而宜之谓义，由是而之焉之谓道，足乎己无待于外之谓德。仁与义为定名，道与德为虚位。”“道”即儒家思想核心的仁义道德。“道”的传承过程是尧—舜—禹—汤—姬昌—姬发—姬旦—孔丘—孟轲。韩愈认为自己是继承孟轲道统的人，故而他所提倡的古文应为先秦之文。确实，古文写作在先秦时已有辉煌成就，且提出了不少为后学所继承的重要命题。例如《周易·乾》爻辞中言“修辞立其诚”；《周易·家人》象辞中言“言有物”；《周易·艮五》爻辞中言“言有序”；《尚书·毕命》中言“辞尚体要”；《论语·泰伯》中言“出辞气，斯远鄙倍矣”；《论语·卫灵公》中言“辞达而已矣”；《左传·襄公二十五年》中言“言之无文，行而不远”。[①] 理论与写作的同步发展为文话，为后代的兴盛创造了条件。王葆心充分地利用了古文的创作成就和古代文话理论，编纂了博采众长的《古文辞通义》。

## 一、博采众长

王水照在《历代文话·序》中说：“至明高琦《文章一贯》，始予前人论说材料类聚区分，纳入‘立意’‘气象’‘篇法’‘章法’‘字法’以及‘起端’‘叙事’‘议论’‘引用’‘譬喻’‘含蓄’‘形容’‘过接’‘激绪（结）’等十五子目，由‘杂抄’进而为‘类编’，规矩粲然，且体现编者一定的文论思想。此法又为后人所采用并加以损益变化。”[②] 这

---

① 转引自王葆心编纂，熊礼汇标点《古文辞通义》，武汉大学出版社 2008 年版，要义概说第 5 页。

② 王水照：《历代文话》，复旦大学出版社 2007 年版，序第 3 页。

种以前人观点来证己说的文话，或可称之为资料汇编性文话。这种文话有一个利弊双存的特点，即不论何种观点的资料都予以保存。《古文辞通义》就是资料汇编性文话的集大成者。

《古文辞通义·例目》指出："是编以旧说证己意，以己意衷旧说，大都原本前人活用书籍之例。""今是编亦多载同意之言论。"为增强著作的说服力，王葆心"曩代诗文之评，厥编最夥"，将古今中外观点相同、相近、相似的语言都搜集到一起一一引用。①

博引资料提升了《古文辞通义》的学理性，用大量论据从不同角度来支撑王葆心的学术观点。王葆心说：

> 往者达尔文氏为《种源论》，先仅布告大旨于理灵学会，尚不惬人意。继乃叹曰："凡新理、新说，非征引繁富，议论详明，蔚然成一大著作，不足以震动世人，使吾说横扫世界。"故其为书，引据必极其切实，论解亦极其精确。兹编亦窃取斯旨，征引从博以坚确事理，虽不免繁而不杀，或厌听闻，然为教者、学者备研究及讲授时纵横博析之用，又不得不尔，非徒据为应敌之需也。昔江子屏辄讥时人鲁莽成书，动或盈尺，兹编或可幸免矣乎！②

为做到"引据必极其切实，论解亦极其精确"，王葆心"坚确事理"而"征引从博"，敢于冒"繁而不杀"的风险。故而《古文辞通义》从征引从博的编纂方式中瑕瑜兼得。《古文辞通义》所引书达数千种且"所引多非习见也"。因古文与骈文之分，古文与时文之异，古文与诗歌相通，古文内容与"道统"相关，《古文辞通义》内容涉及经、史、子、集，古代地理、风俗，语法修辞……足显王葆心学问之广博。

《古文辞通义》显示出材料博、学识博的特点，在提升该书学术高

---

① 王葆心编纂，熊礼汇标点：《古文辞通义》，武汉大学出版社 2008 年版，例目第 14、17、15 页。

② 同上书，例目第 18 页。

度的同时，也造成了文章“征引多骈枝，校论少密致”①，“喜求征实、博考余剩而正义反隐”②。过于求博造成了偏离主题的情况，而堆积材料则使读者产生厌倦，造成该书白璧微瑕的状况。

## 二、因材施教

王葆心的四女儿王醇将父亲的一生总结为12个字，即“读书、教书、著书，爱国、爱乡、爱民”③。从1897年至1929年，王葆心从事教育工作共有32年，在传统书院、新式学校都有任教经历，教过小学、中学、大学。尤其是任国学馆馆长时期，他直接投身于教学活动，“率先讲授以示范，旨在重振宋明书院讲学之风规，以救学校日趋浮华之时弊”④，多年的教育实践使他重视人与人之间的性格、喜好、才能的差异。《古文辞通义·识途篇》“学古宜取性近”章说：

> 《示儿编》引后山云：“坡公不好《史记》。”宋大樽《茗香诗话》称“欧公不喜《史记》，望溪不喜《汉书》、柳文”。陈澧《东塾集》引朱子云：“介甫不喜退之。”此于名家性不相近、各有不强为雷同附和之意，然不害其为欧、苏、王、方也。此取性近之说。⑤

王葆心主张因个人喜好不同，所欣赏的作者也不相同，故而不应该强求统一。学习古文应该从自己的实际情况出发，选择与自己天性适宜的文章来阅读、学习。因此王葆心将学古文者分为初学与成人，指明曾国藩

---

① 王葆心编纂，熊礼汇标点：《古文辞通义》，武汉大学出版社2008年版，例目第19页。

② 同上书，第24页。

③ 转引自叶贤恩《王葆心传》，崇文书局2009年版，第251页。

④ 同上书，第126页。

⑤ 王葆心编纂，熊礼汇标点：《古文辞通义》，武汉大学出版社2008年版，第301页。

“以脱胎之法教初学，以不蹈袭教成人”① 的做法非常正确。王葆心强调：“人之性质，有工于范思而拙于缀文者，有工于缀文而范思又次者。”② 人的个性相异，外在表现为才能不同：善于思考，思想深刻的人却不善于写文章；善于写文章的人却拙于思考，思想浅薄。教学应顺从每个人的天性，发挥其长处。“吾尝推是意，谓‘文笔澹逸者，宜先学为杂记小品文；文笔渊厚者，宜先学为论著文’。本教育存乎人性之说以作文，亦一法也。”③ 天赋不同，使用的教材应有差异，教育目标应有区别；程度不同，教学的方法应有差异，教育的范式应有区别。

“因材施教”是孔子在《论语》中体现出的教育思想。王葆心在《古文辞通义》中将因材施教表现得更具体、更具有针对性。例如，王葆心认为“作文始于有法，终于无法，非无法也，神明乎法律之外也”④，又引用吴莱论文有云：“作文如用兵，法有正有奇。‘正’是法度，要部伍分明；‘奇’是不为法度所缚，千变万化，坐作、进退、击刺，一时俱起。及其欲止，什伍各还其队，原不曾乱。”⑤ 王葆心古文之学师承桐城，一向尊崇方苞提倡的“义法”。“义即《易》所谓‘言有物’也，法即《易》所谓‘言有序’也。”⑥ “义”指文章内容，“法”是指文学作品谋篇布局的形式和方法。王葆心认为对初学者应该强调“有法”，通过“法”引导初学者入门；对于成人，则要引导其从“有法”到不受“法”的拘束，在文章中呈现自我，有所创新，达到“神明”的境界。这是王葆心对学习古文者的期望，也是他古文教授实践中凝练的思想。

---

① 王葆心编纂，熊礼汇标点：《古文辞通义》，武汉大学出版社 2008 年版，第 3 页。
② 同上书，第 319 页。
③ 同上书，第 318 页。
④ 同上书，第 351 页。
⑤ 同上书，第 353 页。
⑥ 同上书，要义概说第 24 页。

## 三、融会贯通

通义，疏通大义。用作书名时，指概述性的著作，如《白虎通义》《文史通义》。《古文辞通义》也是一本概述性著作，将古文之学的不同观点、材料都囊括进书。这在编纂上是有一定困难的，作者既要在书中提出自己的观点，又必须罗列出其他学人的观点。怎样才能做到不偏不倚？若在引证材料时，尽可能地做到博引，会导致将相互矛盾的材料一并搜入书中。怎样引导学习者从相互矛盾的材料中，找到适合自己“天性”的材料？王葆心对历代古文作者和文话均有深刻之研究，对于古文的源流利弊有许多独到的见解。面对这些问题，在编纂《古文辞通义》时，王葆心立足于桐城派的义理、辞章、考据三者合一的理论，但不是一味地固执己见，反而虚心引述相反的观点，一方面满足“通义”之体例要求，另一方面可实现“坚定学者之崇信、表章前人之沉坠”① 的用意。

王葆心将“剽窃前言，句摹字仿”② 列为写古文的第一忌，引用欧阳修、刘祁、李习之、叶梦得、邵博反对蹈袭的言论，接着引用李梦阳提倡模拟秦汉的言论，后又列举归有光矫正了“前后七子”造成的弊端，指出后人模仿归有光、后人模仿桐城派，都是“句摹字仿”的表现。在正反资料引用充分的基础上，王葆心归纳出自己的观点：

> 盖摹仿之病，即魏叔子所谓“有家数，无本领”者也，惟好株守古人成法而胸中一无所有者有此弊。……故学散文宜自去剿袭摹拟始。③

---

① 王葆心编纂，熊礼汇标点：《古文辞通义》，武汉大学出版社 2008 年版，例目第 18 页。

② 同上书，第 1 页。

③ 同上书，第 2 页。

自此王葆心已将第一忌做了充分的阐述。作为文章学理论家的王葆心已完成了这一观点的表述。

随后王葆心从教学法的角度展开了讨论。引用陈善、黄庭坚对“夺胎”“换骨”法的介绍，继而引用史绳祖、周密、吴子良的共同观点：“以文章不蹈袭最难。”① 然后介绍曾国藩以“夺胎”教初学者，以不蹈袭教成人的例子，表明自己赞成曾国藩的教学法。在后文中引用邓牧和蒋香兰的文章，说明“摹仿而浑妙者自可法，摹仿钝滞者自可弃”②。并列举扬雄、班固、张衡等人仿司马相如写文，在枚乘写出《七发》后，后代文人通过模仿写出了《七激》《七辨》《七依》《七启》《七命》《七召》《七励》。从古人的模仿作文所取得的文学成就，更进一步证明把模仿看成一种学习方法，对于学习古文非常有益。又从宇文泰要求官员写文章都要依从苏绰的文风造成的危害——“袭其形貌，羊质虎皮，叔敖衣冠，率天下以作伪而已。既无真气，何以自立”③，表明了自己反对把模仿作为写文章唯一途径的观点。

通过不同观点材料的组合，通过材料范围的扩大、延伸，通过作者在材料选用后的点评，已构成了一篇讨论模拟写作的论文，有论有据，多角度论证极具说服力。没有王葆心的博学和对知识点的融会贯通，哪来这样的大手笔。

---

①② 王葆心编纂，熊礼汇标点：《古文辞通义》，武汉大学出版社 2008 年版，第 3 页。

③ 同上书，第 4 页。

# 第七章　古文之学

在《古文辞通义·例目》中王葆心谈到自己编纂此书的苦心："然每立一义，或先本己意以贯串旧说，或先依据旧说而剖析折衷以己意，编载之中都案研究之次序，于入手之方再三致意，虽往往引端而未竟委，要取其能于此一科中得钤键管钥之资而已。"① 在拿出观点时，王葆心不讳言在编纂该书之前，已有自己的观点。于是采取了要么用自己的观点将旧有的说法贯穿起来，要么根据旧有的说法来调整、修改自己的观点的办法。王葆心在编纂该书前已做了大量的准备工作，在引用他人说法时，尤其重视抓住关键点。王葆心充分做到了"以旧说证己意，以己意衷旧说"②。《古文辞通义》能被袁树五、马通伯、姚仲实、陈剑潭、林琴南、陈拾遗等人"咸深印可"③，足以证明该书在古文辞研究上有极高造诣。

## 第一节　《古文辞通义》著述的目的

不论是教学中使用的教学提纲还是其后讲义提升调整至《古文辞通义》成书，王葆心编纂动机始终如一，意在为初习古文之学者提供一部切实可用的教科书。对教授者而言，该书提供了大量的资料，对不同的观点进行了介绍和分析，便于教师进行取舍。对学习者而言，此书先指明古文写作中的弊端及克服方法，又介绍前人创作经验和文论主张，

---

①② 王葆心编纂，熊礼汇标点：《古文辞通义》，武汉大学出版社 2008 年版，例目第 14 页。

③ 同上书，识语第 1 页。

并从古文的读法、讲法入手指点古文入门途径；从不同角度评论古文，对古文进行讨论，最后逐一讨论各种体例古文的写作方法。学者成惕轩认为该书“穷百家之阃奥，假多士以津梁”①。“假多士以津梁”，王葆心的编纂目的得到了实现。

## 一、从内容看目的的实现

《古文辞通义》分为六篇：“一综文之忌，以抉壅蔽。二畅文之宜，以究指要。三穷文家之程途，使洞然吾人应历之境界而本体以明，言见在也。四总文之术业，用综合之法，以见文家历世陈旧之迹，言过去也。五总文之关系，用解析之法，为文家储备、运用之方，言方来也。……《义例》一篇，亦综述过去以待方来之资也，取以殿焉。”②仅以《解蔽篇》为例，解蔽目的就是“抉壅蔽”。“抉壅蔽”就是消除蒙蔽，王葆心认为古文写作中出现的弊端来源于作者“蔽于一偏”。作者受蒙蔽要么是后天专执己见，要么是先天禀赋不足，要么是易受外界不良影响，要么自己取向不正确导致文章取意、内容等不能贴合，要么受流行文风的影响，要么沉迷于陈旧的见解。以上所述受蒙蔽的现象是从汪琬《文戒示门人》、李绂《古文词禁》、袁枚《古文十蔽》、章学诚《古文十弊》、吴德旋《古文五忌》、曾国藩《古文禁约》等文中归纳出来，然后“去其同者，撮荟都凡，参以己见”③。

纵览众文章，王葆心指出会有三种弊端。第一种是用语之弊，包括剽窃、模仿、故意使用僻字涩句、使用市井粗俗语言、句式忽骈忽散、在散文中夹杂韵文等。第二种是立意之弊，王葆心认为写古文应以儒学为宗，应该切入实用，不可将佛道之言混同于儒家主张，同时也不可有“制科

---

① 王葆心编纂，熊礼汇标点：《古文辞通义》，武汉大学出版社 2008 年版，要义概说第 2 页。

② 同上书，例目第 12—13 页。

③ 同上书，要义概说第 8 页。

习气”①。王葆心引用其师邓绎的话：“近世士夫，以其制举先人之言，改换头面，强充作者，贻误后贤。可知科举俗累，自汉以后日盛一日，才学如晁、董、吕、魏，都难自拔。即以归震川之文，论者尤病其心力竭于时文；魏叔子之作，世嫌其近时文一派，矧其下者乎？此阎百诗所以发愤、叹息，谓‘三百年文章不能远追汉、唐，实坏于洪武定制以八股取士’也。”② 邓绎、王葆心均看到了八股取士对读书人思想的束缚，即使是有很高的才气也会被八股所累。第三种是表述方法之弊，表现为文意杂乱无头绪、行文无本末次第、论人说事不合实际、喜欢炫奇征异等。

王葆心在《古文辞通义·识语》中写道：“当初稿既成时，番禺梁节庵先生鼎芬谓《识途篇》应列在前，拟依其说。因惮于移掇，仍旧未更。”③ “惮于移掇”是推脱之词，王葆心在治学上一向是不怕麻烦，他之所以“仍旧未更”的原因是先从学习写古文的弊端入手更容易有针对性地进行教学。王葆心从对学生讲授古文的需要出发，由教材的编纂发展到构建了一部完整的古文之学。

## 二、方法多样，适应各类学生

“一树之果有酸有甜，一母之子有愚有贤。”教师所授之学生有先天禀赋之差异，有后天积累之差异，有才情之差异，有性格之差异，故而在教学上“一刀切”往往难以保证教学质量。何况在清朝末年至民国初年，古文已不再占统治地位，愿学者越来越少。基于这种状况，为让古文得到传承，王葆心在古文教学法上下了极大的功夫。《古文辞通义·识途篇》中写道：“为文入手，其法有三：曰读、曰讲、曰作。读有读法，讲有讲法，作有作法。三法所从入，必有其途。”④ 王葆心认为领

① 王葆心编纂，熊礼汇标点：《古文辞通义》，武汉大学出版社 2008 年版，第 49 页。
② 转引自上书，第 50 页。
③ 同上书，识语第 1 页。
④ 同上书，第 128 页。

略古文之妙，诵读十分重要，他引用姚鼐“诗、古文各要从声音证入。不知声音，总为门外汉”[①]，曾国藩语“读者，如四书、《诗》《书》《易经》《左传》诸经、《昭明文选》、李杜韩苏之诗、韩欧曾王之文，非高声朗诵，则不能得其雄伟之概；非密咏恬吟，则不能探其深远之韵”[②]。曾国藩认为看书与读书两者是有区别的，看书是广泛阅读来扩大知识面，读书则是在“虚心涵泳，切己体察”[③]上下功夫，故而王葆心用刘永济的话来表达自己的主张：“看书宜广，宜快，宜方面多；读书宜少，宜熟，宜选择精。”[④]

为了让学生不做古文学习的门外汉，王葆心介绍了多种读书方法——常读法、约读法、速读法、兼读法、并行读法、专一读法、引申读法、直进读法、消纳读法、合读法等。在介绍中王葆心不仅对每种读法的具体操作进行了讲述，也指明每种读法的针对性——有的是针对不同的作者、文章，有的是针对不同的学习者。这样给学生选择习读古文的方法以余地。

王葆心将学习古文的方法分为四大类：第一类是以李梦阳为代表的断代学古法和以曾国藩为代表的相承学古法，第二类是以魏叔子和王兰泉为代表的分段学古法，第三类是以朱竹垞和李文贞为代表的学古人笔法的方法，第四类是以沈彤和林明伦为代表的专取各家最醇之法。王葆心在列举了具有代表性的学古之人后，提出了自己的见解，他认为“学古宜取性近”[⑤]、“学古宜取其长”[⑥]。为学古文者着想，王葆心将历史上不同的古文学习者及其学习方法、步骤和取得的成就都做

---

① 〔清〕姚鼐编：《古文辞类纂》，岳麓书社 1988 年版，序目第 4 页。

② 〔清〕曾国藩著，唐浩明评析：《曾国藩家书》，长江文艺出版社 2015 年版，第 149 页。

③ 同上书，第 152 页。

④ 王葆心编纂，熊礼汇标点：《古文辞通义》，武汉大学出版社 2008 年版，要义概说第 15 页。

⑤ 同上书，第 301 页。

⑥ 同上书，第 303 页。

了详尽的介绍。可贵的是，他并没有随意肯定或否定任何一种学习方法，而是让学习者根据自己的性格去取他人之所长。这种授人以渔的引导方式让求学者能充分发挥自身主观上的优势，从而把握学习的主动权。

## 三、不断而断，给后学者以开拓空间

处于思想、文化、学术转型期的王葆心对传统文化有一种天然的归附之感。但他又不因这种归附感对外来文化有排斥之心，在接收外来文化时，不盲目否定或肯定，通过对中外文化的互参互证，让后学自己鉴别得出结论。这一点在《古文辞通义》中表现得很充分。

在《古文辞通义》卷十四“文之总以时世者”① 中王葆心言：“顾况曰：‘大抵文体，十年一更。’此言文乃与世变迁之事也。刘禹锡曰：‘八音与政相通，文章与时高下。’故文章与国家盛衰至有切近关系。”②王葆心认为“国运盛则其文必盛”③，“国运衰则其文必衰”④，“盖时运之变迁，征诸人心；人心之隆污，形诸言论；言论之和平、噍厉，迎机互引。和平引和平，噍厉引噍厉，出于口为言论，笔于书为文章，所谓文以引声，声亦足以引文，故文者，人心之声也”⑤。在后文中又引用日本资料：“日本人《文学总论》以历史研究法研究文学为第一义，谓：‘世平文学带和乐之音，世乱文学含杀伐之气。’历举其国平安时代、贞享时代、元禄时代、镰仓时代为证。可知不分中外，皆注重以时世观文。此文学之所以必宜有史也。”⑥ 王葆心认为：“乱世之文，非含锋厉、杀伐之气，即含诡谲、惨刻之气，与夫破决、歧裂之气，不出此三

---

①② 王葆心编纂，熊礼汇标点：《古文辞通义》，武汉大学出版社2008年版，第557页。

③ 同上书，第558页。

④ 同上书，第559页。

⑤ 同上书，第560页。

⑥ 同上书，第562页。

等而已。”① 他不以自己的观点而否定西方人之文学观，而是以平和之心将西方人的文史观与中国进行对比。

然以西人进化论之说验之，则又有世运不降而文反降之说。大凡学理愈纯粹者，其文必务归平淡、质实；物理愈发明者，其空灵之文愈消灭；其迷信、偏僻之理及耗心形上之涂者，其文必独能写出天然之妙。故中国理想之学益进者，其文词必愈退化。晋、宋及赵、宋以降是也。

外国科学愈发明，亦文学愈退化，十九世纪以后是也。斯宾塞尔谓：“宇宙万事皆循进化之理，惟文学独不然，有时若与进化为反比例。”盖谓此也。故文明愈开，则周、秦、西京一种之文愈绝，以野蛮、迷信之习渐蜕，无以身心、性命视文者。故曰：“世运不降而文反降也。”②

不以著述者的身份将自己的见解强加于人，将自己所能列举的资料摆在著作中，由阅读者自行进行选择和判断，这是一种与他人相互促进的好的学习方法，也是虚心学习他人长处的表现。

## 第二节　古文及古文之学

四川大学祝尚书先生《对文章学研究中几个问题的思考》，通过对历史文献的梳理与辨析，认为文章学是研究所有单篇文章写作的学问，内涵包括纵横两个维度，即纵向的创作论与横向的体裁论。③ 根据祝尚

① 王葆心编纂，熊礼汇标点：《古文辞通义》，武汉大学出版社 2008 年版，第 562 页。

② 同上书，第 566 页。

③ 王水照、侯体健主编：《中国古代文章学的衍化与异形——中国古代文章学二集》，复旦大学出版社 2014 年版，第 606 页。

书所做的定义，王葆心编纂的《古文辞通义》是一部具有现代开拓意义的文章学巨著。与一般文章学著作不同的是《古文辞通义》研究的对象是古文。古文是因唐代韩愈倡导散文复古提出的概念，韩愈说："愈之为古文，岂独取其句读不类于今者耶？思古人而不得见，学古道则欲兼通其辞，通其辞者，本志乎古道者也。"① 曾国藩解释韩愈命名古文的过程说："古文者，韩退之氏厌弃魏、晋、六朝骈俪之文，而返之于六经、两汉，从而名焉者也。"② 可见古文不同于骈俪文，古文在立意上必须志在"古道"，文体应为散文（非骈），在精神上应体现儒家思想，在结构、体制、法度、选字造句等方面和一般不具形式的散体文不同。

古文之学是文章学中的一部分，是与诗学、词学、曲学、小说学、戏曲学并列的概念，是关于古文的特点、文学属性、创作方法、批评理论、鉴赏方法、发展途径的学问。《古文辞通义》是资料丰富、视角宽广、影响深远的古文治学的著作。

## 一、古文发展三阶段

古文是唐代韩愈提出的概念，但古文及古文之学的某些理论却产生在先秦，表现为一些被后代奉为圭臬的古文已然问世，如《左传》等，古文写作已取得一定的成就。而且不少关于古文之学的命题和理论已在多种著作中提出，例如在《周易》中就提出了"言有物""言有序""修辞立其诚"，《尚书》中言"辞尚体要"，《论语》中说"辞达而已矣"，《左传》中说"言之无文，行而不远"。这是古文创作及理论的草创阶段。这一阶段的成就为后人学习古文找到了理论支柱和范文样板。

古文发展的第二阶段是以唐宋八大家为代表的鼎盛时期。"文起八代之衰"的韩愈在扫荡六朝骈俪之文柔靡文风的同时提出了道统之说，

① 〔唐〕韩愈著，马其昶校注，马茂元整理：《韩昌黎文集校注》，上海古籍出版社 2014 年版，第 340 页。

② 〔清〕李瀚章编纂，〔清〕李鸿章校勘：《曾国藩全集》第 14 卷，中国致公出版社 2001 年版，第 5194 页。

从内容和形式上都对古文提出了要求。在内容上他要求“文以载道”，且“道”必须是以“仁”为核心的儒家学说；在形式上，首先脱离了韵文，其次摆脱了四六文风，形成了古文结构。韩愈和柳宗元的散文作品实践着自己的主张，以其内容和形式上的创新扩大了古文对社会的影响，成为文坛主流。进入北宋，杨亿、刘筠等人倡导声律对偶，古文失去了主导地位。“柳开仲途、穆修伯长首为之唱，尹洙师鲁兄弟继其后。”[①] 经欧阳修以其衡文标准的提倡和播扬，古文成为主导文体。当苏洵文章受到士林推崇时，竟形成了“苏文熟吃羊肉，苏文生吃菜羹”的民谣。欧阳修、苏洵、王安石、苏轼、苏辙、曾巩都在古文领域起到引领风骚的作用。他们的作品突破了时间迁延的束缚，成为历代选本必选之作。进入南宋后，古文创作的成就比不上北宋，对古文的研究却形成了高潮。陈骙《文则》、吕祖谦《古文关键》的问世被认为是古文之学形成的标志，使古文之学从文章学的范畴中划出了一块新天地。谢枋得的《文章轨范》、李淦的《文章精义》、楼昉的《崇古文诀》等古文专著及陈善的《扪虱新话》、吴子良的《荆溪林下偶谈》等文话的问世，使古文之学的理论构架更加扎实和完善。这一阶段一直延续到元代。王葆心与历代文学理论工作者相比较，对元代的文学评价更客观。他赞同学者们公认的元代文学成就主要在元曲上这一观点，但反对不少学者认为元代古文成就低下这一说法。他不仅肯定了元代古文作者许衡等人的成就，也认为元代古文之学的理论工作者在理论的提高、研究方法的发展上均有成就。

第三阶段包括明清两代，明代既有“文必秦汉”的“前后七子”复古之风，也有以归有光、“公安三袁”及竟陵钟惺为代表的古文家。王葆心不是人云亦云地简单对“前后七子”进行否定，而是指明“前后七子”在学习古文时太落于古人之窠臼，成了古人的影子，“如贫人借富

---

① 〔宋〕邵伯温著，康震校注：《邵氏闻见录》卷15，三秦出版社2005年版，第198页。

人之衣，庄农作大贾之饰，极力装做，丑态尽露”①。当学习成为模仿，则达不到学习所追求的目标。归有光等人同样是在学习，但由于在学习方法中体现了自我，因而成为明代古文的真正代表。清代古文发展到一个新的高峰，王葆心认为，清初有“三大家”侯方域、魏禧、汪琬，继而以方苞、姚鼐、刘大櫆为代表的桐城派兴起。道光年间龚自珍将今文之学引入古文，魏源将海国之学引入古文。至咸丰、同治年间以张惠言为代表的阳湖派和以曾国藩为领袖的湘乡派，承继并发扬了桐城派。有清一代在古文创作上有一个光辉的结尾。与此同时，古文之学既对前代学统具有继承性，又对历代古文之学具有总结性。如方苞所言，“自是（指汉代）以降，古文之学每数百年而一兴，唐、宋所传诸家是也”②。清人将古文之学看成了古今学问之途，即使是惶惶于政事的曾国藩对古文之学也有所建树。

清代及民国初年治古文之学的学者们有一个共同的特点：从理论层面总结古文发展的历史经验，探索古文发展的规律，系统地梳理和解答历代古文之学提出的问题。随着西学东渐，西方文学理论在这一时期开始影响到古文之学的学者。这些学者有的是顽固地、盲目地坚持原有的古文之学，如林纾、王先谦等人；有的像王葆心一样，对古文之学的研究从观念到方法与前代相比较都有新意。

## 二、为现代修辞学所做的过渡

我国现代出现的第一本修辞学专著为陈望道所著《修辞学发凡》。该书于1932年由大江书铺出版。书中陈望道以白话文举例，开创了以白话文讨论修辞学的历史。这一点与王葆心在《古文辞通义》中探讨修辞全用古文截然不同。陈望道与王葆心在修辞学上的共同之处在于两

① 〔明〕唐顺之著，马美信、黄毅点校：《荆川先生文集·答茅鹿门知县》，《唐顺之集》，浙江古籍出版社2014年版，第295页。

② 〔清〕方苞：《赠淳安方文辀序》，〔清〕王文濡编著《明清八大家文钞》，上海古籍出版社2008年版，第73页。

人都认为修辞学不仅是语言上的修饰学，也是文章格式、布局等方面的修饰学。

修辞学由西方传入中国的很长一段时间，不少学者都认为："修辞学既然是语言科学的一个部门，那么它千头万绪，总不能超出语言的单位，也就是总不能出乎语言词句之外（语音是词句的物质外壳）……假使把篇章结构（起头、结尾等）放在修辞学中讨论，就会侵占文艺创作论、文章作法的领域，就会模糊修辞学语言科学的本质。"① 王葆心认为主题、题材是文章的内容部分，语言、结构是文章的形式部分，文章格式、布局均属结构。既然修辞学是讨论文章形式怎样使文章更美、更具形象性和表达力，那么格式、布局自然应归入修辞学讨论范畴。因此，在《古文辞通义》中王葆心用他人的材料来支撑和阐释自己的见解。

《古文辞通义》中列举了不少日本学者所著之修辞书籍，如佐佐政一的《修词法》、岛村泷太郎的《新美词学》、石川氏的《正续文法详论》、荻野氏的《中等作文法》等。王葆心指出"其为书多系普通急就应用之论，可以无须取证"②，只有根据武岛又次郎的《修词学》所编辑的修辞教科书"虽与彼都浅人所为有别，究其实，大都为中下说法。以吾观之，殊觉浅薄，不餍意"③。正因如此，王葆心在编纂《古文辞通义》时"是编用本国论文旧轨，融合出之，凡彼法所论列之新蹊径、新名词，悉不沿用，专用我旧日之蹊径、名词，以收驾轻就熟之益焉"④。用古文之学中固有的路径、名词来取代西方人和日本人使用的新路径、新名词，目的并非抵制，一是用"古已有之"来维护传统文化在王葆心心中的地位，二是让熟悉古文之学的学习者能更快接受。

《古文辞通义》中基本讨论了修辞学中所有的义项，例如"诲尔谆

① 倪祥和、乐玲华：《汉语论集》，安徽大学出版社 2014 年版，第 157 页。

② 王葆心编纂，熊礼汇标点：《古文辞通义》，武汉大学出版社 2008 年版，例目第 16 页。

③④ 同上书，第 17 页。

谆，听我藐藐”，“故谋用是作，而兵由此起”，该书中定为对偶，别的修辞学书籍中也定为对偶。包氏曰：“垫拽者，为其立说之不足耸听也，故垫之使高；为其抒议之未能折服也，故拽之使满。高则其落也峻，满则其发也疾。”① “垫拽”在别的修辞学书籍中定为铺垫，略有不同的是王葆心利用包世臣的解释，将铺垫分为正面的“垫”和反面的“拽”。比喻辞格王葆心列举了假喻法、直喻法、隐喻法、类喻法、诘喻法、对喻法、博喻法、简喻法、详喻法、引喻法、虚喻法，而修辞学书籍中比喻辞格一般只讲明喻、暗喻、借喻、博喻（排喻），不足以包含王葆心书中所讲的内容。仔细阅读王葆心所列举的例子就能明白在分类中王葆心更仔细，更能把握住语言在古文中的作用。

王葆心将文章格式也列入修辞学，认为唐荆川的六十九格中就有不少是属于修辞辞格，例如引事（引用）、推类（类比）、比拟（拟人）、譬喻（比喻）、抑扬、反复等。王葆心认为唐顺之和归有光的文章风格“有关乎文之品致者，有关乎性质者，有关乎法律者，有属乎一时之方便者，又有属乎篇章句法者”②。王葆心将文章结构归入修辞学研究范围，为陈望道写《修辞学发凡》提供了观点、铺平了道路。

## 三、古文之学

不同形式的文学作品创作在先，在取得一定成就后，该形式的创作理论、鉴赏理论、发展理论产生于后，经一定积累形成较完整的理论体系。经先秦、两汉、魏晋的发展，以曹丕的《典论》、曹植的《与杨德祖书》、刘勰的《文心雕龙》等作为标志的文章学理论建立。文章学的文章二字包括了诗、骚、赋、文等文学形式的作品。萧统在《昭明文选》中对作家和作品的评价为文章学理论提供了实证材料。由于《昭明文选》中对诗歌的评价较为全面且深刻，诗歌理论在《昭明文选》的推动下发展迅速。钟嵘的《诗品》让诗歌理论在文章学理论中独占一席，

① 〔清〕包世臣：《艺舟双楫·文谱》，中国书店1983年版，第1页。

② 王葆心编纂，熊礼汇标点：《古文辞通义》，武汉大学出版社2008年版，第403页。

为后世诗歌理论的发展奠定了基础。在《诗品》之后，杜甫的《戏为六绝句》开创了以诗歌表述诗歌理论的先例，金朝的元好问直至清代的赵翼都采取了杜甫使用的这种形式。更多的诗歌理论家则采用了诗话形式，进行理论探讨。

中唐以后，词这种文学形式得到迅速发展，经五代、两宋的发展，在涌现出大批词家的同时，也有不少人探索词与诗在形式和创作上的异同。对于词作的风格，在北宋年间就有关于柳永、苏轼词风的评价，并在此基础上将宋代词人分为豪放派和婉约派。王灼的《碧鸡漫志》、胡仔的《苕溪渔隐词话》、周密的《浩然斋词话》、张炎的《词源》、沈义父的《乐府指迷》等使今天的读者能了解宋代词学理论的发展。民国年间的王国维用《人间词话》一书为古代词学理论做了光辉的总结。元曲及后起的南曲，其发展也经历了与词相同的发展过程，相关理论在作品创作的基础上逐渐形成。元代钟嗣成在《录鬼簿》中为戏剧家立传的同时也表现了自己对戏剧家的评价和对作品的看法，故而该书不仅是研究戏剧史的资料，也是研究曲学理论的资料。明代朱权的《太和正音谱》、沈璟的《唱曲当知》、吕天成的《曲品》、王骥德的《曲律》等成为曲学理论、古代戏剧理论研究的重要代表。

通过对诗歌、词学、曲学理论的梳理，可以类推古文之学理论形成的过程。经韩愈提倡，古文写作蔚然成风。对古文体用特点、文学属性、写作方法、批评理论的探讨、研究，也随着古文写作的普及逐渐深入。南宋陈骙的《文则》、王正德的《余师录》、李涂的《文章精义》、吕祖谦的《古文关键》等古文专论的大量出现和文话的出现，使古文之学成为类同于诗学、词学、曲学的概念。古文之学源于文章学，沿用着文章学中的不少概念和理论，同时也从诗学、词学、曲学理论中撷取了文学理论中相通的规范和评论准则，在文体上与诗词曲有着严格的界定。至清代，古文之学已成为专门之学，著作数量不胜枚举。研究方法、学者观点之差异，往往使学习古文者莫知其途。王葆心自身受过古文写作的训练，且在古文写作上有很高造诣，在多年教书生涯中，又接触过从童蒙到成年的学生，思考和研究过不同年龄、层次学生的古文写作教育方法。利用这些现有的优势，王葆心采用资料编纂和加批注的方式撰成《古文辞通义》，得到古文专家“咸深印可”。学界认为该书在成就上已超越前人，能起到承前启后的重要作用。

## 第三节　《古文辞通义》的学术成就

在担任《湖北通志》总纂时，王葆心针对编纂提出了过去材料较多“宜用纂辑体”①，并提出“以浙江、广东两通志纂辑为法式”②，做到“无一字无根据……但于有异同、详略处，低格加以按语”③。《古文辞通义》在编纂时材料太多，取舍时恐怕挂一漏万，采用了纂辑体。为对材料进行比较，采取了加按语的方式；为表达自己的看法，就在按语中加上自己的评述。这种编书体例的创新使《古文辞通义》在学术上取得了独特的成就。

### 一、有选择地博引

《古文辞通义·例目》中引用了卫正叔的话，云：“他人著书，惟恐不出于己，某此书惟恐不出于人。”④ 引用这句话既表明了王葆心在编纂此书时，就有着不抹杀前人对古文之学所做的研讨与贡献的忠厚用意，也显示出王葆心不炫耀自己，对表明观点慎之又慎的态度。有此用心，所以《古文辞通义》中引文极多。这既是《古文辞通义》的特点，也是该书的优点。成惕轩认为：“《古文辞通义》……博极群书，逾陆氏汗牛之量；近取诸譬，妙庄生弹雀之言。细如竹屑而弗遗，巧借金针而度与。悬古为鉴，馈贫以粮，诚粲乎其大备矣！或疑竹垞载笔，偶喜贪

①—③　王葆心：《重修〈湖北通志〉条议》。

④　王葆心编纂，熊礼汇标点：《古文辞通义》，武汉大学出版社 2008 年版，例目第 13—14 页。

多；孔璋摛辞，微涉繁富。不知集腋资狐，操弓示鹄。”① 全面而丰富的资料彰显着《古文辞通义》的作用。这种著述方法除要求一定的资料引用量外，还需要作者在引用前对资料进行选择。

选择标准的拟定要求拟定者有一定学术根基，王葆心引用其师姚晋圻所言：“根柢之学，博观、约取、熟读、深思，八言尽之矣。”②“博观”获得了广泛全面的资料，“约取”则是对资料甄别、选择的过程，“熟读”是对资料的占有，“深思”是通过主体对资料的分析、比较从而构架自己的观点。王葆心认为根柢之学以“审定宗旨、详推义类、总持正变、剖析源流”③四端为切要。“宗旨”要求贯达全书不歧不杂，“义类”指文章中的议论、记叙所形成的文章走向，“正变”指文章的结构因文章内容的要求出现的变化，“源流”则指“其上必有所自出，其下必有所自开，启后承先”④ 的文章格式的走向。

以古文及古文之学的源流而言，王葆心在《古文辞通义·总术篇》立纪事、说理、述情三种统系来考察古文。由这三种统系来观历代文派，就会认为西汉贾谊、司马迁的文章是叙事、纪事文章；董仲舒、刘向的文章是说理文章；东方朔、司马相如、枚乘的文章为述情之文。唐代王勃、杨炯继承了述情之文，张朔继承了说理文，韩、柳在继承叙事文的同时能独抒宏议。至北宋王安石以说理文讨论经术，苏轼以议论为主兼及纪事和述情，程颢、程颐兄弟则以说理文讨论经术和性理。单独述情者多见于词，古文中并不多见。另一种观点是认为两汉、唐、两宋是三统系都存在，东汉后直至六朝述情一派的文章多，缺少纪事、说理两派的文章。南宋后说理一派文章多，少纪事、述情文章。第三种说法是认为三种文体在所有时代都有，差别在于有的说理文包含于纪事文或述情文中，有的纪事文又包含于另两种文体中。另外，有人认为三统

① 转引自王葆心编纂，熊礼汇标点《古文辞通义》，武汉大学出版社 2008 年版，要义概说第 2 页。

②③ 同上书，例目第 14 页。

④ 同上书，第 15 页。

系可用来区别文章家数，认为《易》为说理之祖、《诗经》为述情之祖、《尚书》《春秋》为纪事之祖。循源而下，庄周为说理之宗，屈原为述情之宗，左丘明、司马迁为纪事之宗。也有人认为三种统系有归并于一人之时，一人指韩愈，且引用韩愈自以为不如司马相如和扬雄的说法，指明在韩愈的文章中述情只占很小分量。根据韩愈的例子，后来的古文学者认为在康雍年间方苞、姚鼐、刘大櫆等人标举唐宋文，乾嘉年间阮元等人标举汉魏六朝文，道咸年间龚自珍、魏源等人标举周秦诸子文，因此三种统系的文章都见于有清一朝。

通过列举三种统系在历朝历代的作者及文章，从而让后学者在阅读《古文辞通义·总术篇》后，对古文发展的源流有一定了解，同时有利于对文章之学的著作进行学习。

> 然古今文家著述编辑之书，亦有可以三统摄之……通艺于道者，有《藻川堂谭艺》；以言理为主、通文于讲学者，有真西山《文章正宗》、蔡文勤《古文雅正》；以通情为主者，有张皋文《七十家赋钞》；以论事为主、合文于政治者，有贺耦庚《经世文编》。以文与史合宜，则有章实斋《文史通义》；以文与史为表里，则有《文纪》《汉魏六朝百三家集》《唐文粹》《宋文鉴》《南宋文范》《金文雅》《元文类》《明文在》。①

王葆心《古文辞通义》以三种统系为纲，通过资料的选取与分类，做到博引而不杂乱，让后学者有路径可循。

## 二、态度包容，资料完备

《古文辞通义·例目》中王葆心对历史上的古文之学做了简单的评价，并指出这些古文之学作品的不足之处。“至为古文作话，则元代王

① 王葆心编纂，熊礼汇标点：《古文辞通义》，武汉大学出版社2008年版，第555—556页。

氏构始有成书，而以《修辞》名之。其他《文则》《文脉》之属，《辩体》《明辨》之伦，大都选文摘例，各有指归，不适讲授之用。”① 在评价了“不适讲授之用”的作品后，又评价了朱荃宰的《文通》“沿明人陋习，多不著所出”②，刘融斋的《艺概》“不采他人……实则一家独断之见而已”③，对“辑录旧说不加以研究，不出以融贯”④的著作予以否定。然后对自己编纂的《古文辞通义》做了这样的介绍：“是编匪敢自诩别裁，实案以通义体制，不能不广加荟萃，出以清豁。每篇自为小结构，统众篇又成一大结构。私心自审，冀差免李屏山所谓‘失肢堕节’之讥而已。”⑤较为自信地表示《古文辞通义》一书，避免了“失肢堕节”，是对古文及古文之学全面的界说。

熊礼汇认为：“《古文辞通义》是一本研习古文之学的入门书，也是一部集古代，特别是集清代古文之学之大成的著作。”⑥ 古文之学在清代发展到高峰，能集清代之大成，实质上就是在说这本书在古文之学中成就极高。熊礼汇认为：“只是援书作论，辐射面太宽，形如参天老树，枝丫不胜其多。自始至终，引据过于繁琐，归纳尚嫌粗疏；多形下之说，少形上之论。”⑦ 尽管指明了《古文辞通义》的不足之处，熊礼汇还是从作用上对此书进行了肯定，“仍能看出研究古文之学应从何入手，以及古文之学包括哪些基本理论。综览其说，细加紬绎，至少从中可以钩摭出古文本体论、古文文体论、古文主体论、古文格法论、古文创作论、古文批评论（包含鉴赏论）、古文流派论（包含作家论）和古文史论”⑧。古文之学十论在《古文辞通义》的六篇中各成体系、条目清晰、内容翔实，且王葆心公平对待古文之学的各家理论，即使是与自己相逆的理论也载之于编目之中。

资料的翔实（尽管有时失之烦琐）使该书做到了体系完整、内容详

① 王葆心编纂，熊礼汇标点：《古文辞通义》，武汉大学出版社2008年版，例目第15页。

②—⑤ 同上书，例目第16页。

⑥ 同上书，要义概说第1页。

⑦⑧ 同上书，要义概说第39页。

备；对学术争论的包容态度使该书做到了不黜一善、不掩一见。《古文辞通义》在完备二字上确实值得后世编纂者效法。

## 三、循序渐进，解惑除疑

从课堂的讲述提纲，经十余年充实编纂成《古文辞通义》，体现了教育学上的一个原则，即循序渐进、解惑除疑。

《古文辞通义》分为六篇，每篇针对不同的疑点或理论进行答疑或者讨论，篇与篇之间联系并不紧密，各篇列举的问题、解答的疑点、陈述的理论多少不等。在表述时，引用的材料也多少不一。例如《识途篇》篇幅占全书的五分之二，内容极为丰富，而且古文之学的基本知识在该篇中均有体现。梁鼎芬建议将该篇摆在卷首，王葆心没有采纳这个意见，原因就在于首篇《解蔽篇》指明了古文写作中的弊端及克服方法。王葆心根据自己学习古文和教授古文的经验，认识到古文写作中出现弊端的原因是古文作者蔽于一端，因蔽而生弊，于是在用语、立意、表述方法上出现问题，故《解蔽篇》应置于卷首。

《古文辞通义》的教授对象是中学以上各种学堂的学生，这些学生已经具有一定古文基础，故而不能以蒙童诲之。“以今之寻常学者施用论，宜举由浅而深，由简而繁，诸法层递相饷。而以承学之具有根柢者论，则宜暂置诸浅约者，俟诸后时之诠论。”① 需由浅而深，从弊端入手，抓住学习中出现的问题，对这类学生有针对性地进行训诲。

从弊端入手就需要准确地分析出弊端的性质、表现、成因等。这种分析归结为对弊端产生者的个人分析，是产生者禀赋不足，还是固执己见；是辨别能力不强，受不良文风的影响，还是对文风有自己的追求而背离了写作古文的正确途径……大约与医生诊治病人一样，既要抓住病的表征、根源，也要依照病人不同的体质用不同药方治理。这其中体现的不仅是因材施教，也体现了因人施教。这两个教育原则的结合为教

① 王葆心编纂，熊礼汇标点：《古文辞通义》，武汉大学出版社2008年版，原序第1页。

育目的的实现提供了必要的保证。

“操千曲而后晓声，观千剑而后识器。”懂得欣赏必须对欣赏对象有无数次的接触和熟悉机会。换一个角度，如能懂得欣赏，那就能为了解和认识欣赏对象提供更广阔的眼界和更准确的方法。基于教育学上的学用相长原理，王葆心在传授古文写作方法时，往往将欣赏方法加入其中，使学古文者能通过欣赏而领悟到写作方法之妙。例如王葆心强调文境无意，“古今文家，多贵无意而病有意。老泉、诚斋、曹安、顾炎武、魏禧，皆申风行水上、相遭而成文之旨，贵无意也。至东坡，尤畅斯旨”①。随后王葆心从文章繁简、格式、露与不露、着力与不着力诸方面进行了审美讨论，最后引用曾国藩《求阙斋弟子记》文中的“作字之道，二者并用。有着力而取险劲之势，有不着力而得自然之味。着力如昌黎之文，不着力如渊明之诗。着力则右军所谓如锥画沙也，不着力则右军所谓如印印泥也。二者缺一不可，亦犹古文家所谓阳刚之美、阴柔之美矣”②。表明王葆心不以自己的见解否定他人见解，引用曾国藩的话从阳刚和阴柔两个方面强调了古文之美，给学生在鉴别的基础上以选择的自由。

王葆心主张：“今日教儿童识字，缀文由浅而深，由简而繁，亦有一定不易之法。其积字成句，积句成章之法，金人瑞氏久发明之。”③由浅而深、由简而繁，王葆心认为是不易之法，尽管他认为学人有天赋高低之别，文思有流畅、晦涩之差，才气有高低之分，学识有富俭之异，但在初学阶段都需要自浅而深。他反对模仿他人，在教育启蒙的孩子时，他建议使用模仿法教导孩子作文，然后通过几个方面让孩子扩大文章篇幅，增加文章内容，逐渐提高文章的文格、文品和文气。循序渐进是他毕生教育中遵循的原则。

---

① 王葆心编纂，熊礼汇标点：《古文辞通义》，武汉大学出版社 2008 年版，第 427 页。

② 同上书，第 429 页。

③ 同上书，第 358 页。

# 第八章　总纂《湖北通志》

1932年主政湖北的夏斗寅接受了修纂《湖北通志》的建议，当即爽快地表态说："这是好事，你们说怎么办，我同意。"① 他接受了潜江甘鹏云推荐王葆心任方志馆筹备处主任兼总纂的建议。夏斗寅说："你们的推荐我同意，王先生我知道他，满腹经纶，办事认真，有他率领大家来搞，还有甘先生做助手，一定会编好《湖北通志》的。"②不在现场的王葆心经在座人员的一致同意，成为筹备处主任兼总纂。

## 第一节　志在存史，三次北上

1932年4月，王葆心走马上任，面临的是一大堆事务性工作：安排经费，确定办公地点，安排购置办公设备，落实相关人员……在甘鹏云的帮助下很短时间内这些问题都得到了解决。在筹备过程中，王葆心对别的问题都可以放手交给甘鹏云处理，唯独对修一个什么样的志，这个问题不敢放手。他反复思索，并与同仁探讨，经常是夜有所思即起床记录，天明后就拿着记录与甘鹏云等人商榷。在筹备工作基本结束时，他找到了这个问题的答案。为什么不能充分利用京师图书馆的图书资源呢？在1920年至1922年，他担任京师图书馆总纂时就对京师图书馆收藏的海内外方志深感兴趣。当时他命令儿子王夔强担任助手，搜考本县、府、省的文献，同时也开始为自己编一本方志充实内容。担任《湖北通志》总纂与实现自己的这一梦想有太多的叠合之处，年近七十岁的人想到就做。在大致确定了《湖北通志》的框架后，从1934年到1937

①② 叶贤恩：《王葆心传》，崇文书局2009年版，第157页。

年，王葆心三次北上，在京师图书馆从事资料搜集工作。

## 一、冒险北上，不计安危

后人在评价王葆心时称，“罗田王季芗为一代儒宗之殿，惜位不称德”①，“位不称德”的原因除当时用人制度不合理外，更重要的是王葆心生活的时代（1869—1944）。在这一时代中国经历了洋务运动、太平天国运动、甲午中日战争、戊戌变法、义和团运动、八国联军侵华……辛亥革命后进入民国，又长期陷入军阀混战之中。内乱未已，日军入侵。1931 年的九一八事变，1933 年日本关东军迫使北平军分会委员长何应钦的代表熊斌签订了《塘沽协定》，国民党政府在事实上承认了关东军占领东三省及热河省的合法性，华北门户大开，日军随时可以进攻平津。战争烟云在华北上空翻滚，亲友、同事担心年近七十的王葆心的身体和精神都承受不了这种特殊时局，一再劝阻他北上。可王葆心志在存史，对于他所需要的方志资料志在必得。在 1934 年春节刚过，王葆心就赶赴北京。

面对京师图书馆的茫茫书海，轻车熟路的王葆心事先已做好挑选、查阅、抄录工作的安排，一到北京便和助手投入工作。1934 年在北京的 5 个月，王葆心和助手们收获极大。7 月下旬，王葆心和助手携带大量资料返回武昌。

回武昌后，王葆心一方面安排助手整理带回的资料，另一方面与助手对已有资料进行考订、校正。经过近一年的编目、辑录，王葆心等人发现存在资料互相矛盾、字迹缺失模糊等问题，有的地区根本就没有资料……要解决这些问题必须找到更多的资料。在武昌整理好应补充资料的内容和条目后，王葆心和助手们在 1935 年 7 月中旬，为搜集《湖北通志》资料二上北京。

这时北京的形势已使人有“黑云压城城欲摧”之感。这年 5 月发生

① 叶贤恩：《王葆心传》，崇文书局 2009 年版，第 5 页。

河北事件。5月29日，日本关东军天津驻屯军参谋长酒井隆向何应钦提出侵犯华北主权的种种无理要求。之后，日本步步紧追，国民党政府屡屡退让。经4次交涉，在汪精卫批准下，7月6日何应钦与日本华北驻屯军司令梅津美治郎签订了《何梅协定》。该协定主要内容为：取消河北境内的一切国民党党部；撤退驻在河北的东北军51军、中央军河北驻军、宪兵3团；解散国民党北平军分会政训处及蓝衣社、励志社等机关；撤免河北省主席于学忠及日方指定的其他官吏；取消全国一切反日团体及活动。协定签订后，日本军方及汉奸气焰更加嚣张，平津不少居民只要有能力的都纷纷南迁。在这种形势下，为《湖北通志》的修纂，王葆心不畏危险赴京，与儿子王夔武、侄儿王延杰寓居在西城背阴胡同楚学精庐。在子侄的陪同下，王葆心每天早出晚归，到京师图书馆或档案馆查抄资料。在京的湖北老乡和朋友们得知他来京纷纷前来看望，免不了担心王葆心在战乱之前执意北上的行为。王葆心委托甘鹏云代为解释，并表达自己修好《湖北通志》的决心。

为《湖北通志》第三次上京搜集资料在1937年6月，进京不久，卢沟桥事件发生，王葆心让儿子和侄儿将行李全部寄存在楚学精庐，只将抄录的数篓方志资料带回。

三次北上，近七旬老人为实现编纂好《湖北通志》的愿望做了大量的资料搜集整理工作。

## 二、不受敌诱，刚正不阿

1932年10月，北平文化界江瀚等30多人，以“寄付着国家命脉、国民精神的文化品物”和“全国各种学问的专门学者，大多荟萃在北平”为理由，向国民党政府呈送意见书，要求“明定北平为文化城”，将“北平的军事设备挪开”，以不设防来求得北平免遭日军炮火。这实际上有利于日本帝国主义的侵略。国民政府以“减少日军目标”为借口，慌忙将中央研究院历史语言研究所、故宫博物院等收藏的古物分批从北平运至南京、上海。鲁迅曾愤慨地为此事写诗：“阔人已骑文化去，此地空余文化城。文化一去不复返，古城千载冷清清。专车队队前门站，晦气重重大学生。日薄榆关何处抗，烟花场上没人惊。”① 从 1933 年起，《塘沽协定》《何梅协定》的签订，使华北时刻面临日军侵吞的危险。“华北之大，已经安放不得一张平静的书桌”，为避战乱，大批知识分子南下，因此“逆行”北上的王葆心显得格外“异类”。有的人竟然想利用王葆心的名气，试图拉拢他为日伪服务。

1935 年，一位湖北浠水老乡陈某专门到楚学精庐拜访二赴北京的王葆心。陈某任伪满洲国某机关机要秘书，受命潜往北平，希图笼络在北平的遗老遗少为他们服务。陈某等人错误地认为王葆心在清朝中过举，当过官，对旧清怀抱效忠之心，故而在客套寒暄之后，以利禄相诱，劝王葆心出关，为伪满洲国政权效力。话未说完，王葆心震怒，拍案而起，厉声斥责陈某为无耻之徒。陈某羞愧难言，退到楚学精庐门廊。过分激动的王葆心汗下如雨，当时在座的甘鹏云让王夔武和王延杰将王葆心扶到后房躺下休息，又走到门廊对陈某大声呵斥，挥之使去。这件事在京城学界中传开，大家都敬佩王葆心坚持民族气节、刚正不阿的崇高品德。

在 1937 年七七事变后，王葆心与子侄携方志资料赶回武昌。通志馆同仁、好友、门生纷纷登门前来慰问。慰问者将中共中央委员会发出的《为日军进攻卢沟桥通电》的内容告知王葆心，王葆心得知共产党坚决抗战，号召“全中国人民、政府和军队团结起来，筑起民族统一战线的坚固长城，抵抗日寇侵略!”全面抗战序幕已经拉开，他坚信在中国人民的爱国精神面前，日军只能猖狂一时，中华民族是不可战胜的。尽管旅途疲惫，差一点陷入危险之中，但他认为值得。他对慰问者讲述此次带回来的资料，根本不谈论在北平之劳累和南返的危险，笑着指着竹篓中的方志资料，说自己幸脱虎口，资料无损，不虚此行。

日军自九一八事变以来，制造的一系列对华侵略行动激起了王葆

① 鲁迅：《剥崔颢黄鹤楼诗吊大学生》，《鲁迅散文诗歌精选集》，云南人民出版社 2013 年版，第 172 页。

心对日本军国主义的愤恨和对国民党不抵抗政策的极端不满。王葆心在通志馆居住时，谈到日军侵华和国民党政府的“攘外必先安内”政策，他怒形于色：“这样一个缩头乌龟，他哪是领导，是卖国贼！”①“缩头乌龟”是指坚持不抵抗的蒋介石。国民政府定都南京，清朝两江总督府也设在南京，王葆心因此而联想到清朝末年的两江总督刘坤一。刘坤一在甲午中日战争中一力主战，反对和议。庚子（1900）八国联军进攻天津，清政府被迫与八国联军开战，刘坤一在南京电报致京云：“臣自思不必以战祸加于两江之民，然苟外人侵及臣治下一尺一寸，则不论胜败，当以性命顾国家之体面，两宫当能深信及此也。”②刘坤一准备以性命来顾全国家之体面，蒋介石置民族利益于不顾。在王葆心心中，蒋介石远不如刘坤一。

爱国，这个贯穿于王葆心一生的信念也融进了王葆心的学术活动。

## 三、志求征信，因材选题

在搜集、整理大量资料的过程中王葆心不厌烦琐，做了许多繁复的抄录工作。资料在通览、精选、细查后，方可抄录，每个过程都是一次提升。通览以辨资料的可信度；精选则可对重复资料和谬误资料进行排除；细查则是资料的一次核实。在这样的基础上进行抄录，才可对《湖北通志》的资料使用有所保证。

王葆心要求在《湖北通志》的修纂过程中绝不可“因陋就简，宜一一追讨其所引原书，有相扞格者，随即改正，非逐门悉予矫正不可，否则志书为不可征信之物矣”③。这是对借《湖北通志》“谋衣食之徒”的警告，不允许利用旧的志书或不可信的材料敷衍修志，要求对所引书目一一注明，方便“追讨”。资料中有相互矛盾之处，必须逐门悉予矫正。

之所以提出这样的警告，是因为王葆心已认真、扎实地研究了湖北旧志，并看到了旧志的不足之处。他指出：“万历、康熙、雍正三志，

---

①② 叶贤恩：《王葆心传》，崇文书局2009年版，第249页。

③ 王葆心：《重修〈湖北通志〉条议》。

纯以旧派相沿，惟雍正志采书如浙江志式。至嘉庆志，始参用纂辑体，山川、古迹、人物等类皆用之，与撰著并行，未诣划一。今宣统志取材之丰，又过嘉庆志，十有五六用纂辑体，但分纂与总纂、总校者太疏漫。吾尝取其人物列传中，就所引据校以原书，多颟顸不相应。”① 从志书的体例、取材、文笔的统一都进行了讨论。

对于“取材之丰，又过嘉庆志”的宣统志，王葆心直接提出了批评：“但据旧草，略加增辑。惟各府州县自同、光年间志书成后，迄宣统三年，有三四十年之时间，宣统志竟未重开采访，但以新政二卷了之。明为宣统末截止，实则已截止于二三十年以前，致此数十年应入通志之事项全缺。文佚献亡，谁执其咎？”②宣统志根据旧志稍微增加了一点内容，实际造成“数十年应入通志之事项全缺”。针对这种不负责任的态度，王葆心愤慨地说：“谁执其咎？”王葆心并非在追究责任，而是在指明宣统志缺陷的同时，要求改正以前犯过的错误。

王葆心在修新的《湖北通志》时，已在其1936年发表的《陈愚谷诗论修志》一文中，对方志的撰著体和纂辑体进行了讨论。他引用章学诚和陈诗对这两种体例的界定：“纂辑者，无一语不出于人；撰著者，无一语不出于己。”③简言之，纂辑体是资料的汇编，编辑者必须做到字字有来历，有出处；撰著体是修志者个人的创作，创作者必须做到有自己的见解，有自己的文风。王葆心认为：“修志时，材料较寒俭者，自无繁征博引之可言。若在今日，举淆杂不伦之笔墨入志书，必润色之，以诣整洁，正宜以撰著行之，斯为得体矣。”④王葆心认为材料不足的时候，应该采用撰著体；在资料充足时，文笔不干净、不简洁者，也应该重新改写，以撰著的形式进入志书。这一观点既顾及了方志的征信，也对方志的文字和表现风格提出了要求。从学术的角度，他不仅在章、陈的争论中肯定了双方正确的部分，也提出了自己独特的观点。

---

①—④ 王葆心：《重修〈湖北通志〉条议》。

# 第二节　他山之石，可以攻玉

到京师图书馆查找资料主要是为了弥补资料不全，在查找、抄录资料的过程中，王葆心及其同仁对相应资料进行了校勘比较。深入而细致的资料查阅，让他们不仅核查到缺少什么资料，也认识到为什么缺少这些资料。搜集资料之外，随后如采用什么样的体例，对重复的内容该怎样处理，对地理、赋税、矿产、山川形势、道路状况应在方志中如何表现……诸多问题进入了湖北通志馆同仁的思考范围中，他们向顾炎武、方苞、章学诚、陈雨、钱竹汀、高雨农等方志名家学习。“他山之石，可以攻玉。”名家之作澄清了湖北通志馆同仁们心中的疑惑，也为《湖北通志》的修纂指明了道路。

## 一、查抄结合，重在感悟

“旧书不厌百回读，熟读深思子自知。”在传统书斋教育下成长的王葆心，终生服膺于“百回读”的复习方法，更从“百回读”发展到“读十遍不如抄一遍”的巩固方法。在收集资料的过程中，王葆心一再强调：看得多不一定记得多，光有书目没有具体内容的摘录往往会出材料疏漏的错误。多年教书育人的经验也让王葆心坚信“好脑子不如烂笔头”。他进图书馆必带纸笔，将查找资料与抄录资料紧密地结合在一起。他不仅以身作则，还对子侄提出同样要求。这种查、抄结合的方式受到同仁的认可。

查，不仅查明这份资料是否有用，该用哪一部分，还要决定是全篇抄还是摘抄或改写为条目进行记录。抄，是在查的基础上进行的下一步活动。在抄录的过程中有时发现了新的资料名录或书目，王葆心和他的同仁又开始注意这新发现的资料。他们通过不停查阅产生了感悟，在多次的感悟后又形成了新的见解，而新的见解经实践后又成了编纂通志的新方法。

作为《湖北通志》的总纂，王葆心在查阅和抄录资料时，要考虑到一般编纂者不太重视，甚至完全忽视的内容，例如其他省、府、县志的序言、凡例和编纂者的论述。这些不为一般读者注意的地方，王葆心不仅特别注意，还从序言、凡例中寻找规律供自己借鉴，用其他编纂者的论述来检验自己的工作。王葆心在这方面付出了大量的精力。

王葆心的女儿王醇说过，王葆心 1934 年北上这半年中抄录的资料有顾炎武等 30 多位方志名家的论述；有各地、各县方志的序言 60 多篇、凡例 30 多篇，均为全文抄录；郡、县志编纂的综合概述摘抄百余篇；其他各种表册数量很大。前后三次北上，共查阅方志的卷数达 14000 多卷。

查阅资料往往偏重资料的内容，王葆心在偏重内容的同时，也注重这些资料在成书过程中所使用过的编纂方法，例如《益都耆旧传》。这本书是陈寿在撰写《三国志》前，为《蜀志》所做的资料准备工作。由于准备工作的充分，在《三国志・蜀志》定稿时就很容易将不同人物列传矛盾之处进行删除和修改，也利于进行年代、时序的校正。《太平御览》为北宋李昉等奉敕撰，与《太平广记》《册府元龟》为宋代官修三大类书。该书征引先列书名、次录原文，按时代先后编排，编纂者不加评述，表现出客观、公正、还历史本来面目的立场。宋代乐史撰《太平寰宇记》在编辑上就广泛引用了历代史书、地志、文集、碑刻、诗赋以至仙佛杂记，计约 200 种，且多注明出处，保留了大量珍贵史料，另在体例上增加了风俗、姓氏、人物等门，开创了以人文结合地理的方志体例。明代顾炎武编著的《天下郡国利病书》从经世致用思想出发，利用方志资料研究我国社会政治、经济、国防问题，将方志应包括的内容通过研究成果表现出来，有助于在方志内容上的选择及编纂。

王葆心在采用各种历史资料时，也将这些历史资料编辑过程中值得采纳的特点用于《湖北通志》的编纂。敢于学习与善于学习相结合，王葆心期望能集史家之所长使自己负责编纂的《湖北通志》质量更高。

## 二、广泛涉猎，旁征博采

为避免资料不足与疏漏，编纂志书必须广泛查阅资料、搜集资料，如果将资料的范围固定在方志一书，就会将编纂者引入死胡同。所以阅读与志书有关的典籍就成为编纂好志书的应有之义。

王葆心在湖北通志馆工作期间，所涉猎的与修志有关的典籍无人统计，可能也无法统计，只能从王葆心撰著书籍来看，引用甚多。做一个简单分类，其中《二十四史》3200余卷、《昭明文选》60卷、《文苑英华》1000卷、《全唐诗》900卷、《宋诗钞》106卷、《通典》200卷、《太平御览》1000卷、《永乐大典》700卷、《读史方舆纪要》130卷、《说文解字》30卷。引用与湖北有关的历代诗文名家就有屈原、孟浩然、李白、杜甫、韩愈、柳宗元、刘禹锡、白居易、寇准、欧阳修、苏东坡、黄庭坚、陆游等人。王葆心知道唯有广泛阅读，才能将地理资料、历史沿革、社会风貌、人文掌故、学术源流……有条不紊地汇入方志。

占有资料的广泛带来了内容的丰富，也带来了剔除杂余的繁重工作。重复的资料可以直接删除，矛盾的则需要找到佐证来进行剔除，而有些旧志上的错误则必须用别的资料予以纠正。例如大别山究竟在何处？六朝以前根据班固、郑康成的说法，大多数学者主张在安丰（今罗田、麻城、英山、潜山、霍山、六安一带）。唐代以后多主张在武汉的龟山，且在龟山脚下修起了晴川阁来纪念大禹。近代学者王鸣盛、焦循、洪亮吉、杨守敬、姚晋圻等人依据郦道元《水经注》的说法，附和班固、郑康成的见解，至今还有一些学者根据李吉甫《元和郡县志》的记载坚持大别山就是武汉的龟山。王葆心依据大量的史料证明了大别山应在安丰。"孤证不立"，王葆心在剔除错误资料时坚持了这一原则。

"旁采"，指搜集资料时既要紧紧围绕主题，又要适当地将有关涉及主题的资料采集进来。既是为修《湖北通志》而搜集资料，那就必须将志书所涉及的方方面面的资料都充分利用。章学诚曾说："知方志非地理专书，则山川都里、坊表明胜，皆当汇入地理，而不可分占篇目，失宾主之义也；知方志为国史取裁，则人物当详于史传，而不可节录大略，艺文当详载目录，而不可类选诗文也；知方志为史部要删，则胥吏案牍，文士绮言，皆无所用，而体裁当归史法也。”[①] 既要选用当汇入方志的资料，又不能将这些全部原文照引。编修方志不可离开“史法”，方志是“国史羽翼”，性质与国史相同，不同的是范围有广狭之别。国史记全国之事，方志记一地之事。这就决定了方志在搜集资料时要突出一地之事。这“一地”就是方志资料的范围，性质与国史相同决定了“志书，下为谱牒传志持平，上为部府征信，实朝史之要删也”[②]。

王葆心认为修志不应该每部都从古修起，他赞成章学诚的见解，认为：“如前志无憾，则但当续其所有；前志有阙，但当补其所无。”[③] 故而在搜集资料时不应该是统而搜之，而是针对有缺的前志，补齐所缺。这就要求做到心中有数，对已存旧志的“无憾”和“有阙”必须掌握得清清楚楚，才能有的放矢地做好资料的补充工作。

## 三、反复比较，取长避短

王葆心是他那一代人中最懂得利用图书馆资料、发挥图书馆作用的人之一。他不是通过目录去了解图书馆的藏书，而是利用担任京师图书馆总纂的三年，亲力亲为、逐目逐书进行检查。王葆心在接触了大量稀见书籍后开阔了眼界，增长了见识，在任《湖北通志》总纂时，他就将京师图书馆藏书作为重要资料来源。

在查找、搜集、抄录了大量资料后，王葆心凭着超人的记忆力，对所查阅的方志力求全面掌握，并能根据方志所采用的体例、资料及文字迅速判别所查阅方志的优缺点。对某些方志具有特色、特点的内容一阅

① 〔清〕章学诚：《为张吉甫司马撰〈大名县志〉序》，《文史通义》，上海古籍出版社 2008 年版，第 303 页。

② 〔清〕章学诚：《州县请立志科议》，《文史通义》，上海古籍出版社 2008 年版，第 189 页。

③ 〔清〕章学诚：《记与戴东原论修志》，《文史通义》，上海古籍出版社 2008 年版，第 296 页。

再阅，真正做到洞悉于心，在使用的时候能得心应手。要剔除资料的谬误就需要具备扎实的基本功，王葆心师承了桐城派义理、考据、辞章的理论，在资料的判定上能做到不以孤证定论。除以旁证及多重书证来剔除谬误外，还通过反复比较以辨抄袭、正谬误。

王葆心待人接物一向是宽容仁厚，在做学问上则是持论甚高。对于问题较多的志书，他也能肯定其长处，在此前提下对其短处和缺陷毫不掩饰地指出。例如对潘经峰编纂的《乾隆曲阜县志》，王葆心就公允地指明其毛病：

> 盖平日沿陋习已惯。其标目尤不免寒陋。如圣迹贤躅，乃孔子与七十子传状也，恰又似古迹之称。又时以高第作鼎甲，又时而以学师作学博，又时而守令后复有邑令。邑令、学博，本他志之名宦也。不标治迹之名，反于曲阜人为他处节镇、监司、守令者，缀以治迹之目。鼎甲一目，尤村学之见，何其舛也！又以通编仿本纪，自为纲目，以四氏、东野世职，仿《史记·世家》，更取古今有韵之作，上僭《毛诗》风雅颂之称，猥云："仿朱子《楚辞后语》。"作志岂辑文字乎？①

王葆心在修志上尤重义例（纲目），他认为在方志中不应有本纪、世家等纲目。国史已备，方志中只记载地方相关之旁支足矣。方志中的《艺文志》应收集的作者及作品应有范围的规定，凡国史中已备者，方志《艺文志》中只应略作介绍，否则就会成为庞杂之文钞。时至今日，王葆心对编纂方志的这些见解依然有借鉴和指导作用。

## 第三节　《重修〈湖北通志〉条议》

王葆心在任《湖北通志》总纂期间，除安排行政性事务并亲自参加资料搜集工作外，还为《湖北通志》的编纂做了指导性的理论工作，如

---

① 王葆心：《曲阜、新郑县志表例》，《方志学发微·义例篇》。

起草了《重修〈湖北通志〉条议》。《条议》全文近三万字，开篇为“导言”，然后针对修志中会遇到的问题进行了讨论。针对古代的方志和清代方志的理论，王葆心既非一概否认，也非茫然师从，而是在比较的基础上进行鉴别，在鉴别的前提下进行学习。

## 一、《湖北通志》应施新体

《重修〈湖北通志〉条议》的“导言”，主要讲重修《湖北通志》应该用新体。应用新体就改变了把方志当作地理之书，将方志变成文人游戏、应酬文字和私家墓志寿文的汇集的错误概念，根绝在修志追名逐利、舞弊曲笔的不良风气中。“导言”中说：

> 良由新派志家谓志为史家之支流，兼具正史及通史之规。地方有志，即古者一国之史。其志天度，即史之《天文志》也；志形胜、疆域、山川、风俗，即史之《地理志》也；志户口、田赋、农桑、物产，即史之《食货志》；志学校、坛庙，即史之《礼乐志》；志水利、津渠，即史之《河渠志》；志祥异，即史之《五行志》；志著述，即史之《艺文志》；志名宦，即史之《世家》《载记》。旧派修志者，但知志、表、传三体，余则先后倒置，门类杂糅。自陕、浙志后，章、谢、阮诸家，完具新派程涂，始极力讲求体例，以准正史。①

王葆心坚持以新派志体纠正前志，并明确指出：将现存的五种湖北旧志的内容都按新派志体来改写。新旧志体的区别究竟在哪里呢？旧派志体为两家。一是官式一派，如康熙年间作为法式颁布于清朝的河南、陕西通志，这两部通志按照明朝的修志格式，依据《明一统志》而来。一为讲学家一派，明代以章懋的《兰溪志》、康海的《武功志》、韩邦靖

① 王葆心：《重修〈湖北通志〉条议》。

的《朝邑县志》为代表，入清以来陆陇其、姚鼐沿用明代张、康的程式，在修志时务求简洁、不尚宏通。王葆心认为：

> 官式固不足尚，讲学家之立足非不高洁。鄙意用之县志，总嫌脱略，则开新旧两派中正堪取材。今定凡例，则结构宏通，用章、董诸家之体；网罗典实，用谢、阮诸家之体。其他明志，一目一节，可参酌者甚多。

新派指注重结构体例的章学诚、董祐诚一派和注重文辞内容充实的阮元、谢启昆一派。新派主张采用纂辑体和撰著体，王葆心认为新派主张的这两种体例应根据内容和资料的多寡来分别采用。善学者学人之长，王葆心将其他志书中只要能用作参考、能斟酌使用的，哪怕仅"一目一节"都予以借鉴学习。

"导言"讨论的是新旧体志书编纂，实质已经在阐述方志学的基本原理。毋庸讳言，王葆心接受了章学诚方志学上的很多观点。章学诚在《方志立三书议》中说："方州虽小，其所承奉而施布者，吏、户、礼、兵、刑、工，无所不备，是则所谓具体而微矣。"① 章学诚认为，"方志为封建时列国史官之遗"②，"志乘为一县之书，即古者一国之史"③。王葆心在"导言"中所说"地方有志，即古者一国之史"与章学诚的观点无二。不同的是，王葆心不同意方志等同于地方史的观点。王葆心认为方志既应该重视人文方面的内容，也应该重视自然科学、经济生活等方面的内容。在肯定章学诚"志属信史"这一观点的同时，王葆心认为志不仅是大历史的组成部分，也应该表现出地方的历史特色和时代特

---

① 〔清〕章学诚：《方志立三书议》，《文史通义》，上海古籍出版社2008年版，第184页。

② 〔清〕章学诚：《为张吉甫司马撰〈大名县志〉序》，《文史通义》，上海古籍出版社2008年版，第301页。

③ 〔清〕章学诚：《〈永清县志·前志列传〉序例》，《文史通义》，上海古籍出版社2008年版，第260页。

色。这些观点的提出是王葆心对方志学的巨大贡献。

## 二、取材定例均有新见

《重修〈湖北通志〉条议》针对资料的多寡，对纂辑体和撰著体使用做了限制。资料来源丰富的，以浙江（谢启昆主修）、广东（阮元主修）两通志的纂辑为法式，做到字字有依据，纂辑者不以己意入正文，而是在异同详略之处，以胡林翼《胡氏兵法》和汪士铎为胡林翼所编的《读史兵略》下按语之例，加按语。按语要求简明、确实，不得烦琐、夸饰。资料来源不足的就应该用撰著体，要求关心当地志书的著述者能亲自走访民间，了解人物风尚、经济状况及自然状况，写成文章后由通志馆鉴定、选择、使用。

王葆心清醒地看到旧志中资料很多，需要的是通过考订甄别真假；针对近20年及现在可进入方志的资料不足的问题，要由专人负责搜集，依靠政府的力量推动修志工作。他在《湖北江汉道尹公署训令》中指出："今发通则，普劝有司延访贤豪，榷算经费，若则征文考献，若则测地绘图，先定编创志例，以杜分歧、继订分修、合修而专责任，始于编纂，终于校刊。在知事则芳名永照汗青，在绅士则传书重于鸿宝，本道尹乐观厥成。"王葆心在代官府起草的训令中，要求政府聘请有志于参与方志修纂工作的有学之士，安排好经费、拿出志例，强调修志工作中的合作，同时也要求责任到人。

王葆心不仅要求地方志负责人员先定编创志例，还将统一纂辑原则和方式归结为义例划一。在《条议》中王葆心指出："通志既用纂辑体，则举笔必须引书，或案牍，或采访表册，甚或口述笔述，凡此种引用入志，其义例必须划一。"① 义例划一的标准为黄子寿充当湖北通志局提调时所立的《纂校章程》和张之洞的《顺天府志纂例》。

方志取材存在这样一个问题，不同来源的原始资料因观察者、记录

① 王葆心：《重修〈湖北通志〉条议》。

者所处的地位和角度不同，或记录的主导思想有差异，直接进入方志就会显示出矛盾之处。对这一问题，王葆心认为："如此而欲择精语要详，非赅括群籍、贯串出之不可。其新收之材料，零碎庞杂尤多，往往一人一事，首尾中权，必参合研究，始明其因果，澈其本末。如此欲成完整篇幅，非具十分联合、贯串之力不可。""贯串之用在两体中，无论述何事项，无一项能缺此等工夫也。"① "贯串"即通过明清因果，探求本末，按统一的格式把"一人一事"整理得宜。王葆心对章学诚在编纂《湖北通志》时强调"方志之书，例宜详近略远"的原则非常赞成。王葆心将这一原则解释为："以志为地方而作，凡所收载，必其人其事与地方接近，而后可以附入地志中。……再则，无论省、县、市志，既为本省、县、市而作，则所收者，必皆亲切本地之事项。其非本省、县所独有，而为全国公共之事项，虽已施行于本处，而前此方志家则谓之为公典，新派志家皆不收载。其有不得已，如旧派循俗收载者，则以公典标名，另作卷帙。"②

章学诚说："凡欲经纪一方之文献，必立三家之学，而始可以同古人之遗意也。仿纪传正史之体而作志，仿律令典例之体而作掌故，仿《文选》《文苑》之体而作文征。三书相辅而行，阙一不可；合而为一，尤不可也。"③ 王葆心赞成章学诚的方志分立三书的主张。章氏认为在修志中搜集到的"阑入则不伦，弃之则可惜"的资料，可"附稗野说部之流而作丛谈"。④ 王葆心将章氏所言"丛谈"称为"志余"。王葆心说："地方之事，有大即有小，既有编年之大事记，以收大事；则不可无'志余'一门，以收碎事。太史公书，上下数千年，宜其书中苟非宏纲巨目，不任列入矣。"经王葆心的发挥，章氏之说更具可行性。王葆心要用"志余"将这些资料保存下来。

---

①② 王葆心：《重修〈湖北通志〉条议》。

③ 〔清〕章学诚：《方志立三书议》，《文史通义》，上海古籍出版社 2008 年版，第 182 页。

④ 同上书，第 187 页。

《重修〈湖北通志〉条议》不仅在指导《湖北通志》的编纂工作，也在实践中对方志学进行完善。

## 三、修志四原则

为从基层抓好《湖北通志》的编纂工作，王葆心拟订了《江汉道属各县县志纂修通则》(简称《通则》)，并下发至各县。该《通则》属指导性文件，主要是阐明县志纂修中取材、鉴别、列举纲目、使用材料等主要环节中的四个重要原则。

一、取材宜有次第。《通则》中说，乾隆时，管世铭强调修志取材时要注意方志外的资料，经、史、子、集、舆地专书、笔记说部等，都要检辑；道咸时，广州学者陈澧主张取材时应将“历来所有新旧之志，联贯甄采；推之则本县所隶之府志；又推之则本县所隶之省部总志亦然；推之则自《水经注》《元和郡县志》以下及明清《寰宇通志》《一统志》亦须甄采”①。王葆心认为管世铭、陈澧主张的取材方法应合起来使用，才能做到扩大材料来源、提高材料的准确性。在此基础上，王葆心将方志取材分为三步，第一步抄录各种旧的方志，取得最基本的方志材料；第二步抄录群书，整理、抄录各种访谈录，取得补充方志的材料；第三步抄录值得学习的名家方志，重点是学习这些名家的修志法式。

二、定例宜有折衷。“取法其上，得乎其中”，《通则》认为，凡出自名儒、学人之手的方志都有各自的体例。明朝学人所编方志纲目清晰，文笔简练；清代学人所编方志取材广泛，文笔朴醇。不同的体例会给编纂者提出不同的要求，编纂者应根据自己的识、学、才及占有的资料来选择体例，并且不要盲目地被体例捆住，可以学习他人体例中的长处，在修志时应该用材料选用体例。选用体例的原则是“县镇方隅之志，则宁取博瞻而详尽，勿取概括而高简”。

① 王葆心：《江汉道属各县县志纂修通则》。

三、鉴别务须精审。鉴别包括鉴别资料的真伪，鉴别文字上的差错，鉴别不同作者因观点的差异而形成的不同的见解，并以此作为资料选用的取舍标准。方志在地里、政典之外，职官、选举、人物等类为大宗，这一类的取舍一定要不轻信新旧诸志与各家谱牒所传，必须与正史和名家的文字及碑版文字认真对照，这样才能求得信史。补疏正误要借助其他省、府、州、县诸志进行互勘。总之，编纂方志的人首先应是博学且懂得考据的人。

王葆心认为，只有“博考群书者，能洞见其症结所在，须一举而汰除之，并须按《通鉴考异》之法，用按语辨释，使后人不致再为所愚；或如《顺德县志》，每类附考证一卷，亦可至鉴别之得失”①。指明具体方法后，王葆心指明要充分利用图书馆的资料，认为京师图书馆收藏有明清两朝数十行省的府、州、县志，在筹备修志时派人在北平借出来抄校即可解决。

四、归宿务求详尽。详尽、真实，是对方志的根本要求。《通则》说：“修冲要著名之县志，求详赡易；修荒僻晚立之简僻县志，求详赡难。”② 针对这一实际状况，要做到详尽首先要在搜集材料、选取材料上下足功夫。“职是事者，平日能略留心地方文献，则其于旧闻故事，必有纂集之丛帙，临时复能循用管、陈两家之法一一照及；再又发公私家藏之图书册籍，以及公家库牍、地方金石，本县人之文集、笔札、父老流传之口碑，益以得力采访之册，报佐证，以各姓新旧之谱牒，更能取与吾县附近之省、府、州、县志及他省之省、府、州、县志，均作一贯考求，用作旁证之材料。”③

王葆心在《通则》中提出修志的四项原则既具有理论深度，也具有可操作性，经得起实践的检验。

① 叶贤恩：《王葆心传》，崇文书局 2009 年版，第 169 页。

②③ 王葆心：《江汉道属各县县志纂修通则》。

# 第九章　方志学发微

1981年，湖北省地方志编纂委员会将王葆心所著《方志学发微》中的《取材篇》《纂校篇》先行点校付印。该书的出版说明对该书做了这样的评价："这样览古筹今、参同考异、原始要终、注重实用的综合研究，是前此三四百年来史志学者所未曾做过的工作。可以说，这部书是在大变革时代新旧过渡中，旧辈学者对方志遗产尽其力所能及而作出的总结。"①

王葆心为写这本书着手极早。1914年至1916年在长沙任湖南官书报局总纂时，就草拟了《方志学》大纲，为《方志学发微》的纂写搭起了架子。在儿子王夔强的参与下，开始了该书内容所需资料的搜集。1922年，王葆心开始了这本书的写作，1937年定稿成书，并以湖北通志馆的名义多次函请民国政府资助出版，但始终未能出版。1938年王葆心回乡避难，将书稿带回罗田继续进行增补和润色。

后学给王葆心加以方志学家的头衔，是因为王葆心既主持了《湖北通志》的编纂，又创作了《方志学发微》这部力作。

## 第一节　评介方志新、旧派公案

在湖北通志馆工作期间，王葆心注意到湖北修志历史上的一大公案。1790年，章学诚被湖广总督毕沅聘为《湖北通志》的总纂。章学诚用自己新的方志学理论开始编纂一部全面体现"方志立三书议"精神的《湖北通志》。章学诚拟定的《湖北通志》由《湖北通志》73篇、

---

① 王葆心著，湖北省地方志编纂委员会点校：《方志学发微（注析本）·出版说明》，湖北省地方志编纂委员会办公室1984年刊行，第3页。

《湖北掌故》66篇、《湖北文征》8集为主，《湖北丛谈》4卷“附于三家之后，不以累经”。章学诚在《湖北通志·凡例》中对三书做了言简意赅的规定：“一方纪载，统诸纷繁。文士英华，鲜裨实用；胥史薄牍，不入雅裁。二者牵连纠葛，不免畸重畸轻，向来方志，往往受其累也。今仿史裁而为《通志》，仿会典则例而为《掌故》，仿文选文粹而为《文征》，截分三部之书，各立一家之学，庶体要既得，头绪易清。”① 从残存的文稿以及目录中可以看出，章氏所编《湖北通志》是一部体例严谨、内容丰富、详略得当的地方志书。《湖北通志》及“通志”表达的理论捅了旧派方志学者的马蜂窝，导致章学诚八面受敌。清人陈诗在《书章实斋同年〈荆州府志〉稿后序》中言：“实斋受其宗旨，高自标置，创为一书。其创微阐幽，贯穿首尾，诚非县志所能望其项背。”对于这一公案，王葆心做了公正评介。

## 一、博引未必无病

王葆心认为这场公案是方志家新派初立，旧派起而攻击引发的。新派以章学诚为代表。在方志的起源上，章学诚以志为史体立论，指明春秋时期晋国之《乘》、楚之《梼杌》、鲁之《春秋》应是最早的方志，西汉、东汉时期的“地记”“既载人物又言风土”②，魏晋时出现郡县之志，隋唐时“图经”取代了地志，南宋时“图经”改为方志，宋元后方志编修走向高潮。章学诚认为，编修方志不可离开“史法”。他认为“志属信史”，起的作用是垂鉴、惩劝和教育，主张方志分为三书，并认为方志编修应有规定的义例及要求。

章学诚这些见解之所以遭到旧派方志学家的反对，主要是基于对方志编修的义例和要求上，章学诚与旧派方志学家的看法大相径庭。章学诚在修志时主张“无语不出于己”，被称为撰著一派；旧派主张“无

① 〔清〕章学诚著，郭康松点注：《通志凡例》，《湖北通志检存稿　湖北通志未定稿》，湖北教育出版社2002年版，第18—19页。

② 仓修良、叶建华：《章学诚评传》，南京大学出版社2011年版，第256页。

语不出于人”，被称为纂辑一派。纂辑一派起源甚早，宋人已开先河，如高似孙（著《剡录》）、潜说友（著《咸淳临安志》），明代康海（著《武功志》）、韩邦靖（著《朝邑县志》），清初朱彝尊（著《日下旧闻》）尤为有名。清朝为规范方志之编纂，雍正七年（1729）礼部颁发雍正敕修新志的上谕，以“考注详明，采摭精当”为圭臬。由此奠定了纂辑一派的法式。当时用这种法式所修的《浙江通志》《陕西通志》一字一句皆注所出，后为不少府、州、县志沿用，纂辑一派成为修志的主流。章学诚提出了撰著的主张，故而受到旧派攻击，理所当然。

王葆心总括了《湖北通志》《和州志》《荆州府志》《常德府志》《天门县志》《麻城县志》《罗田县志》等七部志书所受到的攻击和篡改，认为撰著一派初创时真有大不容于世的状况。纂辑一派历史较长，继承者多，所以对撰著一派攻击激烈。从纂辑派对撰著派的攻击中，王葆心根据事实做了如实的评价。例如叙述《荆州府志》被人攻击，章学诚在《复崔荆州书》中指明了攻击者的理由，“今诸缙绅磨勘月余，签摘如麻，甚至屡加诋诘嘲笑，全失雅道，乃使鄙人抱惭无地，然究竟推敲，不过官职、科目二表人名颠倒错落，文征、碑记一卷时代不按先后，诚然抵牾”①。王葆心在认真研读后，首先指明了荆州士绅反对《湖北通志》的理由，“不过官职、科目二表人名颠倒错落，文征、碑记一卷时代不按先后”，肯定了章学诚在修志上是认真负责的，从而得出了“吾意荆人士所不满不仅在此，而在所谓‘旧闻习事一笔勾’，群惊其破体，雅与旧式悬隔也”②。“旧闻习事一笔勾”点明了纂辑派攻击撰著派的原因是撰著派违背了他们的志书编纂方式。

王葆心认为这一公案是新、旧两派方志学家由学术上的争论而延续到人身上的攻击。王葆心认为学术上的争论并无坏处，至于人身攻击则大可不必。王葆心肯定章学诚在方志学上的杰出贡献和在修志中取得的卓越成绩，也指出其存在的缺点。他主张将纂辑和撰著两种不同的

① 〔清〕章学诚：《复崔荆州书》，《文史通义》，上海古籍出版社 2008 年版，第 299 页。
② 王葆心：《〈荆州府志〉之诟争》，《方志学发微·派别篇》。

编纂方式，根据材料的多寡情况分别用于志书编纂。这样的看法真正做到了持论公正、以理服人、学人之长、避人之短，是对这一学术公案客观、公正的评介。与陈熷为讨好湖北巡抚惠龄而攻击《湖北通志》，全失雅道的卑劣论点不可同日而语。

## 二、考据详明，评介中肯

在讨论纂辑派攻击章学诚这一学术公案的过程中，王葆心考订以去舛误，尽可能通过事实的还原来展示章学诚的成就。例如在讨论《常德府志》时，王葆心说：

> 今传刊之嘉庆《常德府志》，其目录似尚略存章氏之旧，较他府县改变章氏书者，此所存为独夥。吾见夔强常抄其篇目、凡例。纪二、考十、表四、略一、传七，五者凡二十四篇，都四十八卷。……传七：子目皆缺，惟陈楷礼改作列传、类传、列女等目，又不止七篇，此目与《文史通义外篇·为毕制府撰〈常德府志〉序》大体尚合，其分目则不尽符。……观嘉庆十八年马慧裕序称：乾隆中郡守李君增修有稿，经前制军毕秋帆前辈点定，而其书未完；嘉庆丁卯戊辰间，前郡守鲍君、薛君先后纂集，至今守应君始告成。盖凡三次纂集，宜其不能墨守实斋范围也。然以较他郡邑之改变者，究十有七八可考见原书也。①

王葆心从《常德府志》的“目录似尚略存章氏之旧”出发，篇目“与《文史通义外篇·为毕制府撰〈常德府志〉序》大体尚合”，考略出《常德府志》是由章学诚编纂；又从“其分目则不尽符”和马慧裕序中所言《常德府志》经过其他人的点定、修改，这才知其没有墨守章学诚的范围，每一个论点都从材料中提取，从而证明了《常德府志》

① 王葆心：《〈常德府志〉因不为旧派所喜而改窜》，《方志学发微·派别篇》。

修纂的情况。

另外，对相传乾隆《麻城县志》书未及印而板毁的说法，王葆心做了这样的解释：

> 据姜氏序，知此志完全为实斋总纂，麻城人为分修。其时，与实斋后来因驳《通志》成隙之秀水陈熷亦正官岐亭同知。以章氏平日著作必自己出之宗旨衡之，则当日分修者恐难与参末议。《辑略》与《艺文》《凡例》均以此志乃实斋裁定，不必悉出其手，其说恐不尽然。其云“刊成未及印而板毁”，时非兵荒，何至毁及一县之公籍板片？其为本贯人士不满此书，故意令其速毁可知，愈见此志出自章手之确。其所遗未校定之红本，至光绪初修志时犹存。其时纂麻城志者，先为吾里潘芝堂太史颐福，继则余子存比部应云也。《凡例》云云，殆出比部之手，因不满章书之故，并仅存未校之红本，但供取材而不用其书焉。是章氏之方志学至光绪初犹被攻诘。此新派修志之所以终难推拓于时人也。①

王葆心以姜氏序为依据，确定了乾隆《麻城县志》的总纂是章学诚，并根据章学诚“平日著作必自己出之”的宗旨，指明参与修麻城志的其他人“难与参末议”；又根据当时没有战乱，不可能毁掉《麻城县志》的板，只是当地人对章学诚的书不满意，“故意令其速毁”。这就更加证明《麻城县志》是章氏所纂。到光绪年间，重修麻城志时，只从章学诚的志书中选取材料，由此可见“新派修志之所以终难推拓于时人也”。

初看王葆心在讨论这一公案时引用资料过多，显得有些累赘。联系前后文就知道是为证明自己的观点不得不如此。从资料出发，通过考定还原事实，王葆心的见解让人信服就在于此。

---

① 王葆心：《〈麻城县志〉因不为旧派所喜而改窜》，《方志学发微·派别篇》。

## 三、持论公正，褒贬得当

在澄清章学诚修《湖北通志》这一公案中，王葆心根据自己对章学诚方志学理论的理解，对陈熷等旧派方志学者的批评和攻击，做了否定的评价。王葆心在完成这一工作时，巧妙地利用了纂辑派代表人物陈诗对章学诚和章学诚方志学理论及实践的批评来驳斥旧派方志学者。

陈诗在《书章实斋同年〈荆州府志〉稿后序》写道：

> 实斋名学诚，会稽人。自负有良史才，而大言炎炎，不可一世。其论史也，尊《尚书》《左传》《史记》而薄《汉书》以下，谓史有传事、传人之别，事经而人纬，则篇目省；人经而事纬，则篇目繁。孟坚诸公，传人而已。以此为史家千载不传之秘。然不知纪事本末诸编固已为之，要当各自为书，不必以绳正史也。其论地志也，尊撰著而薄纂辑诸家，且谓纂辑者当无语不出于人，撰著者当无语不出于己。然不知地志之体，固以述旧为多，况《春秋》之作，大半鲁史旧闻；《史记》一书，其采用《尚书》《春秋》《国语》《战国策》尤不一而足。述者故不害其作，作者亦未始非述也。①

陈诗在这篇文章中指明了章学诚有过度自负、不可一世的性格上的缺点，但在史学和方志学上确实有自己的见解。陈诗尽管不完全赞成章学诚的方志学理论，但敢于肯定章学诚编修《湖北通志》一书“表微阐幽，贯穿首尾，诚非旧志所能望其项背”的成就。他指出“当《通志》将成时，弇山制府方左迁，当事相与厌恶之，攻击其书无完肤，然未有中其要害者”，直接点明了攻击章学诚《湖北通志》的人并没有找到该书的毛病。②

针对陈熷《〈湖北通志〉驳议》中所说的“通志固须简约，然此门

①② 王葆心：《陈愚谷诗论修志》，《方志学发微·派别篇》。

将旧志原有之山川而删去之，则通志转成无用之书矣。此门须重办，并山川中事有关于考据者补入”，章学诚说：“此等驳议，真使人绝倒也！通志固须简约，在彼方自以为解事，先作原情论矣。殊不知彼以简约为言，即已不知通志之体裁也，盖彼见府州县志连床架屋，通志合为一书，自须删繁就简云耳。此直无异儿童之见。”[①] 章学诚认为陈熷文中的观点让人笑破肚皮。

毕沅离开湖北后，章学诚所修《湖北通志》被攻击。十年后任湖广总督的吴熊光聘当时任江汉书院院长的陈诗担任《湖北通志》的总纂。陈诗编纂的嘉庆《湖北通志》是纂辑体的志书，与章学诚撰著体的《湖北通志》有很多不同之处。但陈诗并不因为自己采用不同体例编纂志书去攻击章学诚，而是持客观的看法为章学诚辩护。陈诗有诗云：“纪、略、表、传创凡例，要与述旧分鸿沟。一传一篇自下意，绪论往往千言道。散钱无串穿不得，旧闻习事一笔勾。”这几句诗写出了章学诚创立了纪、略、表、传的法式，“一传一篇自下意”的撰著方式，也写明了“与述旧分鸿沟”导致了旧派方志学家的不满。

“他山之石，可以攻玉。”王葆心通过引用陈诗的文章，借陈诗的观点来反驳陈熷等人对章学诚所纂《湖北通志》的攻击。

## 第二节 《方志学发微》篇目简介

《方志学发微》全书约 50 万言，24 卷，分为 7 篇，即《取材篇》《纂校篇》《导源篇》《派别篇》《反变篇》《赓续篇》《义例篇》。《取材》《纂校》二篇合而论之。《取材篇》论述修志搜集资料方面的问题，既包括资料的来源、范围，也包括资料收集的方法。《纂校篇》附于《取材篇》之后，在讨论方志编纂体例、方法外，还探讨校勘校雠，既包括编纂时资料的鉴别、文字的考订、资料的整理和应用，也包括编写和付

① 王葆心：《修〈湖北通志〉之角争》，《方志学发微·派别篇》。

印过程中文字的校对。《导源篇》探讨方志及其体例的源流。《派别篇》根据宋、元、明、清志书修纂的历史，说明旧派修志家的主张和雍乾以来新派修志家的主张。《反变篇》“以宋世荦的嘉庆扶风县志目录和张埙的乾隆扶风县志目录相比较……以陈澹然新安徽通志目录和何绍基等重修光绪安徽通志目录相比较”①，说明修志的新旧两派改变前志的情况及改变前志的做法。《赓续篇》“以莫晋等嘉庆府志目录和姚江发等光绪松江府志续志目录比较”②，阐明自己在修志上主张赓续不主张更张。《义例篇》“选取时代较近的新派中有所创新的义例和有关议论，兼采旧派和别派中部分可取的体式，加以系统地评述”③。王葆心在《古文辞通义·例目》中说：“《义例》一篇，亦综述过去以待方来之资也，取以殿焉。”④ 加以系统评述的目的还是为了修志者在将来的利用。

## 一、取材为主，纂校为附

王葆心将《取材篇》与《纂校篇》合在一起，以取材为主，纂校为辅，其目录为《取材专论一附说三》《纂校取材兼论一附说一》《纂校取材兼论二附说一》《取材纂校兼论一附说一》《纂校专论一附说一》《取材专论二附说一》《纂校取材兼论三附说一》《纂校取材兼论四附说三》《取材专论三附说一》《取材纂校兼论二》《取材专论四》《纂校取材兼论五附说一》《纂校专论二附说三》。这样编目首先尊重了在修志中取材和编纂不可分开。在取材时就必须考虑到所选资料用在何处、怎样用；在编纂时又得考虑到所选资料的真实性和鉴别方式。这就决定了只有将取材和编纂结合得恰到好处才有可能编辑出好的方志。

其次把取材于纂校单列名目也表示出二者间的区别。取材的重点

① 叶贤恩：《王葆心传》，崇文书局 2009 年版，第 189 页。

②③ 同上书，第 191 页。

④ 王葆心编纂，熊礼汇标点：《古文辞通义》，武汉大学出版社 2008 年版，要义概说第 7 页。

在于取材的范围、材料的来源和取材的方法；而纂校主要针对材料的考订和文字的校正。两者间的联系是材料本身，区别就在于侧重点不同。取材侧重于材料的获得，纂校侧重于材料的使用。

再次分为取材专论、纂校取材兼论、纂校专论三类题目，便于引用前人议论，用前人的议论说明二者的不同和联系。在体例上都是首先引述各家议论，然后将自己的意见作为附说进行申述。这样的写作体例使读者能在接触多家学说的基础上进行比较。在资料的来源上王葆心列举了管世铭和卢文弨的看法。管世铭认为："人情贵古而贱今，独于撰郡邑志则相反。"① 卢文弨认为："近代所修志，皆详于今而略于古，欲知古者，于旧志曷可少哉!"② 管世铭肯定了在修志上面应该与"贵古而贱今"相反，王葆心也肯定了卢文弨所指出的近代修志"详于今略于古"的弊端。在此基础上，王葆心认为在资料的搜集上"所载有与其地其人其官相涉者概行摭辑"③，对历代类书、说部及名家著作都应该"取博择精，一正从前简陋之失。至近代当取其卓然可传者著之，不以繁芜为贵也"④。他还认为取材要做到博就必须"令专采访，村至乡问，摘山脉津，是又求详备于实验之事也"⑤，做到了博求精也就有基础了。"搜求不厌繁猥，必能发前人所未发。其能者可于地方茫昧之留遗，证以群书，而发见未发之旧典，其事不一而足。故旧志可因者，因之；不可因者，改之。洪稚存所谓：'贵因而不贵创，信载籍而不信传闻，博考旁稽，义归一是。'则至论也。吾则谓：虽有传闻，尤必须证以载籍，方可定其真伪而去留之。"⑥ 由于发前人所未发，"精"也就出现了。

---

①③④　王葆心著，湖北省地方志编纂委员会点校：《方志学发微（注析本）》，湖北省地方志编纂委员会办公室 1984 年刊行，第 1 页。

②　同上书，第 1—2 页。

⑤　同上书，第 13 页。

⑥　同上书，第 14 页。

## 二、堪胜纂修，方能胜任采访

陈澧在《肇庆府修志章程》中说："采访之事，为修志之至要，必须堪胜纂修之人，然后堪胜采访。"① 方志资料采访并不是简单的野老问答，具备随意性；只有采访者了解修志方志的体例、内容才能明确应该采访哪些人，搜集哪些材料。否则采访者漫无边际地提问，被采访者信口雌黄，得来的资料不能入志，岂非徒劳？

为此，王葆心根据陈澧的见解主张临时预办一采访讲习所，为采访人才的培养打下根基。王葆心在《取材专论三》列举了应采访的内容：应采书目、采本境名贤著述、采传状碑志、采金石碑刻、采旧志、采邻境志书、考村庄道里、采河道迁徙、采民间习俗、采物产货殖、采族姓迁流所自、考核舆图、采方言、采人物、采旧事、采古迹。②

从应采访内容可以看出王葆心对修志之采访者的要求：是知识渊博的读书人、是懂得金石雕刻的学者、是方志学家、是地方的地理学家、是民俗学家，了解本地的土特产、商品流通，对当地人口流动状况要知根知底，须对历史行政区划的划分清楚，对当地的方言、人物历史事实和历史古迹都要有所了解……正因为对采访者有这么高的要求，所以需要在采访前对采访者进行培训，并明晰采访培训内容使培训具有针对性。

《纂校专论一》指明："采访不能不周，余鹭门所以箴润泉也。然咨诹虽详，而权宜纾一时之祸，神怪惑细民之言，华夏内外，宜衷《春秋》。此外羽士缁流，相沿在昔，略记大致，不必求详。"③ 王葆心引用汪士铎这段话用意极明，"神怪惑细民之言""羽士缁流"既涉及神仙鬼怪，又涉及道教和佛教的信徒，因为涉及社会风俗和民众的信仰，有必

---

① 王葆心著，湖北省地方志编纂委员会点校：《方志学发微（注析本）》，湖北省地方志编纂委员会办公室1984年刊行，第132页。

② 同上书，第125—132页。

③ 同上书，第72页。

要采访。地方志不是专门的意识形态史、风俗史，更不是宗教史，因此在方志中应该大致记载“神仙鬼怪”和“羽士缁流”，但不必去追求详细。汪士铎又言：“私家著述，不妨勤于毕生。若志则本属官书，必当刻日商订。其中检书未遍，采访未周，同局疚心，限于闻见。续有所得，惟冀后之君子依类增补。此《清河志》之成例，而斯志之所仰望也。”① 说明了方志属于官方所编书籍，有时间规定，因此在成书时可能会存在该编进方志的材料没有编进，还存在时间紧迫、信息掌握不充分，应该采访的内容没有采访，故而“同局疚心”，为进行补救，那就希望以后的志书修订者“依类增补”，使新编的志书逐渐趋于完美。

## 三、取材旧志，鉴别取舍

王葆心在《纂校专论一》按语中写道：“汪悔翁本新派志家，际大乱初平之后，重新志乘，似其于旧志轻蔑之意多，而称道之意少。然其《商例》十五则中，已有三分之一判旧志之从违，其于旧志郑重如是，实与阮文达、陈兰甫珍惜旧志相合。方且谓其搜罗已尽，后起者无能加，盖专指其材料言之也。故其开始纂校之初。于旧志偶乖，不欲以博辩工呵古人；旧志宜从，更不肯以不尽出通人之手重加陶铸；旧志之短，不更扬波；其或失真，义从盖阙。其他采访虽周，有载有不载，故书虽佚，不以所识小溷识大，皆其慎也。”② 汪士铎主张以旧志为基础材料，对本地所有的旧志通过比较进行鉴别；在时间的界定上，确定旧志取材以接近当代的为主。汪士铎认为这样才能显示方志的连续性，并表现出详近略远的特性。王葆心认为旧志宜从，不要夸大旧志的短处，旧志有缺点则“义从盖阙”。

要从旧志取材，必须鉴别取舍。通过鉴别知其错谬、识其精华，在完成取材这一环节时，也相应对修志提出新的标准。孙诒让说：“近代

---

① 王葆心著，湖北省地方志编纂委员会点校：《方志学发微（注析本）》，湖北省地方志编纂委员会办公室 1984 年刊行，第 75 页。

② 同上书，第 75—76 页。

地志，多由官修，监定出于俗吏，编集付之文士。开局敛费，克期成书，于古志义例及郡邑掌故，全不考校。故每一重修，必增无数讹谬。盖旧志之误者，彼既不能改正；而编刻潦草，则旧志所不误者，或展转改易，以归于误。俗士不能鉴别，因其书后出，以为必当精备胜前，转相珍贵，而鄙旧志为已陈之刍狗，不亦颠乎！”① 志书编纂者因能力和责任心不够，不能够改正旧志上的错误；而对旧志上因字迹潦草或看不懂的地方又任意修改，造成新的错误，结果是“每一重修，必增无数讹谬”。

根据孙诒让列举的方志新旧交替时出现的弊病，王葆心强调：“修志取材，既当注重于新访而务期精备，尤贵能取历次旧志，联贯整观。苟属旧有之佳志，自可定作初编，再予赓述。即旧志无一佳者，尤当联贯甄采，补疏订误，汇诸新编。如此，即旧志放佚，犹可于后出之志稍见前志之崖略矣。”② 王葆心的主张关键点在于“联贯整观”，唯有通览才能从整体上将历次旧志做一客观评定。如旧志好，直接赓述就行了；旧志不好也应找到该补充、该订正的地方。有的放矢，将甄采过的资料汇聚新编，既能保存旧志大概的状况，又能使新志有所突破、优化。

王葆心在接受汪士铎某些观点的同时，对汪士铎所持观点中失当的地方也直接进行了反驳。例如在谈到欧阳修所撰之《新唐书》时，汪士铎说：“事增文省，取法《新唐》，舍此而言，别无达例。”③ 从《古文辞通义》中王葆心对欧阳修的评价足以看出他是不同意这样的见解的。“事增文省”本身就有些夸张，邵晋涵在《新唐书提要》中说：“夫后人重修前史，使不省其文，则累幅难尽；使不增其事，又何敢乎重修？故事增文省，自班固至李延寿莫不皆然，不得以此为夸诩，亦不得

① 王葆心著，湖北省地方志编纂委员会点校：《方志学发微（注析本）》，湖北省地方志编纂委员会办公室 1984 年刊行，第 94 页。

② 同上书，第 94—95 页。

③ 同上书，第 74 页。

转以此为诋諆。”① 王葆心认为志书中因事而成文，只看有没有必要，并不能单纯从压缩字数着眼。

## 第三节 考察源流，推陈出新

不少方志研究者认为《方志学发微》一书的精华所在是《导源篇》和《义例篇》，他们所持的理由是《导源篇》从地理、经学、史学、文学四个方面来考察方志及其体例的源流；《义例篇》对雍正《浙江通志》《陕西通志》的按语做了说明，除指明雍正《浙江通志》受张之洞推崇的原因，又指出雍正《陕西通志》在开启后来方志之善法上所做的贡献。王葆心如实地写出自己对张之洞不提及雍正《陕西通志》的疑惑，怀疑张之洞可能没有见过雍正《陕西通志》，又怀疑张之洞因为该通志艺文门杂收文、诗，走了一些庸俗志书的老路，故而无有提及。以这两部通志作为坐标，王葆心直言不讳地指出一些志书的问题，目的“在于为修志者提供借鉴，指明入门的途径，进而通过方志源流的考察和各派体例的比较，从而扬长避短、推陈出新”②。

### 一、理清源流

关于方志的性质，古代学者一直将之归于地理类，宋代人郑兴裔在《广陵志序》中提出“郡国有志，国之有史”的看法。这一看法长期未受到重视。章学诚在《州县请立志科议》中说：“有天下之史，有一国之史，有一家之史，有一人之史。传状志述，一人之史也；家乘谱牒，一家之史也；部府县志，一国之史也；综纪一朝，天下之史也。”③ 与章学诚同时的大学者戴震主张：“志以考地理，但悉心于地理沿革，则

① 〔清〕邵晋涵：《新唐书提要》，《南汇文钞》卷12。

② 叶贤恩：《王葆心传》，崇文书局2009年版，第193页。

③ 〔清〕章学诚：《州县请立志科议》，《文史通义》，上海古籍出版社2008年版，第189页。

志事已竟。侈言文献，岂所谓急务哉!”[①] 戴震主张将方志归于地理书类。

王葆心认为方志的性质如章学诚所言，绝非属于地理书类。王葆心引用阮元《道光仪征县志序》说:“史家之志地理，昉于《汉书》。其志首列《禹贡》全篇，次列《周礼·职方氏》，然后述汉时疆域。盖旧典与新篇前后相联，而彼此各不相混，乃古人修志之良法。”[②] 王葆心在本篇按语中说:“道光三十年，知县王检忠修《仪征志》五卷，阮文达为之序，力阐存留旧志之说，其语恰如人意所欲出，其旨在汇诸志于最后之一书，令人读此一编，即可见诸志之崖略，纯属方志内之取材，而纂次亦即依之。其用意深切，以史家通义之旨衡之，应当如此。”[③]“以史家通义之旨衡之”明确地说明了王葆心认为方志属史。王葆心认为地理志是方志的一个源头，甚至可以说地理志在方志体例形成的过程中起到了重要作用，但地理志不可能包括方志中的全部内容。

王葆心在《导源篇》中不是简单地用自己的观点来否定以戴震为代表的方志即地理志的主张，而是从实际出发，对起源极早的春秋战国时期诸侯国的史书，直至从南宋历元、明、清各种志书都进行了详细的分析，逐段逐条地指出了明清一些志书的直接上源。

阮元认为志书对《汉书·地理志》有所模仿，而《汉书·地理志》对《尚书·禹贡》也有一定程度的学习。王葆心循着阮元的思路，对《汉书·地理志》进行了研究。

首先，王葆心认为在《汉书·地理志》中特别增加的内容就是汉代时各地的现状，这体现了略远而详近的原则。例如王葆心列举了《汉书·地理志》在“上郡高奴下”记有“有洧水可燃”五字，这是我国历

---

① 〔清〕章学诚:《与戴东原论修志》,《文史通义》，上海古籍出版社 2008 年版，第 295 页。

② 王葆心著，湖北省地方志编纂委员会点校:《方志学发微（注析本）》，湖北省地方志编纂委员会办公室 1984 年刊行，第 32 页。

③ 同上书，第 35 页。

史文献上关于石油的最早记载。到北宋时沈括在《梦溪笔谈》中又谈到高奴有石油，并断言“此物后必大行于世”。由五字到北宋的几行就体现了略远详近的原则。

其次，《汉书·地理志》的后半部分仿效《史记·货殖列传》，叙述了物产、都会、社会风貌和教化状况，与《南齐书·州郡志》中的内容多涉及形胜、民风、物产之兴衰消长相类似，表现了杜佑针对地志提出的“察风土”要领，从而体现出方志在文化上的集成作用。

再次，《汉书·地理志》在形式和内容创新的前提下，借鉴了《史记》的长处，是在继承基础上的发展。

最后，班固在编撰《汉书·地理志》时，详细地占有大量资料。《方志学发微·导源篇》指出：“其书之取材，则自刘向地分、朱赣风俗、秦代地图，上资之古文《禹贡》《春秋》《书》《诗》，博采通人桑钦、杜林、平当诸氏。”① 班固利用了他所能利用的材料，使《汉书·地理志》有广博的材料支撑，令《汉书·地理志》不仅为以后史书地理志开了先河，也为方志的编纂起了引导作用。

王葆心在《导源篇》中提出，考察方志源流要注意体例，但不一定拘于体例。“例以义起”，应当紧密联系社会发展，从经济、政治、文化等多方面去进行总体研究。

## 二、指明修志规则

《派别篇》中王葆心说明了明清以来旧派修志的体例及雍乾以来新派修志的体例，对新旧两派的历史根源、时代背景、代表人物、代表作品，尤其是两派在体例上的分歧，都做过详细的考辨和论述，并撰写有《清代方志撰著派和纂辑派争持论评》一文。该文持论公正，对两派之长做了肯定，对两派之短也做了客观分析。针对两派的体例，文章提出了应该根据材料的丰俭来决定采用哪种体例。材料丰富的用纂辑体，材

① 王葆心著，湖北省地方志编纂委员会点校：《方志学发微（注析本）》，湖北省地方志编纂委员会办公室1984年刊行，第284页。

料少的用撰著体。这一观点对方志学者具有实践指导意义。王葆心在《反变篇》中探讨了修志的新、旧两派改变前说、前志的状况和做法。阮元有言："上溯汉、晋，下迄宋、元，旧式具存，昭然可考。明代事不师古，修志者多炫异居功，或蹈袭前人，而攘善掠美；或弁髦载籍，而轻改妄删。由是新志甫成，旧志遂废，而古法不复讲矣。"① 他从修志者的道德和学识着眼，指明新的修志者有的希望借修志显耀自己；有的学识和能力均不足，模仿前人反而将前人的可赞之处吞为己有；有的人文风混杂，强不知以为知，任意删改。这样新志不仅没有起到承续旧志的作用和贯彻略远详近的宗旨，反而使旧志死亡而所存新志不伦不类。

王葆心赞同张之洞和陈澧的见解，认为对旧志首先要分辨好坏，然后选用旧志之长而避其之短。在《方志学发微》中，王葆心引用陈澧所言："修志之事，拟分三节：一曰述旧，二曰增新，三曰删正。述旧者，抄录通志、旧府志、各县志，无稍遗漏，乃合纂成一编，名曰底本，此述旧也。……编底本之事：众人分阅诸志书，某人阅通志，某人阅旧府志，某人阅各县志，（书多者数人阅一种，书少者一人阅数种。）俱用红笔，每一段勾勒起止，以付抄写者。"② 令旧志处于底本地位，陈澧既尊重和使用了旧志的材料，又为新志增添内容留下了余地。

在《赓续篇》中王葆心首先引用了光绪《松江府续志·凡例》："续志，续前志而作也，则凡已见于前志者固不当复见。然时有今昔，即事有废兴，掌故所系，不容漏略。又于前志援据偶疏，写刊舛讹，并宜举正，故仿范成大《吴郡志》例，别为考证。若夫旧闻轶事，前哲所遗，典籍可稽，无嫌拾唾，则亦别为补遗，各以类附。补遗，所以补前志所未及。"③ 王葆心指明时代变化、社会发展，新的变化应该在方志中反

---

① 王葆心著，湖北省地方志编纂委员会点校：《方志学发微（注析本）》，湖北省地方志编纂委员会办公室 1984 年刊行，第 32 页。

② 同上书，第 44 页。

③ 王葆心：《姚光发、张云望、仇炳台光绪〈松江府续志·凡例〉》，《方志学发微·赓续篇》。

映出来；旧志中的记载随时代的发展被证明有舛讹之处，就应该通过后继之人来改正。续志对前志的子目录一般不加以改变，但随着时间的推移和事物的变化，有时候在续志的基础上还是要进行增补。续和补都必须以时间，尤其是内容的变化为依据，不具有随意性。

《派别篇》《反变篇》《赓续篇》三篇分别从用什么体例、怎样处理新志和旧志的关系、怎样对志书进行赓续和补遗三个方面进行了有益的探讨，使修志者能循章程而进之。

## 三、总结实为开拓

王葆心在《古文辞通义·义例篇》小序中说：

> 王文简论诗，谓："观其标题得失，即可得其诗之雅俗。"吾谓文家亦有之。其义例尤广，故欲假他人最不齐文字或事实，以厚集吾文之证佐者，则有种种征引法；欲假最不齐之文或事实于他人，以尊重吾文之势力者，则有种种称谓法；欲假以确定吾文之标准与体裁，则有种种标题法与别集、总集编辑法。虽较乎内心而为外象，依乎神理而为粗迹，本乎定体而非变化，然不究其用，亦足以疵吾之文、淆吾之体，以渐远于清峻、安雅之风规矣。是故纵其纤曲而言之，累牍不能胜也，然独不可略区其雅俗与其利病乎？①

小序中征引法，称谓法，标题法，别集、总集编辑法均为古文写作、古文集编辑等技术问题。借之方志，通过撮举要例即可将方志编纂之方法列举出来，让后学者能根据其义例的特点，在对有些方志义例进行肯定的同时，也可以毫不掩饰地指出某些志书的问题。

按小序中撮要举例的做法，王葆心对雍正本的《浙江通志》和《陕西通志》进行讨论。张之洞将雍正《浙江通志》与章学诚的《湖北通志》、阮元的《广东志》、谢兹山的《广西志》并列，"称其体例视他志特

① 王葆心编纂，熊礼汇标点：《古文辞通义》，武汉大学出版社2008年版，第810页。

善，所引书皆具列原文，标列出典，其近事未有纪载者，亦具列其案牍。其有闻见异词者，则附加考证于下方。虽过求赅备，或不无繁复丛冗，然信而有征之目，差为不愧。其推崇如此”①。对雍正《陕西通志》，王葆心称赞：“《陕志》尤多开后来方志之善法，如列朝地图考及不收公典；创立纪事一门之类甚夥。”②王葆心注意到细微之处，称赞《陕志》“其凡例更出《浙志》凡例之上，此诚足副一代更张之选矣”③。

在此基础上，王葆心对方志义例如何做到精益求精，也根据实例做了提示。如：

> 近人序吴恭亨《慈利志》指人物称列传为非，不知人物称“志”，昔人偶见一二，究非通例，其称传记者十常八九，未可以孤证乱通则也。新收人物但注“新增”二字，并颇率略；义仆附忠义后，援《后汉·独行》及《明史·阿寄》为例；孝友传遇事迹阙略者，附录列名于末；其捐施赈济者亦列名独行传后；其类传不另标目，但末尾注“以上忠义、孝友”等项。余谓既立品目，即应仿史体大书，何为用小注致易淆起讫乎？其引数书成一传者，汇注于末，不及《浙志》分析注明之确核。④

《义例篇》是王葆心精心挑选的方志案例，并从选材、考订资料、分条列目直至编辑成志的全过程进行讨论，为地方志的修纂提供理论指导和修志实践中的技术支撑。这种对不同学术见解进行有选择性接纳的学术胸怀，是那些依靠学术门户来支撑自我的人所缺乏的，是明清以来史志学者所未曾做过的工作。即使是极有成就的方志学者章学诚，由于在学术上门户之见太甚，对不同的观点也不容易接纳，留下了学术上的遗憾。海纳百川，有容乃大。王葆心广纳千家言的学术态度，使他在方志学上的成就一定程度上超过了章学诚。

---

①—③ 王葆心：《雍正〈浙江通志〉〈陕西通志〉详绎》，《方志学发微·义例篇》。

④ 王葆心：《姚文田〈嘉庆扬州府志〉详绎》，《方志学发微·义例篇》。

# 第十章　武汉史料钩沉

清道光三年（1823），湖北天门文人熊士鹏为“飘零书剑，轻狂诗酒”范锴所著的《汉口丛谈》作序。序中对范锴的才气、文笔极为赞赏。《汉口丛谈》是第一部叙述汉口城市兴衰的乡邦史书。凡是与汉口一带有关的前哲嘉言、荆楚人文、地理山川、灾异祸患、堪舆术数等，甚至读书心得、个人感悟均纳入书中。范锴以轻松写意的文学笔调娓娓叙述着汉口旧事和市民生活。由于范锴旅居汉口时留心风土人情，喜搜地方掌故，充实的内容和翔实的资料使《汉口丛谈》不仅具有较强的史料价值，也是一部让人回味的文学作品。周贞亮在《汉口丛谈》跋中说：“为外人重值收去，吾乡人转不易得，得者亦不轻出示人。”就是这位周贞亮将自己抄校的《汉口丛谈》出示王葆心，王葆心后来又从徐星槎处得此抄本，命其子王夔武写一副本藏之，并在此基础上写出了《续汉口丛谈》和《再续汉口丛谈》。近人认为该书“虽然算不上是精心结撰的史学专著，但却称得上地方文献中的佳篇”①。

## 第一节　二十八载居留地

光绪十七年（1891），23岁的王葆心与长兄王葆周、三兄王葆和、从兄王佑祺到武昌两湖书院学习，前后5年时间。1902年至1906年，王葆心任汉阳府学堂教习。1912年到1914年任湖北革命实录馆总纂，同时在国立武昌高等师范学校供职。自1922年王葆心在湖北国学馆任职至1925年。1927年任武昌中山大学国文教授。1930年王葆心参与

① 周积明主编：《湖北文化史》上册，湖北教育出版社2006年版，第525页。

《湖北文征》编辑工作，1932年至1938年任湖北通志馆总纂。从23岁第一次到武汉至71岁回到罗田，王葆心来往于武汉48年，其中长居于武汉的时间约为28年。

作为教授，王葆心任职于武汉的数所大学；作为学者，王葆心不少著作完成于武汉；作为历史学家，王葆心编纂《湖北通志》的活动离不开武汉。在武汉，王葆心聆听师长的教诲，授业传道于后学，与其子夔强、夔武二人共同研究资料、探讨学问。在武汉长时间的居住，为王葆心提供了认识武汉、了解武汉、熟悉武汉的各种契机。虚心受纳、勤于笔耕，王葆心将所见所闻的武汉传闻轶事记录下来。在阅读范锴的《汉口丛谈》后，王葆心又阅读了孝感徐焕斗所著的《汉口小志》等记载乡土风俗的书。这些书引起了王葆心撰写与《汉口丛谈》类似书籍的创作冲动，“应新闻社之请，敷陈楚故，即广是书之旨，成《续谈》《再续》二种，携之行箧中”①。

王葆心居于武汉28年，历经学生、教师、官员、学者不同身份，与社会各个阶层均有来往。王葆心为人极重道德，为学生时极尊师重道，与同学亲近，如他在两湖书院对每位老师都十分尊重。王葆心后来的著作《艺林演雅》就有邓绎先生《云山读书记》的味道。1914年，王葆心接受汤芗铭聘请在湖南官书报局任总纂，了解到邓绎先生去世后，家人病的病、死的死，祖传产业变卖殆尽。邓绎的孙子邓伯雍人品好，书也读得不错，在生活极度困难中还不忘整理祖父的遗稿。王葆心亲自登门拜访邓伯雍，并托人解决他的工作问题，对老师可谓竭尽学生之谊。王葆心对胸怀大志、学术精深的同窗非常敬重。如童树棠以“吾学不成，何以救世”勉励自己，在学习上“凡书皆具其目，各定董治之条例，约以次第、识别、考订、抄录四者，赅其程途；以诵读、体察、

① 王夔武：《汉口丛谈跋》，〔清〕范锴著、江浦等校释《汉口丛谈》，湖北人民出版社1999年版，第440页。

精研、旁考、略观、涉猎六者究其心得”[1]。童树棠的学习方法对王葆心很有启发。童树棠还关心国事，对于强国治国均有独特之见解。王葆心认为，“树棠以一书生屏迹坐论空山，而已道其要于数十年前”，确实值得人敬重。童树棠去世后，王葆心亲自整理、编辑其遗著，刻印《童氏类稿》。此举对死者是追怀，对生者是慰藉，彰显了王葆心对同窗的缅怀之情。

王葆心对待师友一片诚挚，他就是以这种诚挚之心在武汉生活了28年。

## 一、在汉经历与交往

尽管王葆心不善交往，不喜攀附权贵，但“人到无求品自高”，以学问、教学、事业为重的人生标准使得在王葆心身边自然而然地形成了一个相对稳定的交际圈。

在武汉，王葆心的交际圈首先是对他有过教诲之恩的师长圈，如梁鼎芬、易顺鼎、杨锐、王康年、姚晋圻、沈曾植、邓绎、周树模、陈三立、周锡恩、杨守敬等。这些师长不仅在学习上引导王葆心，在待人接物上也为他进入社会提供了借鉴。其次两湖书院的同学及经心书院的同学，有郑邦骥、哈汉章、吴元泽、王锦芳、权亮、黄兴、陈英才、李书城、李步青、周泽春等人。尽管王葆心不利用同学的关系来追求自己升迁，但同窗之谊使他在志书编纂和《湖北文征》资料搜集中得到帮助。再次王葆心在教育界的同事，像黄福、帅畏斋、黄侃等人。这些人不仅学术精通，且具备“不媚俗、不媚权、不阿贵、不阿众、是所是、非所非、爱所爱、憎所憎的典型中国文人”的高尚品德。以黄侃为例，黄侃对王葆心主持湖北国学馆积极支持。他赞成王葆心继承宋明书院传统，师生朝夕共处言行互见，精神与情感互通，融教书育人于一体。有这样的同事不仅可在学术上相互研讨，也可在精神上互相安慰。

---

① 王葆心：《楚学大家童君憩南行状》，《晦堂文钞》。

王葆心的社交圈最重要的应该是他的学生圈。以在湖北国学馆时的学生为例，较有名的学生就有徐复观、闻聪、闻惕生；在国学讲习会的函授学生有谈瀛。就拿徐复观与王葆心之间的交往来说，徐复观1924年在湖北国学馆招生考试中与闻聪、闻惕生并列第一，王葆心知道徐复观家庭贫困后，主动为他提供生活费用；知道他没钱买书，就主动为他借书或买书送给他。总之，王葆心对徐复观关照爱护有加，徐复观也始终不忘他的关怀和教诲。

1930年，王葆心、甘鹏云、龚耕庐共同主持《湖北文征》的资料搜集和编纂工作。元明两朝的资料搜集和编纂由王葆心和甘鹏云共同负责。甘鹏云逝世后，《湖北文征》的原稿仍存甘宅，甘鹏云的孙子甘厚甫撰其祖父行状，谓甘鹏云："近年以来用力最勤，视为身心性命之事，刻不容缓者，厥惟《湖北文征》。先已成之明文二百五十卷，凡遗事轶闻，有见于群书者，悉加甄采，附诸小传之次。拟续诸清文三百卷。赞助者为石丈荩年，已写定目录二十卷，犹未敢以为定本也。"①王葆心见到甘厚甫写的行状非常气愤，因为甘厚甫在其祖父的行状中只尽力描绘甘鹏云在搜集《湖北文征》资料中的作用，未能将王葆心与甘鹏云在搜集资料和《文征》编纂上的合作状况写明。王葆心及精庐同仁认为甘厚甫是有意抹杀王葆心的全部努力，也是对精庐同仁为纂成《湖北文征》所付出辛勤劳动的否认。为此，精庐同仁中有人写了一封气势咄咄逼人的信函给甘厚甫，对此函甘厚甫置之未理。故而，楚学精庐的同仁认为甘厚甫是想独占书稿。

1946年4月，徐复观听说此事，趁来京之便带同士兵亲自到甘宅论理，甘厚甫才将元明两朝《湖北文征》书稿全部交出。事后徐复观在同乡会上报告索稿经过说："我能报师恩于万一，心里也得到一点安慰。"②

除以上四个社交圈外，王葆心通过家人、亲属也建立起了一个了解

① 叶贤恩：《王葆心传》，崇文书局2009年版，第199页。

② 同上书，第65页。

社会的社交圈。街坊邻里尽管来往不密切，街头巷尾之议往往有反映社会之作用。如《再续汉口丛谈》卷二中“今日汉市，物值无不昂于二十年前十倍有奇，较二百年前更不可臆计”①。这种物价信息多来自街坊之谈吐。

融于武汉的生活为王葆心续写《汉口丛谈》提供了第一手资料。

## 二、《汉口丛谈》的启迪

王葆心在《续汉口丛谈》卷一即将自己所作与范锴的《汉口丛谈》做了这样的比较：“范君生盛世，意主发抒性情；我生值危乱，意在网罗放矢。故范书爱文藻，此作重见闻。”②《续汉口丛谈》共六卷，八万余字；《再续汉口丛谈》四卷，六万余字。这两部书除分卷外没有分篇目，也没有小标题，信手而书，性至笔至，显得没有头绪、缺乏条理。但从资料的来源来看，《续汉口丛谈》与《再续汉口丛谈》并非无章可循。

例如《续汉口丛谈》卷三中，记述据喻石农所言乾嘉中汉阳藏书家黄氏，家中有好的抄本500多种，“愚谷、云素、根石次第传抄”，“根石”即《知不足斋丛书》刻录的《泣蕲录》中之王根石。其后一则又介绍了王根石擅长书法，并用喻石农对王根石的评价来表明王根石的学术地位，后文王葆心又写出“余兄文伯曾以示汉阳关季华先生棠，先生甚赏之。尤爱帖中《化度寺碑》一种，今尚藏舍侄处”，以示王根石的影响。继之第8则中又以喻石农引出了寒香老人段嘉梅。第9则用《喻石农诗话》引出叶廷芳和胡绍鼎。第10则记喻石农作诗咏叹孝妇冤死、榴花复生记述汉阳西门外一石榴花塔来历。第11则用喻石农的谈话点明寄轩的来历，并引出汉阳知府纪淑曾。第12则用喻石农、陈愚谷引出孙琬。据此可以看出，第三卷有7则与喻石农有关。

---

① 王葆心著，陈志平等点校：《续汉口丛谈 再续汉口丛谈》，湖北教育出版社2002年版，第241页。

② 同上书，第5页。

喻石农，即喻文鏊，是乾嘉道年间的读书人，与蕲州的陈诗（愚谷）、汉阳的叶云素并称为“汉上三杰”，为清代文学史上性灵派代表诗人之一，号称“光黄一大家”，诗名隆著，播及塞外，“高丽人尤重其诗”。对王葆心而言喻文鏊是乡贤、是前辈，喻家后辈与王葆心的家族有所往来，故凡与喻文鏊有关之记载要么来自于喻文鏊的著作，要么来自于后人对喻文鏊的回忆与记载。从这个例子可以看出王葆心在写《续汉口丛谈》与《再续汉口丛谈》时，对资料的审定十分严格，虽不能说“无一字无来历”，但确实做到了“无一事无所本”。

既“无一事无所本”，就可看出范锴的《汉口丛谈》引发了王葆心撰写乡土里俗之书的写作动机，王葆心又根据生活的社会环境之异，确定了与前书不同的写作重点。比较不难发现二书均采用笔记体，均重视武汉的沿革，且都能根据时代变革写明武汉在不同时代的社会状况，从地理位置、周边环境、经济交通、地名掌故、园林建筑、寺庙楼阁、名人名作、地方物产来记述武汉一隅。更为难得的是王葆心有过撰写蕲黄四十八寨农民起义和元末徐寿辉起义史的经历，故而可见其掌握的从元末直至清道光年间湖北农民起义的资料较多。总而言之，王葆心的《续汉口丛谈》和《再续汉口丛谈》从多方面受到范锴《汉口丛谈》的启迪，但王葆心以资料之翔实、观点之新颖突破了《汉口丛谈》一书的限制。

王葆心多年来搜集湖北地方志和乡邦文献，范围之广人所罕及。他擅长于对资料的鉴别使用，仅《续汉口丛谈》卷一之第3则叙江汉大市场的起源即引用了《三国志·吴志·陆逊传》、《三国志·魏志》、唐李吉甫所编《元和郡县图志》和清代所编《黄陂县志》诸书。通过引用阐明了江汉大市场的历史沿革，显示出该市场因“舟楫成市”的特征。如非对这些资料了如指掌，焉能利用资料间的内在联系做出大篇文章。

## 三、传闻逸事的搜集甄别

曹植在《与杨德祖书》中言：“夫街谈巷说，必有可采，击辕之歌，有应《风》《雅》，匹夫之思，未易轻弃也。”王葆心在其从事学术生涯的活动中，从不轻视从各个方面搜集而来的资料，基于他知识之广博和见解之高明、使用资料的技巧之娴熟，不仅不轻弃“匹夫之思”，且能从街谈巷说中发掘出风雅之旨。

例如《续汉口丛谈》第5则，从《浙江巡抚许公神道碑铭》中记载许兆椿任松江知府时“游击杨天相诬拿海商张茅等十七人为盗，提镇铺张入奏，杨升擢参将，弁员皆迁。案下，制府转檄公，讯得实，立平反之，谳成，十七人得不死”①。王葆心通过其他的资料和诗文，证明了“此书事不确，且变易是非”。王葆心引用包安吴在《齐民四术·书三案始末》中所言：“天相之祸，起于提督陈大用欲擅功单奏，不会总督苏凌阿衔。”洪亮吉在《上成亲王书》中称：“参将杨天相有功骈首，降盗某等漏网安居，皆由总督苏凌阿贪赃骫法。至今人民言之痛心切齿，而洋盗则公然上岸，无所顾忌，皆此事所酿成也。”② 在后文中，王葆心引用了沈学渊所著《楼船行》一诗：

> 楼船将军今杨仆，同人先笑后号哭。将军执手擒盗渠，俘囚晨向军门缚。……尚书宝帐宿酲醒，怒气直上排天扉。自从去年节钺至，海疆已报销烽燧。如何缚此狂奴来，将弁无乃不解事。呼盗与坐问盗因，盗言非盗皆良民。良民诬盗罪无赦，大车槛槛征将军。将军欲诉不得剖，三字风波莫须有。……妇竖云屯泣送君。独有渠魁齐拍手……将军一去大树倾，谁复入海鞭长鲸。……古来黑白类如此，今见武官不惜死。呜呼！奈何独有武官不惜死！

在引用这首诗后，王葆心加上按语：“此诗即指杨天相……天相就戮吴淞，观者万人，皆持纸钱也。”③一桩冤案，王葆心借他人文字述清始

① 王葆心著，陈志平等点校：《续汉口丛谈　再续汉口丛谈》，湖北教育出版社2002年版，第35页。

②③ 同上书，第36页。

末，澄清事实；又借杨天相同时代人所作的诗歌，写明苏凌阿与盗贼勾结造成了杨天相冤狱。通过诗中的“莫须有”反映了“古来黑白类如此”的社会黑暗，最后用老百姓“万人皆持纸钱”表明是非自在人心，从而反映出王葆心对贪官污吏的鞭挞，对蒙冤者的同情。

《续汉口丛谈》并非王葆心精心撰著的史学著作，但这类笔记因作者学养颇深，故信笔写来文中自有褒贬，也有“借他人杯酒，浇自家块垒”的寄托。正如曹植在《与杨德祖书》最后所言：“若吾志未果，吾道不行，则将采庶官之实录，辩时俗之得失，定仁义之衷，成一家之言。虽未能藏之于名山，将以传之于同好。”王葆心确实做到了。

## 第二节 《续汉口丛谈》与《再续汉口丛谈》

在范锴《汉口丛谈》的基础上一续再续并非重梁架屋，也不是老话重谈。对比一下范锴书中的内容，就会发现王葆心循着范锴构架的路径为《汉口丛谈》带来了新的风景，攫取了时代风云，赠予汉口嫩枝新叶。即使是范锴使用过的资料，王葆心在重新使用时也进行了必要的考订，并在此基础上进行了删替。同是笔记，王葆心不动声色地把时代的变迁记载下来。如《再续汉口丛谈》第三卷第 27 则：

> 庚午秋，匪乱正亟，旧人多避地武汉者。于是省府诸君，约集社联吟，以遣羁旅岁月。夏君灵炳所居之湖上园，水明木瑟，即以为文宴之地。①

“灵炳”就是夏斗寅，“湖上园”是位于武昌的笛湖精舍。据此可以推出庚午年为 1930 年，王葆心在为《待社集》作序时写道：“吾则谓今日举

① 王葆心著，陈志平等点校：《续汉口丛谈 再续汉口丛谈》，湖北教育出版社 2002 年版，第 286 页。

国皆贵人，实则举国无一福人。”① 点明了1930年蒋、冯、阎大战给国家带来的灾难，讽刺了因争权夺利的“贵人”多，造成的“举国无一福人”的惨相。文字穆穆有容，内涵深刻无比。故而应将王葆心的《续汉口丛谈》与《再续汉口丛谈》作为乡邦文献来看。

## 一、武汉沿革

《续汉口丛谈》卷一第3则至13则，记述了武汉的沿革。第3则中点明汉口镇、朱仙镇、景德镇、佛山镇为明清四大镇，王葆心著书之时，汉口已成为当时中国除上海之外最大的城市。王葆心根据史籍所载，首先用陈寿所著之《三国志》指“石阳市盛”，石阳即东晋之汉阳、今之黄陂，说明江汉之商业繁荣状况。黄初五年（224）东吴孙权围文聘于石阳，可见石阳当地在三国时候就已经有城了。在东晋时候，石阳改为汉阳，设汉阳县。根据史书，王葆心考察了当时的汉水走古水道，所以当时的军事用地是夏口，而商业繁华之地则在汉阳。

第4则记：“典午南来以后，市场应在今夏口，大江南岸，武昌文昌门外，鲇鱼套口一带。”② 王葆心判断梁、陈古市断不在今北岸之汉口。第5则中用唐卢纶和罗隐的诗句证明唐代汉口商铺抵汉阳南岸；又用贾至和李白的诗句证实来往于汉阳的商船从上游四川来，到下游扬州去。写到宋代的汉口事迹，以范成大和陆游的记载为准，直接引用范成大的《吴船录》：“鹦鹉洲前南市，在城外，沿江数万家，廛闬甚盛，列肆如栉，酒垆楼栏尤壮丽，外郡未见其比，盖川广荆襄淮浙贸迁之会，货物之至者无不售。且不问多少，一日可尽。”③ 王葆心依据胡寅《南纪楼》诗中所言，指明宋代的市场“沿六朝唐人套口旧市之余波。厥后由南市迤北至鹦鹉洲，渐为中央聚点”④。又言：“厥后斯洲以

---

① 王葆心著，陈志平等点校：《续汉口丛谈　再续汉口丛谈》，湖北教育出版社2002年版，第287页。

② 同上书，第7页。

③ 同上书，第9页。

④ 同上书，第10页。

市密人稠，日以蚀削。兼之汉水入江之口，改而逼近，江流因之增高，斯洲遂沉沦。而商市乃天然移归北岸矣。”① 至元末明初“省城当七省冲，江夏附郭，水陆交通，百货云集。元暨明初，汇于金沙洲。崇祯间，鹦鹉洲没于江，更汇于坛角。舟车络绎，熙来攘往，号称极盛。兵燹以来，开濠清野，市廛邱墟”。“明代市场，由鹦鹉洲抵汉阳南纪门，渐渐下延，至东门，抵铁关，为崇信坊地。”② 顾炎武在《天下郡国利病书》中云：“禹贡矶之旁为铁门关，商舶云集，阛阓外屏。”③ 汉口之盛见之于明代。王葆心引用明代的《堤防考》，写明“自成化初，汉水忽于排砂口下，郭丝口上，直通一道，约长十里。汉水径从此下，由鲁山麓入江，而故道遂沦为潇湘湖、为后湖、为玉带河、为黄花地。今都归淤塞矣”④。汉口得力于汉水改道，在明朝取代武昌和汉阳成为商业重镇。

同治年间，《汉阳县志·杂记》载唐裔潢《风水论》有云：“汉口初亦芦洲耳。明洪武间，未有人住。至天顺间，始有民人张添爵等祖父，在此筑基盖屋。嘉靖四年丈量，上岸有张添爵等房屋六百三十间，下岸有徐文高等房屋六百五十间。汉口渐盛，盖有小河水通商贾，可以泊船，故今为天下名区。”⑤ 三镇中的汉口真正成为商市应在嘉靖年间。

## 二、汉口盛于商，衰于火

嘉靖汉口成市，至明崇祯初年已经十分繁盛。蒲度之在其《硕迈园集》中这样记载：“惟是鄂城周遭几二十余里，长衢蜓蜿，曲巷逶迤。道上行人习习如蚁。余一盖一舆，至轵不得进。每一哄之市，而百货罗列，似游五都；璠玙夺目，若入蜃楼；宝光烛斗，洵一大都会也。迄今

① 王葆心著，陈志平等点校：《续汉口丛谈　再续汉口丛谈》，湖北教育出版社 2002 年版，第 10 页。

② 同上书，第 10、11 页。

③④ 同上书，第 12 页。

⑤ 同上书，第 16 页。

滔滔江汉，尚余大王之雄风焉。”① 这样繁华的都会是在万历三十六年（1608）大火之后逐渐恢复的。清初《汉阳府志》载：“万历三十六年。汉阳县。正旦。自汉口崇信坊火起，延烧东阳坊一带，至莲花堤，转入城。毁朝宗楼，及门内人户。”② 从明朝末年起，张献忠和左良玉及清兵南下造成的破败，到雍乾年间才得到全面恢复并取得一定发展。在嘉庆十五年（1810）武汉又遭遇了一场大火，“大火延爇，殆数万家。街市中截，弥望尽成焦土。然以货物所集之区，不难重构。一月之内，室堵齐兴，凡百贩鬻，俱复其常。其时遍地皆小鼠，长不盈咫，或白昼游行，见人亦不甚畏避”③。本则信息反映了武汉已有雄厚的商业基础，巨大的灾害之后能迅速迎来商业重建；又反映了一种怪异的情况，大火将藏身于洞穴之中的部分老鼠炙烤出洞而致“遍地皆小鼠”。

前两次大火灾还是在陆地上烧，道光二十九年（1849）一场大火在下新河烧起。起因是盐船上一盐丁抽吸鸦片，“一火倏腾，渐延及什物船篷，以至于樊樯竿。俄而火烛长川，船人竞起，理篙杙者、窜逸者皆自梦魂中，迷骇昏乱，不知所之。而又千船固结，仓促不可割分。上流火势剧烈，炎炎若飞炮；下流风逆，即解缆亦不得出”④。

仅仅6年之后，太平军在1855年4月3日分水陆两路对武昌发起总攻，首以水路潜入鲇鱼套火烧彭玉麟水师，致清军溃败。从7月15日至25日，胡林翼、彭玉麟与太平军大战汉口，“均用火攻，毁贼船贼营，而居民亦罹此劫也”⑤。太平军第三次占领武昌和湘军对武昌的收复，留给武昌居民的是房屋破败、亲人死亡，一片生灵涂炭。给近代武汉最大的破坏是1911年辛亥首义后，袁世凯派冯国璋率北洋军南下镇压。“自九月初九日夜（1911年10月31日），清军进据华界，即纵火

① 王葆心著，陈志平等点校：《续汉口丛谈 再续汉口丛谈》，湖北教育出版社2002年版，第13页。

②③ 同上书，第17页。

④ 同上书，第19页。

⑤ 同上书，第21页。

焚烧，惨无人理。兹将被焚地址调查志之：一河街上至大通巷河下止。一中街至安善堂止。一后街至马路止。一下街至招商局止。一黄陂街后仅帝王宫、万寿宫两处尚存，余尽被烧。一大智门一带至新马路兴业银行旁止。统计华界房屋烧去十成之九，汉镇精华至此殆尽。”①

通过对五次大火灾的记述，王葆心着重强调了防火对于武汉的重要性，并列举了关于汉口多火灾的两种不同说法：一种是由于流民沿市、沿江、沿堤之棚户屯列如林，导致易发生火灾；另一说与风水有关。王葆心颇具现代意识，认为预防在先，“与今之保安水龙会用意正合”，且举汉口租界极少发生火灾为例证。

## 三、地名掌故

王葆心用搜集到的大量资料来显示武汉的变迁，引用陆游的《入蜀记》、范成大的《吴船录》点明南市在鹦鹉洲，并亲加按语：

> 汉市，宋以前之大势，六朝时在套口一带，其地外江内湖，四面环水，故业能盛。唐宋时，在鹦鹉洲左右，其地亦四面环水，故亦能盛。明成化以前，在大江之内，在玉带河并襄河之外，其水势形如带，亦四面环水，故更能盛。此历代迁徙之由，亦迁徙后必能兴盛之由也。近日有人建后湖开河环绕入江之议，亦仿此种旧市之式，略复成化前之旧也。②

通过按语将后来汉水入江之口改道，导致古鹦鹉洲沉沦，因而南市的商户们不得不逐渐迁徙至北岸的原因表明。南宋陆游《入蜀记》中记载“市邑雄富，列肆繁错……虽钱塘、建康不能过，隐然一大都会”③，足以证明在南宋中期的都城杭州和建康的繁荣也没有超过武昌，而武昌

---

① 王葆心著，陈志平等点校：《续汉口丛谈　再续汉口丛谈》，湖北教育出版社2002年版，第21页。

②③ 同上书，第9页。

的繁荣就是通过南市显示出来的。汉水的改道将南市的繁华转移到江北。公安派文人袁中道《由草市至汉口周中》诗云："陵谷十年变，川原未可分。长湖百里水，中有楚王坟。"写出了地形变化给城市带来的改变。汉水改道是武汉三镇形成的原因。

随着居民增加，商贾云集，汉口成为楚中"第一繁盛"之地。明朝设巡检司，清初分为仁义、礼智两司，至通商后设江汉关监督于大智门坊。此时汉口已形成四个居民区，顺汉水而下依次分为居仁坊、由义坊、循礼坊、大智坊，全长约为 7.5 公里。

汉口租界设于咸丰十一年（1861），在光绪三十三年（1907）最后确定位置，基本形成了汉口上至硚口下延直至谌家矶的规模。

汉口许多地名形成于明代。因明武宗无子，宁献王世子从钟祥取道汉口进京，故而在汉口留下銮舆遗迹，并因此产生了与明世宗相关的地名。进入清朝后，以讹传讹，由音变发展到意变。如接驾嘴码头后变为薛家嘴，进入民国后变为集家嘴；报驾巷变为鲍家巷；送驾墩后变为宋家墩。回龙寺在大智坊，明世宗亲临该寺，赐名为回龙寺，清咸丰年间战乱后寺已无存。

王葆心对武汉龟、蛇山的名称的沿革进行了阐述：蛇山延至江边的矶石称为黄鹄矶，故蛇山也被称为黄鹄山。黄鹄山的名称从六朝使用到唐代；宋代时被改称为石城山，因将随州大洪山的佛足移到蛇山供养，蛇山又有了洪山之称；元朝将洪山改名为高冠山，王葆心认为可能是源于郦道元《水经注》中的"高观枕流"，"观"讹为"冠"；明代楚昭王朱桢更名为长春山，接着又改名为金华山，典故出自朱元璋在黄鹤楼将陈友谅所藏金花赏于士卒的故事；进入清朝后，因陆游《入蜀记》中有"石城山袅绕如蛇状"的描述，本地士绅才定名为蛇山。龟山在屈原的作品中称为"大坟"。唐代以后不少学者主张龟山应是古代的大别山。王葆心不赞成这一说法。他认为大别山应是在今天罗田、麻城、英山一带。

王葆心对武汉不少地名或列举或考校，为研究武汉城市史研究者提供了资料。

## 四、园林建筑

建筑物是凝固的城市历史，园林建筑则是中国城市建筑物中文人雅趣兴味的体现。因其借景造意、移步换景，师自然之造化，将设计者匠心融诗情画意于一体。王葆心记载了明季有名的水明楼，引公安派文学家袁宏道《坐王章甫水明楼（汉阳）》云："峦光设色浅深间，万瓦鳞鳞鉴碧湾。孤塔自来当沔口，高僧相过说庐山。常时杯底沈黄鹤，每就堂中乳白鹇。南北精蓝青比比，蒲团才得个人闲。"首联说出了水明楼依山而建，山色变化映照着它，一湾碧水像镜子一样反映着水明楼的屋顶。后王章甫转让了水明楼，在距离城西关外两里路的地方建起了葵园。葵园北眺古琴台，南望鹦鹉洲，顺江观下游之景，蛇山之下黄鹄矶头，白云悠悠嬉戏于黄鹤楼；龟山之侧流花湖畔，波涛声声敲击于晴川阁。四周开阔之景，葵园幽静之处，使画师得天然之色，诗人有会心之吟。袁宏道来到葵园，写下了《汉阳过王章甫葵园和二仲韵》："户外郎遥岭，寒香渐出林。增池缘亩阔，疏竹为庭荫。烟雪裁为句，风泉写入琴。欲知桐性老，火里试蕉音。""烟雪裁为句，风泉写入琴"足以证明葵园将自然与人融为一体。在葵园中有一奇石"绉透殊伦"，被命名为"翠微峰"。在这块奇石旁凿有一井——"翠微古井"。清顺治年间王氏家道中落、难以为继，汉川张存恭以270两白银将葵园买了。几位佛教信众集资从张家手中购回葵园。白光明、主峰兄弟游历至汉阳，经信众邀请和捐赠，在葵园修建归元寺。《归元禅寺碑记》中这样描述："风动葵园，葵本无目，向日而繁，焦本无耳，闻雷而苏，无根树子，盖世如云……"文人的风雅、葵园的幽静被青灯古佛代替了。

《续汉口丛谈》中还记载了光绪十五年（1889）归元寺长老恩普禅师募建五百尊罗汉，设罗汉堂，另在罗汉堂前建一放生池，时人以投食池中龟为乐。

在当时，明代万历年间萧丁泰所修建的吸江亭为江汉园林之最，是黄鹤楼、晴川阁之外最适宜于眺望江景的景点。

王葆心纠正了长春观修于南宋年间的记载。《江夏旧志》云："宋淳熙八年，仙师王重阳偕真人邱长春师徒，捻纸塑太上像，神情肃穆，须眉如生。后有群盗疑像为金，窃之不能举，盗愈疑。又一日，复持刀来刮金，刀甫行，太上视窃人一笑，盗惊遁去。"王葆心认为淳熙是宋孝宗年号，宋、金为敌国，王重阳、邱长春为北方人，生平从未涉足江汉，故《江夏旧志》中所载纯属虚妄。所以长春观的修建应不早于元朝。民国年间的长春观是官文任湖广总督时，李世忠修建的。古琴台，王葆心认为北宋已有之。关于琴台的位置，《汉阳府志》说在大别山（龟山）尾，嘉庆《湖北通志》云："平塘渡在汉口西十里，一名琴台。"《汉阳县识》说："据城五十里汉阴山，一名马鞍山，下有集贤村，传为钟子期故里。"王葆心认为嘉庆年间，毕沅任湖广总督时，在月湖西修建了亭台楼榭，名为古琴台，由当时著名学者汪容甫代毕沅写了铭文，将月湖旁的古琴台饰为名迹。

王葆心对晴川阁的毁修做了详细记述：晴川阁最早是明代汉阳知府范志坚修建，隆庆六年（1572）重建。雍正年间经多次修缮，乾隆五十二年（1787）知府杨芳春重修。咸丰年间，太平军焚毁晴川阁。同治三年（1864）钟钧谦重新建。

王葆心还对汉口的淮园、怡园、白园、豫家园、蔼园都做了详细的考证和记述。通过对园林建筑的叙述，王葆心从另一个角度表现了汉口地区社会风貌和文人心态。

## 五、神凌八表黄鹤楼

黄鹤楼是武汉的历史标志，在江南四大名楼中修建最早，修建于三国时期吴黄武二年（223）。最早是"置戍而楼兴"①，经东晋及南朝的修整，其军事用途逐渐消失，到唐代成为登高赏景的佳处。崔颢题诗在

---

① 王葆心著，陈志平等点校：《续汉口丛谈 再续汉口丛谈》，湖北教育出版社 2002 年版，第 295 页。

当时影响不大，李白见崔颢所题之诗后搁笔，在金陵凤凰台拟崔颢之诗题咏。李白之诗使崔颢的诗名益显。黄鹤楼也成为游人必至，诗人必然品题的景点。李白有《黄鹤楼送孟浩然之广陵》《与史郎中钦听黄鹤楼上吹笛》等诗，诗作流传极广，使黄鹤楼更为世人所知。

唐永泰元年（765）闫伯瑾在《黄鹤楼记》中云："州城西南隅有黄鹤楼。"李吉甫《元和郡县志》云："江西城西南角，因矶为楼，名为黄鹤楼。"唐朝文献的两种记叙，足以证明唐朝黄鹤楼址和清朝光绪年间黄鹤楼址吻合。到了宋代，唐黄鹤楼已不存在了。陆游在《入蜀记》中说黄鹤楼为天下绝景，今楼已废，故址亦不复存。陆游向当地老吏询问，老吏云："在石镜亭南楼之间，正对鹦鹉洲。"宋代黄鹤楼址与清代的黄鹤楼址不在一处。

王葆心引用潘耒的《黄鹤楼》诗"武昌三面临江水，横山如屏亘城里。西峰蜿蜒欲入江，压以高楼半天咫。三层迥与三霄齐，八面平当八风起。遥看缥缈接蜃楼，近睇峥嵘叠霞绮"①，叙述了黄鹤楼的位置、形制、外观及从不同距离对黄鹤楼的观感。对黄鹤楼的兴废，王葆心根据沈棠溪的《游记》叙述了黄鹤楼在清代修建的历史。

> 顺治间，楚督蔡毓荣镇鄂，购良材，招良匠建之。时有黄鹤楼高九丈之谣。嘉庆中重建，求大木不可得，将增石础以益之。发其址，则四十余础，皆中穿贯以铁索。若旗布绮交，虽万牛不能撼。制府百文敏公闻之曰："此磐石不拔之基，不能易，亦不能益。"于是惩贪吏，平盐价，减库息，士民感之。为悬"三月楚治"之额于楼上。至咸丰乙卯，粤寇一炬，委诸荆砾。凡十年，制府官文恭爵相倡捐修葺，因而修采木材，偏及荆巫。越两载，乙卯告成。此清代兴废大端也。②

① 王葆心著，陈志平等点校：《续汉口丛谈　再续汉口丛谈》，湖北教育出版社2002年版，第75页。

② 同上书，第75—76页。

光绪十年（1884）农历八月初四，“汉阳门外董家坡民房起火，延烧黄鹤楼”[①]。这次黄鹤楼被焚直至20世纪80年代才得以重建。

光绪十年被焚之后世人多次呼吁重修，1932年时夏斗寅任湖北省政府主席，倡议重修黄鹤楼，为筹集资金邀请王葆心写了《重修武昌黄鹤楼募资启》。该文1700字，叙写了有关黄鹤楼的神话传说，铺陈了文人墨客吟唱黄鹤楼的诗文及登楼逸事，记录了在清朝“火经三发，工届八兴”的兴废历程。在此基础上点明了重修黄鹤楼的意义为“今日再造此楼，是即以存十七朝之文献故迹也……是即以长泰东西中华之声价也……是即以增中外游眺之清旷也”[②]。遗憾的是，王葆心未能在有生之年目睹黄鹤楼之再现。

## 六、武汉三业

王葆心对地方经济向来重视。奇怪的是，《续汉口丛谈》和《再续汉口丛谈》中并未谈到武汉的茶业、盐业、手工业。这可能是由于王葆心来武汉，无论求学、教书均居住在武昌，且所交游的对象大多为读书人。此时武汉的茶业多在租界，盐业在汉正街淮盐巷一带，手工业多在前、后花楼街，他接触不多，故而了解不深。《续汉口丛谈》《再续汉口丛谈》中王葆心只讨论了武汉的烟业、布业和水上交通业。

王葆心最初不了解烟店门市牌面书写“社塘衡烟”之意，在阅读了同治《衡阳县志·货殖传》，知道“塘”字乃“坛”字之讹。从明朝后期开始，“社坛衡烟”在海内流行，“社坛”是城北旧坛地，“四方求烟草者，得真衡产，一爇即辨，种烟草者相望。近五六十载，福建所产盛行，衡烟易绌”[③]。王葆心指出了《衡阳县志》中的错误：“福建烟草之利，实开自明季由南洋输来。某说部曾载崇祯中禁烟极严，犯者至死。

① 王葆心著，陈志平等点校：《续汉口丛谈 再续汉口丛谈》，湖北教育出版社2002年版，第85页。

② 同上书，第297页。

③ 同上书，第218页。

有闽省举子不知新令，挟带入都，为崇文门所获，其仆乃出代死。而《带经堂诗话》《两般秋雨庵随笔》所称引，皆称闽产擅胜，其来已旧。"① 指明衡阳产烟不仅在福建之后，而且时间较短。

王葆心对武汉的布业也做了考证。在西洋布未在武汉流行时，武汉市面上的布店多挂着"苏松布匹"的匾额。其来源是许元仲《三异笔谈》中的记载：

> 沪渎梭布，衣被天下，良贾起家。张少司马之太翁以此致富巨万，五更篝灯，收布千匹，运售阊门，匹可赢五十文，计一晨可五十金，所谓鸡鸣布也。曼园既贵，托其妹子赵公主其事，某年横云山人假归，以五十万金属为其营运。后十年，王赵与曼园获利皆相埒，赵临终嘱其二子收业，置产万亩。后新安朱泰源、金陵李宏升，均折阅而去，盖逆知布业之将衰矣。货殖之才，诚能亿中，异哉！②

对于《三异笔谈》中所言"吴人赖布以自殖，南宋以来已著"，王葆心根据《松江府志》进行了驳斥。《松江府志》称：

> 番布出上海乌泥泾。元元贞间有黄道婆者，自厓州来，始教制杆弹纺织之具。至错纱配色，综线挈花，各有其法。明成化间，贡于大内，馈于贵近。③

王葆心认为元末以后因技术与工具的进步，苏松地区布业得以兴盛。他还介绍了府布即流行于汉口的府河口之布，但随着"洋庄灌入，年盛一年，而土货之利尽被蚀矣"④，客观地反映了在外国资本主义商品输入

---

① 王葆心著，陈志平等点校：《续汉口丛谈　再续汉口丛谈》，湖北教育出版社2002年版，第218页。

②—④ 同上书，第219页。

后中国本土商业所受到的冲击。

对武汉的水上交通，王葆心引用嘉靖《湖北通志》："洋子江渡，由汉阳门以达汉口，由平湖门以达汉阳。明万历二年，左布政使陈瑞置巨舰八只，由江夏县岁补水手十二名，募渡人领之，后仍民渡。"关于汉口的渡船，王葆心记载了一则趣话："汉阳渡船最小，俗名'双飞燕'。一人而荡两桨，左右相交，力均势等，最捷而稳。且其值甚寡，一人不过小钱两文，值银不及一厘。即独买一舟，亦不过数文。故谚云：'行遍天下路，惟有武昌好过渡。'"①

以汉口为代表的武汉地区经济、商业日益兴盛，往来贸易不绝，第二次鸦片战争武汉被迫开埠，1861年后英国的轮船开进了汉口。

## 七、记载节孝，崇尚教化

经多年传统教育，王葆心深受理学家道德伦理的熏陶，在《续汉口丛谈》和《再续汉口丛谈》中记载了不少孝子、节妇的事迹，其中俨然有教化劝善之意。

王葆心引用《江夏志·人物》云：

> 明李之茂，事母郭氏至孝。母亡，甫敛，适献逆陷城。举家避去，独茂留殡侧。贼诘之。曰："不忍舍母耳！"贼曰："孝子也。"留纛于门而去。邻人多匿其室获免者。今犹名孝子巷。巷在正觉寺侧。②

从王葆心对张献忠的叙述来看，对其评价极低，但即使是张献忠军队中的暴掠之徒也懂得尊重孝子。孝在王葆心心中不仅是一种道德，更是一种维护社会风俗的重要力量。

---

① 王葆心著，陈志平等点校：《续汉口丛谈 再续汉口丛谈》，湖北教育出版社2002年版，第241页。

② 同上书，第96页。

在《再续汉口丛谈》卷一中，王葆心记载了“省城有孝子巷，其名至可风世”。《汉口小志·艺文》又记载了黄金阶、黄仪父子两代孝子的事迹。在黄氏孝子的事迹后，王葆心又引用了《汉阳县志》中所载的孝子李延梓和李约的事迹。李延梓在严父嫡母逝世后，寻找生母张氏，遍历湘南江右，最后在宜昌的尼姑庵中认母，迎回家中奉养18年。这可能是楚剧《庵堂认母》的原型。他还记述了一个卖鱼的人李约，30年如一日地赡养眼盲的母亲。李约不仅在物质上保障母亲生活，在精神上也竭尽所能，“夜篝灯诵暇词小说，或述昼间闻见新奇事状，甚且臆造傅会，以博母欢娱”①。更为奇特的是，李约在母亲死后一恸而绝。王葆心认为，人们记住孝子是因为名教风尚之笃厚，后人为孝子立名，“亦见古道之不没也”②。

在《再续汉口丛谈》卷二中，王葆心记载了汉阳门外褒扬衡阳烈女徐青鸾事迹的诗碑，对江夏马烈女和在长沙听刘克鲁向他讲述的武昌府烈妇的事迹也进行了叙述。三位烈妇恪守封建道德，在面临生死关头都表现了不屈服于恶势力、义不受辱的刚烈秉性。即使从捍卫尊严的角度着眼，同样值得今天的人钦佩。

王葆心在此卷中还记录了吕石素的《马烈女歌》，最后几句点明作者对马烈女的钦佩。“人生长短谁不死，刀锯水火从所是。粉黛能张礼义维，却愧须眉号男子。”③ 显然，王葆心赞同吕石素的看法。

另外，从王葆心认为明末遗臣之女杜小英“正命于武汉”，言：“此种文而且节之事，岂可不一昭揭，以光耀吾土!”④ 足见王葆心认为烈女能为地方带来荣誉。故而，王葆心在这一点上颇有遗老遗少之风。

---

①② 王葆心著，陈志平等点校：《续汉口丛谈　再续汉口丛谈》，湖北教育出版社2002年版，第207页。

③ 同上书，第246页。

④ 同上书，第294页。

## 第三节　乡邦文献搜集人

王葆心四女儿在回答别人“你对你父亲一生总体印象是什么”的提问时说：“我对老人家一生的总体印象是12个字，那就是读书、教书、著书，爱国、爱乡、爱民。”“读书、教书、著书”是王葆心一生活动和事业的概括；“爱国、爱乡、爱民”既是贯穿于王葆心一生的思想感情，也是他所从事事业的根本动力。

以“爱乡”这种感情为例，王葆心主修《湖北革命实录》，组织《湖北通志》的编纂工作，搜集整理《湖北文征》都是这种感情的体现。即使在撰写《续汉口丛谈》和《再续汉口丛谈》这种随笔式的著作时，笔端亦流露乡土之思。搜集乡邦文献做到了尊重史实，既不妄自菲薄，也不无度吹捧。因此在文献搜集上，充分表现了王葆心的人品与学识。

### 一、收风辑雅故楚书

王葆心表现出浓厚的乡土之情。于当代他倾心于百年树人之业，对未来他期望能通过方志的编纂对湖北的发展有借鉴、启迪作用；对历史他鞭笞邪恶暴行、传承学术道德，他将楚地文献能收集者尽可能收集，收集不到的则录下书名、作者，期望有同心同德之人来共同收集。《续汉口丛谈》卷六记载：“嘉靖朝，吾楚人才最多，因之发皇盛大，并记载楚故之书，乘之迭出，争胜一时。”① 仅《续汉口丛谈》中所引用提及的楚地文献就有几十种。蒲圻廖道南为《楚纪》60卷，应城陈士元著《楚故略》20卷、《楚绝书》2卷，德安何迁著《全楚志》数卷，蒲圻魏裳著《湖广通志》98卷，黄安熊光楚著《三楚典故》数卷。对这些地方志书，王葆心通过对照、比较、考证，在纠正谬误之处的同时，

① 王葆心著，陈志平等点校：《续汉口丛谈　再续汉口丛谈》，湖北教育出版社2002年版，第170页。

彰显了这些资料的历史价值。

王葆心在动笔写《续汉口丛谈》和《再续汉口丛谈》时，相关题材只看到过范锴的《汉口丛谈》、黄兴庵的《汉口漫志》、徐星槎的《汉口小志》。在编写过程中查阅了大量的文人文集和笔记小说，发现记载湖北风土、民俗、历史人物的著述甚多，王葆心将这些著述录入书中，供后学者阅读、采用。王葆心记录的书录如下：

> 江陵三湖渔人刘南赤拔贡士璋，复有《汉上丛谈》一书，但未见传世耳。南赤此书外，又有《荆湖诗》《旧郢小记》二书。推此类求之，凡在图经方志之外，纪人物者，如《隋志》有张方《楚国先贤传赞》、高范《荆州先贤传》、习凿齿《襄阳耆旧记》、郭缘生《武昌先贤志》，明朱俨镰《江陵先贤传》、顾景星《顾氏列传》、胡作柄《荆门耆旧纪略》《列女传纪略》。纪事者如楚之《梼杌》、唐卢求《襄阳故事》、唐余知古《渚宫故事》并《补遗》、易本烺《云杜故事》，明童承叙《平汉录》《大狩龙飞录》，王之垣《承天大志》。纪录事实者，王禹声《郢事纪略》、郭正域《楚事妖书始末》、朱赓《勘楚始末》、蔡献臣《勘楚纪事》、朱俨镰《荆变纪略》、张艺《殄逆纪略》、查升《鄂渚纪事》、庞颖《嘉鱼平寇录》。纪方域土风者，则自刘宋王侍郎《荆州记》以下，有可略述者，如庾仲雍《江记》《汉水记》，宋沈怀文《入沔记》，鲍至《南雍州记》，郭仲产《荆州记》，梁元帝《荆南地记志》，李氏《宜都山川记》，宗懔《荆楚岁时记》，杜公瞻《荆楚岁时记》①，庾铣续、伍端休《江陵记》，吴从政《襄沔记》，韦庄《峡程记》，司马俨《峡山履平集》，潘子韶《峡江利涉集》，王得臣《江夏辨疑》《江夏古今纪咏集》，薛季宣《武昌土俗编》，廖道南《楚纪》，陈士元《楚故略》《楚绝书》，瞿九思《土俗章程》，何迁《全楚志》，朱俨镰《江陵志余》《郢书》，周圣楷《楚宝》，魏昌期《梅川拾遗》，高岱《楚汉余谈》，

① 应为杜公瞻所作的《荆楚岁时记注》。

陈士元《江汉丛谈》，张氏之《汉阳县志》，沈氏之《黄州府志拾遗》。杂记文藻闻见者，如安陆李远山道平《郧小纪》，洪素人《江汉风骚录》，朱锡绶《沮江随笔》，毕训咸《汉江笔记》。他如《南中纪闻》《逸村纪闻》《荆事搜佚》皆其类也。至方志图经，尤不胜举矣。若专纪一隅之作，如任氏、方氏、田氏、王氏诸家之《太岳》《太和山志》，贾氏之《赤壁志》，王氏之《问津书院志》，沈氏之《白云山志》，胡氏之《黄鹄山志》《大别山》《鹦鹉洲》诸志，皆是也。①

多亏王葆心广征博采和阅、校、考订，为我们保留了大量的书目，使后来研究湖北地方志的学人能踏着前人的足迹稳步前进，也使不少遗散的资料受到重视，得以保留。

## 二、明诗四派三属楚

王葆心对章学诚的方志理论进行了研究，并吸收了章学诚的许多理论成果。他赞同章学诚欲撰好方志必须“仿纪传正史之体而作志，仿律令典例之体而作掌故，仿《文选》《文苑》之体而作文征”②。

章氏所提出的“文征”是挑选那些足以反映本地生活民情，有利于证实历史的诗文和为人们共同喜爱的，与本地自然风物、人事风俗有密切关系的名笔佳章汇编成书。王葆心既倾心于通志编纂，自然而然地在做汇编《湖北文征》的准备。

在这一准备工作中，王葆心对湖北文化的认识越来越深刻。他对沈德潜所编的《明诗别裁集》极为不满，认为《明诗别裁集》对诗坛的影响是“徒梏桎人心思耳目……实则其进退无凭，何足当一代操选之巨任

① 王葆心著，陈志平等点校：《续汉口丛谈 再续汉口丛谈》，湖北教育出版社2002年版，第94—95页。

② 〔清〕章学诚：《方志立三书议》，《文史通义》，上海古籍出版社2008年版，第182页。

也哉!"① 王葆心引用了陈朴门的一首诗及序言，言："曩见陈九香参军《书明诗别裁后》五言古诗一章，内言三百年中，吾楚之人选者仅十一人，其不予楚人之意自见。"② 在诗中，陈朴门这样评价沈德潜的评论：

> 吴侬从此肆讥评，今古文人每互倾。颓唐之尤攻变雅，归愚何抉鄙楚伧。我笑吴人选诗论诗必三唐，此谈徒落老生常。文章迁流随风会，何朝虎贲似中郎。吴侬太薄宋元吾不服，宋元自有真面目。初中盛晚苦分明，可惜李唐社早屋。明人不过善规模，乃谓唐音此继武。孟祯起句争五言，献吉苍茫工七古。趋步少陵与浩然，格调依稀按曲谱。我谓明人如妾仆，人歌亦歌哭亦哭。竟陵公安晚出矫其弊，语羞雷同戛造独。吴人徒好叶公龙，群取攻之如怪鹏。此时吴人视楚等陈郑，楚以偏霸称后劲。③

王葆心引用汉川徐澄宇的话，"朱明代兴，文风大振。诗言四派，楚居其三"④。其中，明诗四派指李东阳和"前后七子"与公安派、竟陵派。李东阳字宾之，湖南茶陵人；公安派的代表人物为袁宗道、袁宏道、袁中道，湖北公安人；竟陵派代表人物为钟惺、谭元春，竟陵人，竟陵是今天的湖北天门，故而"诗言四派，楚居其三"。明"前后七子"主张"文必秦汉，诗必盛唐"，高棅所编的《唐诗品汇》被其奉为圭臬。《唐诗品汇》是根据元代襄阳人杨士弘编纂的《唐音》而作，因此明诗四派都与楚关系密切。根据以上资料，王葆心断言："然则有明一代诗家风会，其得失利病，前人久已具论，姑不赘谈。若但当倡率言之，楚人当居其最先。"⑤

---

① 王葆心著，陈志平等点校：《续汉口丛谈　再续汉口丛谈》，湖北教育出版社2002年版，第324页。

② 同上书，第323页。

③ 同上书，第323—324页。

④⑤ 同上书，第292页。

从以上论述足以看出王葆心在文学上有自己独立的见解。他认为馆阁体、复古派、公安派、竟陵派都是时代的产物，“诗贵因乎遇”，论诗不必老生常谈，更不能像妾仆一样“人歌亦歌哭亦哭”，应该有自己的性情，有自己的胸襟与表现方式。基于这种见解，王葆心在后来搜集《湖北文征》资料的过程中，敢于用自己的文学观念对作者和作品做出选择。

## 三、诗文显楚才

王葆心为楚地的文化积累和成就而自豪。通过对历史资料的搜寻鉴别，他了解到前代楚人编辑楚诗，多只存了书名而佚散其书。保存下来的只有廖元度的《楚风补》和《楚诗纪》，记载湖北学者的只有孝感丁氏之《湖北诗征传略》。《湖北诗征传略》在王葆心眼中“不餍人意”，但王葆心体会到丁氏在编这本书时“搜求颇苦”。此外有王茹琰、张旋均同辑的《楚北诗佩》、高士熙的《湖北诗录》、熊两溟的《荆湖知旧集》、洪素人的《江汉风骚录》《湖北先贤诗录》……王葆心不无遗憾地写到“余皆为之见”，感慨地说：“今则篇章零落，国学颓亡。时事至此，更无复究心此事者。此道殆将灭迹矣。”① 担心文苑英华消逝的紧迫感转化为使命感，在撰写《续汉口丛谈》时王葆心已经有目的地搜集着湖北人的作品。仅程之祯的诗，王葆心就记录了《哀汉口》《武昌哀》《纪武昌再陷事》《鄂门灾》四首。这些诗不仅有文学价值，而且具有极高的史料价值。

除有目的地搜集诗歌作品外，王葆心很注意不同历史时期的文风和人物。他认为明季清初汉阳人才最盛，他的依据是学者徐世溥便有“天下人士惟长汀黎愧曾、汉阳李文孙”之说。② 而诗人王渔洋认为崇祯中，楚中名士属“汉阳二王”，即王怀仁、王亦世。万历年间担任过

① 王葆心著，陈志平等点校：《续汉口丛谈 再续汉口丛谈》，湖北教育出版社 2002 年版，第 93 页。

② 同上书，第 134 页。

首辅的叶向高在为人作序时说："当世论才必曰楚，京山、齐安、下雉皆翘然者，至近日而云杜、江夏二三君子，始张楚矣，亦可证也。"①王葆心对明人沈德符所编之《万历野获编》和清代沈德潜在编选《明诗别裁集》时贬低湖北文人的说法与做法非常不满，故而证之于典籍，为明清湖北文坛讨一个公正说法，客观上起到了尊重历史、还原史实的作用。

王葆心不仅证明了明代湖北文风之盛，也指出文风大盛是因为人才辈出。

> 始童承叙、张文邦、廖道南号"楚中三才子"，童、廖与长沙李东阳亦称"楚三才"。颜木、王廷陈号"楚中二杰"。而兴国吴明卿国伦为李王七子之一，蒲圻魏顺甫裳为"四甫"之一，京山李大泌维桢为"后五才子"之一，监利李伯承先芳为"广五子"之一。《瓶隐斋笔记》所谓"楚人占其四"是也。公安袁庶子宗道、吏部郎中中道、礼部郎中宏道号"三袁"。隆万间，江陵大绅则有"三张"，谓张太仆楚城、巡抚汝济、大学士居正也。汉阳戴金、黄梅石金称"楚中二金"。天门钟惺、谭元春称诗号"竟陵体"，亦称"钟谭体"。蕲州顾初、蕲水朱期至、黄冈王一鸣、黄梅瞿甲、麻城黄建中、广济陈以闻、蕲州姜夔称"六子"。沔阳游云子士凤等称"黄鹤九老"。麻城梅长公、李梦白等称"西陵三老"。广济胡笃生与同里杨认庵、韩南皋、江夏段焕同受学于管东溟门，东溟称"楚四君子"。而诗人杨大鳌、刘养微、寇学海三家，知县刘燕及为刻其诗，谓之"三良"。②

---

① 王葆心著，陈志平等点校：《续汉口丛谈　再续汉口丛谈》，湖北教育出版社2002年版，第135页。

② 同上书，第159—160页。

## 第四节　以百姓之心鉴兵匪

在王葆心身上始终表现出其母黄夫人的影响。王葆心说："我在读书时，专意明季轶闻及洪杨乱事，是受了母训的启示。"① 这句话提供了三个信息：其一是王葆心的学业发展深受其母的影响，其二是其母并非文化低下的乡下妇人，其三是黄夫人对太平军评价极低，称为"洪杨乱事"。王葆心在《钦旌孝妇敕封七品太孺人先妣黄太孺人事状》中云："……而广西贼蔓延光黄间。……"太平军与清军反复作战，使田地荒芜，百姓流离。亲历战乱的黄夫人从自己收养的流浪儿童身上，看到了战争的残酷及太平军裹挟百姓的战争行为造成的灾难。黄夫人在对王葆心进行教育时，往往强调对百姓是否有利。这一衡量标准影响着王葆心，例如对明末崇祯加征辽饷、剿饷、练饷，黄夫人认为是朝廷把百姓逼上绝路，所以老百姓最后才把皇帝逼上绝路。这种历史观念影响了王葆心一生。

### 一、痛恨虐民之人

终王葆心一生，在历史观念上始终有一矛盾之处，即对性质同为农民起义的历史事件看法大相径庭。《续汉口丛谈》中这一矛盾之处得到充分表现。在《续汉口丛谈》卷六中，王葆心用了三节的篇幅记载了元末徐寿辉起义的史实和传说。在第一节中，不无惋惜地写道："草创之朝，又不成功，故世人易忘之也。"② 在第二节中，通过引用《黄州府志》记述了徐寿辉起兵的经过。

---

① 叶贤恩：《王葆心传》，崇文书局2009年版，第15页。

② 王葆心著，陈志平等点校：《续汉口丛谈　再续汉口丛谈》，湖北教育出版社2002年版，第168页。

> 至正十一年，中原盗起。寿辉行山中，获铁数十斤。会麻城铁工邹普胜夜梦有黄龙蟠其铁砧，明日寿辉携铁过之，令制耰锄，蹲坐铁砧上。普胜已心异寿辉，见所持铁，告之曰：“今天下尚须耰锄活耶？当炼一剑赠君耳。”于是两人深相结，阴谋举大事。先是浏阳有彭和尚，劝人念弥勒佛号，入夜燃香灯偈颂拜礼。其徒从之者日众。彭欲以为乱，未有所附。一日寿辉浴盐塘水中。身上忽毫光起，观者惊诧。而普胜复倡妖言，谓弥勒佛下生，当为世主。以寿辉宜应之，乃与众共拥寿辉为主。义兵以红巾为号，构圣人堂于多云山中。溪水日再潮，溪旁有巨石，状类舣舟，寿辉命凿一穴。剚桅其上，祝之曰：“天助寿辉，石当扬帆出溪口。”石为行十余丈，寿辉遂决意反。①

对引用文字不加评论，恰恰可以看出王葆心对徐寿辉起义是持支持态度。文段引用“今天下尚须耰锄活耶”的对话与《史记》陈胜所言“王侯将相宁有种乎”有同样的英雄气概。

在下一节中王葆心对天堂寨、多云山、圣人堂、盐塘等地名进行考证，并指明“寿辉罗田人、邹普胜麻城人、倪文俊黄陂人、明玉珍随州人、陈友谅沔阳人，明人所称国初群雄是也”②。“国初群雄”是王葆心对徐寿辉等元末起义中农民首领的评价。之所以对徐寿辉、陈友谅、明玉珍等人的评价较高，是因为他们尽管在起兵后有过内讧，也有过军事策略上的错误，但这些人起兵活动的一个共同点得到了王葆心的认同，那就是尽管他们是起兵造反，但针对的是元朝的政府和官吏，在元朝末年昏暗的政治状态下，打出了反对暴虐统治的旗号，实施的是剿官安民的政策，对元朝末年的苛政有所改变。这些人的军事行动要么针对元军，要么针对别的地方军阀，基本没有直接针对黎民百姓的。故而王葆

① 王葆心著，陈志平等点校：《续汉口丛谈 再续汉口丛谈》，湖北教育出版社2002年版，第168页。

② 同上书，第169页。

心从安民而不虐民的角度对元末义军进行了肯定。这也是他在年轻时期肯定“蕲黄四十八寨”义军的出发点之一。

王葆心母亲除在道德上和生活常识上进行教育外，也将民生疾苦、民族大义、英雄豪杰的献身精神讲述给孩子听。正是由于这样的教育，使王葆心对统治阶级正史中某些对农民起义否定和污蔑的评论感到疑惑。从内心将自己摆在百姓的立场上，于是在评价历史人物和历史事件时，虐民和安民就成为王葆心最重要的评价标准。

## 二、功在桑梓，全民之命

清初诗人吴梅村《绥寇纪略》载：“张献忠陷楚，以沈会霖为汉阳知府。”沈会霖以举人的身份担任张献忠所授的官职，当时的读书人都认为可耻。王葆心对于“降贼事伪”这一评价并不认可，说：“昔管仲反颜事仇，孔子以九合之功许其仁；朱序降于苻坚，晋史以淝水之战称其智。盖自古艰难，莫如一死，圣贤论人，所以不为过刻也。”①

> 沈公虽为贼屈，其功于桑梓者甚大。……贼以其年方壮，又名孝廉也，逼授以汉阳知府。公不得已，伪受之，佯为致力，及贼悉精锐攻武昌，公乘贼渡江毕，夤夜开西门，释城内絷民万余人，由蔡甸四散去。公亦遁回孝感，至白云寨，依程郎中、良筹等，纠乡勇克复孝感、云梦、德安三城。②

王葆心认为沈会霖是仓促之中，为保全自己的母亲，保全当地的百姓，不得已而投降贼军。他认为沈会霖在危急关头维护了孝道，表现了仁德，通过“佯为致力”的伪装，抓住可乘之机释放了被关押的万余名百姓，并以“奇计脱其母”，从贼军营垒中逃脱。这是智慧的表现。所以王葆心认为沈会霖受数日伪职之污，全万余乡民之命，功足以抵过。王

---

①② 王葆心著，陈志平等点校：《续汉口丛谈　再续汉口丛谈》，湖北教育出版社2002年版，第173页。

葆心对那些死抱着道德戒律，责人无已的人进行了谴责。这种评价是王葆心主张人道主义思想的表现，也是王葆心价值观远高于一般儒者的标志。

这种人道主义思想在对余国柱的评价上也表现出来了。余国柱，湖北大冶人，康熙年间曾担任过武英殿大学士。为官36年，前32年清正廉明，励精图治，为大清王朝立下不朽功勋；后4年在执行朝廷大政方针时，结党纳贿，以纳兰明珠为宗主，与佛伦成为明珠的左右臂，对汤斌进行倾轧，清议对他评价极低。王葆心并不赞成这样的评价，认为余国柱：

> 入清初讲求有用之学，初仕开封及兖州推官，平反当时故国党案株连大狱，全活至数千人。典试分校，所得率知名士，官户、礼两科给事中，于筹粮饷、定乐章，均有成绩。弹劾不嫌府怨，抚江南，于清刑狱、兴学校，及戒士女游观，以变积习，尤为善政。入阁办事，如《大清会典》《一统志》皆总其成。有大制作，皆出其手。使陕西时，挈乡人族榇归自护之，人多感颂。①

“讲求有用之学”、平反冤狱、救活数千名蒙冤的囚徒，在户部、礼部的给事中职位上都有所建树，在朝廷敢于说真话，给乡亲以援手，其道德学识并非低劣。王葆心认为：“论其生平，亦卓有表见。徒以失所宗主，绌身贪人，遂以一眚掩其生平，殊可惜也。”②王葆心这样评价余国柱，一是因为当时人们评价不公，徐乾学和高士奇这两个康熙时的大权臣，无论做人做事都不如余国柱，但因其党徒多、学生多，所以有众多吹捧者；二来王葆心强调人应该善始善终，要善于保持晚节。最后王葆心还是回到自己的价值观上，认为能“全活至数千人”就是无量的功德。在人的生命面前，王葆心可以抛弃虚浮在空中的价值观念，尊重生命，尊重民众生存权利。这一点值得后人深思。

---

①② 王葆心著，陈志平等点校：《续汉口丛谈　再续汉口丛谈》，湖北教育出版社2002年版，第139页。

# 第十一章　收集整理湖北文献

章学诚应湖广总督毕沅聘请，主编《湖北通志》。由于毕沅的信任，在大体就绪的情况下也开始编辑《湖北文征》。但在编修《湖北通志》过程中，新旧两派修志的观点分歧甚大。毕沅降调为山东巡抚，“当事相与厌恶之，攻击其书无完肤”①。《湖北通志》最终未能刊行，开始编辑的《湖北文征》也因而停止。

清末张仲炘、杨承禧主编宣统《湖北通志》也准备按照章学诚“方志立三书”的方式分辑“志”“掌故”“文征”，并曾订“选录”四则、“征集”六则刊登于报纸上。1911 年爆发的武昌起义使宣统《湖北通志》的编纂工作停止。直到 1921 年，宣统《湖北通志》才告编纂成功。也就是在这一年，《湖北通志》编修馆改名为“文征馆”。由于文征馆经费没有着落，不久即撤销，仅仅保存杨承禧辑录的晚清文稿 50 卷。《文征》编纂工作流产。

1930 年夏，民主革命者、史学家刘成禺向夏斗寅提建议说：“保存乡邦文献，刊印乡贤遗书。”夏斗寅同意后，聘请硕儒多人，筹备编辑《湖北文征》。经众人推选，由王葆心和潜江甘鹏云、监利龚耕庐共主其事。1932 年，夏斗寅担任省主席后，任命王葆心担任湖北方志馆筹备处主任兼总纂，甘鹏云为副主任、副总纂。一副人事班子将修志的两项重要任务都承担下来了。对王葆心而言这是他多年的愿望，现在有了实现愿望的条件，他能不全身心地投入这项工作吗？

---

① 王葆心：《陈愚谷诗论修志》，《方志学发微·派别篇》。

## 第一节 夙愿得偿，殚精竭虑

王葆心被推选为《湖北文征》的主事人之一后，回家立即将此信息告诉儿子王夔武，表示编纂《湖北文征》是自己的夙愿；编好《湖北文征》既能将湖北乡贤的名作传承下去，又能激励后来者发挥湖北的文化优势，希望王夔武能帮助自己实现心愿。

早在20年前，王葆心就开始了搜集、汇编湖北乡贤逸闻轶事的工作。他搜集的资料多为不常见之书。这些书中关于宋、元、明、清四代湖北地方人物、风俗、教化、政治、学术的记载和考证非常详细和完整。参加筹编《湖北文征》的硕儒们大都认为王葆心搜集汇编的这些资料十分宝贵，既可以单独成书，也可以进入《湖北文征》作为传记材料来充实内容，弥补资料之不足。王葆心将自己汇编的资料列出目录，为《湖北文征》编辑的工作提供了依据。

### 一、《湖北文征》的编纂计划

甘鹏云，字翼父，号药樵或月樵，湖北潜江人。他1903年中进士，无论是在清廷还是民国为官，皆能恪尽职守、廉洁奉公、严于律己、剔除弊端。1917年6月，张勋复辟，甘鹏云对变幻莫测的政局深感失望，遂辞了所兼各职，亲老归养，定居北京。1919年至1921年曾三次致书湖北当局，但所提建议未被采纳。至此，“为民代言”的幻想也彻底破灭，此后闭门专事著述。1932年4月被聘为湖北省通志馆筹备处副主任，此期间写完了《方志商》一书。与此同时，他参与主修《湖北文征》，与王葆心一起辑录湖北地区元明两代文献。

甘鹏云与王葆心学识、眼界均高，且都淡泊名利，倾心于《湖北通志》和《湖北文征》的编纂。因此在众硕儒参与下，王葆心、甘鹏云、龚耕庐很快对《湖北文征》编纂工作的具体事项做出决定：

1. 搜集文稿的范围要超过章学诚划定的明清两代，决定起自元初止于清末。对于民国年间的作者只要其入选的作品是完成于清朝的就选定。

2. 搜集文稿的标准从严。以对国计民生是否有意义和学术价值是否达到一定程度为入选标准，然后在入选的文章中进行同类比较选择。

3. 在辑录文稿的同时，应为作者立一小传，简述作者的生平重要事迹。原来由杨承禧辑录的晚清文稿 50 卷也要补写作者小传，附之于作品之后。

4. 参加《湖北文征》编纂的硕儒多居住在北平，若集中于武昌则造成多方不便。为使《湖北文征》编辑工作顺利进行，居住在北平的硕儒们所辑文稿集中于楚学精舍，由石荣暲整理装订，经居住在北平息园的甘鹏云初审后，寄给住在武昌的王葆心审订总纂。如甘鹏云不在北平则由石荣暲整理装订后直接寄给王葆心。

5.《湖北文征》全书的编纂工作预计 4 年左右完成，争取在 5 年内出版。

这些具体事项拟订得较为完备，若照这些规定则《湖北文征》应该编纂得很顺利。怎料时局动荡，1931 年九一八事变爆发，1932 年东北全境沦陷，日军势力已渗透于华北平津地区。文稿已不敢邮寄，唯恐遗失，形成审订拖延。直至卢沟桥事变后，北平沦陷，编纂工作无法进行。新中国成立后，在董必武同志的关怀支持下，剩余的编审工作由湖北省人民政府文史研究馆全力承担，直至 1964 年《湖北文征》才全部编纂完毕；2000 年由湖北人民出版社出版了 600 余万字的选文本，2014 年完整本得以出版。

《湖北文征》是以王葆心、甘鹏云等为代表的湖北数代学人，搜集元、明、清三朝名儒乡贤遗作，取其精华编纂而成的历史文献巨著。《文征》中所选文章来源于史册、典籍、方志、文集、金石碑版等，内容涉及政治、经济、军事、外交、学术、地理、民族以及民俗等。全书共计选 2700 余位作者的 8000 余篇文章，1100 余万字，是一部具有重要学术价值、史料价值和文化积累传承价值的乡邦文献。

值得一提的是，在《湖北文征》的资料搜集工作中，王葆心的儿子王夔武做出了巨大的贡献。

## 二、分工合作，各展所长

在《湖北通志》和《湖北文征》的编纂过程中，甘鹏云既是甘居副手的合作者，也是能为王葆心排忧解难的朋友。出身贫寒的甘鹏云靠自己的努力完成学业，并成为有名的藏书家，仅在北平息园就藏书 20 万册。息园离京师图书馆较近，易于查阅资料。且由于王葆心曾在京师图书馆工作过，图书馆的工作人员都乐意为他们查找资料提供便利。因龚耕庐健康状况较差，清代可选文章较少，王、甘二人主动要求承担《湖北文征》中元、明两代文章的编纂工作。

王葆心和甘鹏云等人都认识到，这一次要编纂的《湖北文征》已不是章学诚作为方志辅翼的文征，而是一部元、明、清三代湖北名人名作的选集。该书的编纂要能表现出从 1271 年到 1911 年，这 640 年间湖北的文化发展过程和文人风貌。

基于这种认识，王葆心和共事的同仁对《湖北文征》的编纂工作十分认真。针对当时不少书籍被烧被毁、文献不足的状况，王葆心广泛搜罗，抓紧制定采编书目，并将自己制定的采编书目提交给甘鹏云。甘鹏云收到书目后即在自己的藏书中搜寻，并委托京师图书馆工作人员代为查找。书目一经落实后，甘鹏云立即以信函告知王葆心哪些书目由自己抄录。

多次书信往来后，王葆心深感武昌能搜集到的资料远少于北平。他利用为编纂《湖北通志》三次来北平搜集资料的机会，也顺带搜集《湖北文征》的资料。1936 年春节过后，王葆心与儿子王夔武旅居北平西城背阴胡同楚学精舍。他每天和王夔武到京师图书馆及私人藏书者家中查阅资料。这些资料有的可以借回来抄录，有的得在资料所在处抄阅，工作量大、时间紧，30 岁的王夔武都甚感劳累。出于对父亲的关心，某天回来王夔武劝王葆心多加休息、注意身体。近 70 岁的王葆心承认自己也感到很累，但他觉得资料的搜集情况依然没有达到要求。他以当天在图书馆查到的顺治《蕲水县志》中田贡写的《菊山遗稿叙》为例，认为这样好的文章半年多才查出来，说明了资料太多，稍不留心就会漏掉；田贡之名以前闻所未闻，如不是认真读他的文章，肯定就会漏掉他。由此可见，他认为对资料的搜集还得更加细心。

田贡的《菊山遗稿叙》究竟是什么样的文章呢？在《湖北文征》第一卷中收有此文：

> 《记》称父书不忍读，手泽存焉；母杯棬不能饮，口泽存焉。噫！此犹感于外物尔。若诗文之遗，则精神思虑之所萃，心泽存焉。苟散逸而弗收，将安忍乎？先君子菊山翁，学成数奇，屡困场屋，无暇于诗文，或迫而应之，则状趣纪事，信笔登纸，殊不经意。然机轴自出，不饤饾陈言，每为识者赏之。贡不孝，今年六十矣，乃搜辑所遗诗文，仅得什之一，以遗后人，嗟乎！此岂书与杯棬之类之比乎？吾尚忍复展而读之乎？吾又尚忍不复展读之而使之蒙尘于笥中乎？拭泪而叙之。①

这真是一篇好文章。不炫耀菊山翁的才华，从菊山翁“屡困场屋”的“文齐福不齐”处境入手，点出菊山翁“状趣纪事”的诗文“每为识者赏之”。将科举制埋没人才、八股文束缚心灵刻画得入木三分，其“拭泪而叙之”自是合情合理。

## 三、无取空言，发明学术

《湖北文征》的出版者做了一件扎实的工作：将参与《湖北文征》材料搜集、资料整理、考订、编纂工作的前辈学人均罗列出来，并附以小传。初看小传，便知道这些人学问超群，其中有进士、举人、拔贡，甚至有既受中国传统教育，又在国外留过学，学兼中西之人。考察《湖

---

① 湖北省人民政府文史研究馆、湖北省博物馆整理：《湖北文征（全本）》第1卷，湖北人民出版社2014年版，第327页。

北文征》文章的收录标准，编者坚持以下数义："发明学术一也；敷陈治体二也；考见风俗三也；解说山川四也；可备掌故五也；有裨文献六也。而表里史传之文，网罗尤勤。非是类也，皆在所屏。"① 甘鹏云在《湖北文征例言》中讲道：

> 录张江陵之文，可以考其相业。录方金湖之文，可以考其边功。录熊襄愍之文，可以考其筹边之略，兼可知中朝朋党之贻误封疆。录杨忠烈之文，可知其谋国之忠，兼可悉权阉干政之摧促国脉。至若王竑请修德消天变，张瓒、刘天和、毛凤韶请革镇守内臣，李承勋定芒部，曾省吾平都蛮，王之诰筹陕边，梅国桢平哱拜，郭正域请勘楚藩，邱瑜陈六事筹军储之类，皆一代治忽所关。可以表里国史。凡此等文，一例采入。采录清文，其例亦同。②

甘鹏云等人非常重视直言敢谏之士的文章，认为："此等文字，均与国史表里，故备采之，且以见有明一代士气之盛焉。……有清一代，湖北人士在言路，多以敢言著声。流风相承，盖历数百年而未衰也。其采录之例亦同。"③ 从甘鹏云所写例言中可以看出，《湖北文征》中所录文章首先以有用为目标。有用者有利于当时，对后代有告诫之意，绝不选取大言、空言。其次，所录文章应该对惩恶扬善、开化风气、清明政治、提升道德均有积极意义。再次，重文与重人统一起来，通过附在选文后面的作者小传，显示湖北三代文气的同时，也显示元、明、清三代的世风。最后，"表里国史"不仅表达出编纂者的历史观，也显现了编纂者基于对历史的尊重所采取的客观负责的态度。

---

① 甘鹏云：《湖北文征例言》，湖北省人民政府文史馆、湖北省博物馆整理《湖北文征（全本）》第1卷，湖北人民出版社2014年版，例言第1页。

② 同上书，第1—2页。

③ 同上书，第2页。

## 第二节　惟楚有才，诸体皆备

《湖北文征》集元、明、清2700余名作者的8000多篇文章，材料搜集者、编纂者可谓竭尽心力。但由于战乱、交通闭塞等种种原因，搜集范围受到了限制。

具体而言，临近省城武昌，临近沙市、荆州，临近襄阳等交通较方便的地方，搜集到的文献资料较多，这也恰恰说明了交通上的便利往往为经济发展创造了条件，而经济富裕又为当地的教育事业的发展提供了基础。

根据《湖北文征》所列人名看得出来，江夏、汉阳、孝感、黄冈、荆州、沙市、咸宁等地区搜集到的文献资料较多，远安、宜都、兴山、房县、来凤、鹤峰、郧县、建始、保康、巴东、利川、宣恩等地搜集到的文献资料较少。这些搜集文献资料较少的地区处于鄂东南和鄂西北，交通不便且经济欠发达。鄂西南地区为少数民族聚居区，至清朝雍正年间改土归流后，才纳入中央政府的统一政策下，所存元明两朝文献资料少。仅从明清两代的文献资料来看，湖北在明代中期文化教育已不落后于江南。

### 一、诸体皆备，形式多样

《湖北文征》在搜集和编纂中注意到形式的多样性，并将形式的多样性与内容的丰富性紧密地结合在一起。从内容而言，《湖北文征》包含极广，从政治、经济、军事、法律、边防、赋税、盐政、农田、水利等国计民生的各门类，到经学、史学、理学、文学、考据学、音韵学、方志学等学科分支……均在《湖北文征》中有所体现，且每种内容都按照比较适当的形式表现出来。以中国古代文体而言，《湖北文征》中有奏、疏、议、论、说、序、跋、志、记、录、传、铭、颂、赞、辞、赋、书牍、祭文等各种文体。

将多种文体汇编在一起有利于展现作者们的长处，体现作者不同的风格。由于文体限制，以下对上的奏、谏、疏，在语气上谦恭，在辞章上把握分寸，在格式上也有特殊规定。平辈间、朋友间、同窗间的应酬文字，在语气上亲疏有度，在辞章上谐趣并存，在感情上也表现出深、浅、浓、淡。有的是以长对幼的教诲文章，语气上庄重严肃，辞章上朴实典雅，有劝勉、激励之语。

古往今来，任何一个文章高手不太可能擅长全部文体、风格，多各有侧重。在汇编多种文体时，汇编者"操千曲而后晓声，观千剑而后识器"，必须有做文章的能力，更必须有品评文章的学力和眼光。

即以后人对唐宋八大家文章的评述而言，韩愈气势雄健，感情于行文中不时迸发，文章结构顿挫有致。后人用形象的语言评价韩文"如长江大河，浑浩流转"，对文中感情的处理是"抑遏避掩，不使自露"。韩愈擅长的文体是论、说、辩、赠序、祭文。柳宗元气势沉郁，情感在行文中自然流露，文章结构受感情左右。感情激越时，则结构紧凑，给人以天风海雨、气势逼人的感觉；感情平淡时，则结构舒缓，给人以娓娓道来的轻松感觉。柳宗元擅长的是游记、论、书牍、寓言。欧阳修为文平易婉曲，言简意深，所谓"幽情雅韵，得骚人之旨趣为多"。从《醉翁亭记》《秋声赋》《泷冈阡表》《丰乐亭记》《五代史·伶官传序》等文章就可以看出，欧阳修擅长的是记、传、祭文和书札。苏洵文章纵横开阖，辩驳分校，故长于论。曾巩文风柔婉平顺，不求气势，偏于阴柔，长于书信、学记、书札和序文。王安石气盛言宜，固执之情在文章中表现为奇崛挺拔，有咄咄逼人之势，擅长于论、议、记、疏。苏辙为文情韵悠然，不疾不徐，一波三折，最擅长的是记、说、疏。八大家中苏轼之文被称为"苏海"，他自己也讲究"风行水面，自然成文"，故而他的文章当行则行，当止则止，挥洒自如，气势磅礴，姿态横生。由于其才高学博，人生途中累遭坎坷，所以在八大家中他擅长的文章体例最多，在论、议、说、记、志、赋及随笔小品上造诣超群。

所幸的是，参与《湖北文征》编纂的学人们都是出入唐宋八大家及桐城派文章多年的人，真正是“观千剑”“操千曲”的行家里手。随意在《湖北文征》中找一篇文章，就可以了解到这篇文章为什么入选、高明在何处、深刻在何处，通过文章阅读即能领悟到编选者的思维活动。

## 二、以讹传讹，争名遗羞

《湖北文征》在开始编辑时预计四年左右完成，五年内出版。这种预计是参与编辑《湖北文征》的老辈学人勇于任事的表现，是他们期望书籍成功于己手的目标而做的过高预测。

资料搜集、资料编纂需要经费。《湖北文征》的编纂工作是由夏斗寅批准，具体操作者是热心于此事的耆宿硕儒王葆心、甘鹏云、龚耕庐、石荣璋、傅治芗等人。他们搜集资料不辞劳累，审阅编辑资料能拿出真才实学。说到底，这些人是专才。他们做学问各有所长，但对付官僚机构则左右支绌。从夏斗寅当省主席起，张群、杨永泰、黄绍竑、陈诚（任中严立三、朱怀冰先后代理）、王东原、万耀煌你去我来，且民国年间人去政息——后任不管前任之事，加上从 1937 年七七事变爆发以来，地方政府根本不可能顾及战争之外的文化事务。所幸甘鹏云等人并没有依赖政府提供的经费去进行编纂工作，故而即使在战火绵延后甘鹏云、石荣璋仍在竭尽自己所能进行《湖北文征》的资料编纂。甘鹏云在病逝前，还叮嘱石荣璋务必完成《湖北文征》的编纂。

除经费问题外，资料搜集完全靠编纂者对湖北文化典籍的了解，政府对资料搜集无统一的计划和安排，有时搜集资料甚至要碰运气。例如明代麻城人梅国桢曾任兵部右侍郎，总督山西军务，其奏折、文章很少在外流传。王葆心是在搜集蕲州顾景星的文章时在顾家书屋翻了十多天，无意之中翻到了梅国桢注的《西征集》《燕台遗稿》《西征奏议》三本文集。经过编录，王葆心选编了梅国桢的《议征哱拜疏》《议征哱拜第二疏》《议征哱拜第三疏》《议征哱拜第四疏》《筹划宁夏事宜第五疏》《筹划宁夏事宜第八疏》《请罢榷税疏》《再请罢榷税疏》《辨扯酋不助套虏疏》《上奏舜峰开府救荒疏》。王葆心的认真工作还为美国历史学家罗威廉的《红雨：一个中国县域七个世纪的暴力史》一书提供了许多材料，故而能将梅氏家族在地方文化中的作用进行充分表述。

## 三、出版难过编纂

1946年4月28日，湖北同乡会就《湖北文征》编纂事宜给当时的湖北省主席万耀煌写信，请万耀煌以省主席身份出面筹款，完成编纂工作，但无结果。

1946年10月15日，原《湖北文征》的编辑同仁和有志于继承王葆心、甘鹏云事业的人，在北平楚学精庐召开会议。会议成立了新的编纂机构——《湖北文征》期成处，傅治芗担任总纂，石荣暲、王育楚、陈同白等七人为编纂。在会上进行了编纂人员分区、分工的工作安排，避免了重复性搜集，提高了工作效率。

由于王葆心、甘鹏云、石荣暲前期扎实的工作，到1948年，元明文稿编纂成功。期成处的工作人员及七位编纂主张先出版《湖北文征》的元明部分，然而经费没有着落。担任过河南、陕西两省教育厅厅长的前清进士——湖北蒲圻人覃孝芳征得国民党元老——湖北广济人居正的同意，由居正邀请王世杰（湖北崇阳人，曾任武汉大学校长）、闻亦有（湖北浠水人，曾任中央大学教授）出面，邀请在南京和上海的鄂籍人士集资，筹措出版费用。石荣暲将编订的部分《湖北文征》元明文稿寄给居正，居正立即派人联系出版事宜。孰知南京国民政府经济处于崩溃阶段，物价飞涨、货币贬值，所筹之款远远不够出版之用。居正无奈，只得将原稿寄回北平楚学精庐。

新中国成立前夕，除所辑清代文稿尚未全部集中、晚清和明初某些作品有待辑录和分类整编外，《湖北文征》资料搜集工作结束，基本编辑工作就绪。1951年傅治芗病故，石荣暲继续进行剩下的编纂工作。1953年，著名方志学家张国淦将自己所辑录的湖北书征、文征、献征各稿及所藏乡人秘要文章交石荣暲做编辑资料。石荣暲在编纂过程中多有采用张国淦提供的资料。1956年，湖北省文史研究馆在武昌正卫街陈宅发现王葆心所辑《文征》稿120册，并立即将这120册文稿寄往北京楚学精庐，由石荣璋继续整理工作。

直至1964年，《湖北文征》才完成编辑工作。

“文化大革命”十年，有心人真心诚意地保护了《湖北文征》的原稿，600余万字的《湖北文征》选本在各方的努力下得以于2000年出版。由于学术工作者的要求和社会广大读者的需求，2014年《湖北文征》终于以全貌面世。从1930年筹备编辑《湖北文征》，到2014年《湖北文征》全部问世，跨度长达84年。编辑者们所承担的工作重担和战争风云、政治动乱使这项工作拖了大半个世纪。党和国家领导人董必武对王葆心的肯定及自始至终对《湖北文征》的关心，使这部巨制能保存下来。进入改革开放之年，湖北省政府根据省政协委员的有关提案，召开专题会议，落实出版经费，设立专门的工作委员会，保障了《湖北文征》的出版。

近百年来，湖北几代学人的努力终于结出了丰硕的成果，湖北文化事业画上了浓墨重彩的一笔。该书的出版为传承、发扬湖北地方文化拓宽了道路。

## 第三节　呕心沥血，期成《湖北诗征》

据湘绮楼老人王闿运所言，王葆心从少年读书就不喜欢时俗应制的文章，不喜欢骈俪诗歌，独爱散文和经学。不过王葆心虽然爱读诗歌，但不常写，所写诗歌是“写一首像一首”[①]。可见王葆心虽不以诗成名，然其诗歌之涵养、风雅之意蕴、辞章之品鉴远高出常人。他对明朝末年江浙文人对楚风之贬低甚感不满，在《再续汉口丛谈》卷三中摘录了左宗植“伤楚风之不竞”的一篇文章：

① 叶贤恩：《王葆心传》，崇文书局2009年版，第111页。

> “吾楚自前明以来，至国朝五百余年。其间贞臣孝子、巨儒上才，往往作为文章，形之篇咏，以寄千秋之志，而成一家之言。……近代《静志居诗话》《鲒埼亭文集》，每谈楚故，动致廋词。故咎竟陵之短垣，亦缘楚人之被褐。嗟乎！文采不曜，幽光遂潜。所谓不诵其诗，谁尚其论者也。”此虽为湘南而发，在中兴以前实与吾鄂同病。至咸、同后，而湘人倜然自远，而鄂人则如故也。其云朱、全二氏吹求楚人，处处可见……①

王葆心在学术上敢于独持己见，如对明末大学者黄宗羲的《明儒学案》中的谬误之处就直接指出，“构造虚词，袭人牙慧，以攻大崖天台。此类不可枚举”②。

种种原因使王葆心想编辑《湖北诗征》。1930 年前后，王葆心曾先后与武大教授周贞亮、徐澄宇商谈编辑《湖北诗征》之事，因周贞亮病逝、徐澄宇忙于其他事务，未能成功，但王葆心自始至终未放弃编辑《湖北诗征》这个念头。

## 一、按县编辑，现地域特色

王葆心将搜集、编辑《湖北诗征》资料的工作贯穿到所有的日常工作中。光绪三十三年（1907）王葆心任职京师时就经常利用工作之便，在京师图书馆查阅并抄录湖北诗人的作品。1920 年至 1922 年任京师图书馆总纂时，搜集和抄录湖北诗人诗作成为他工作之余的一件乐事。1930 年后，为编纂《湖北通志》和《湖北文征》，王葆心与儿子夔武三次赴北平开展工作。父子俩将搜集通志、诗征、文征资料的工作一并进行。

在多次的搜集、抄录工作中，王葆心父子总结出以下规律：

---

① 王葆心著，陈志平等点校：《续汉口丛谈　再续汉口丛谈》，湖北教育出版社 2002 年版，第 275 页。

② 同上书，第 276 页。

1. 要对湖北省的地方志进行全面的查阅，并要将地方志中所辑录的作品尽可能与其他书籍进行对照。

2. 要重视族谱。对族谱中记载的诗人诗作应单独列出，并与地方志进行对照。

3. 要查阅《全唐诗》《唐诗纪事》《宋诗钞》《元诗选》《历代诗余》《明诗综》《明词综》及历朝诗别裁集中湖北诗人的作品（王葆心对沈德潜所编辑的历朝诗别裁集评价不高，尤其对《明诗别裁集》评价极低。但王葆心不以人废言，也不以言废人，在资料采集上做到了客观公正）。

4. 对名人笔记、小说、趣闻、轶事中湖北作者的诗歌要进行编辑，并根据相关资料写出作者小传。

仅 1922 年至 1925 年在湖北国学馆任职期间，他工作之余从《全唐诗》查起，了解到《全唐诗》收录 3800 多家诗人的作品 48000 多首。其中湖北诗人有 47 人，10 名诗人被收录诗歌在 41 卷以上，有 37 名诗人存诗 98 首。这一工作成就使他认定了自己资料收集的方式是正确的，也让他决定了以县为单位进行编纂的方式。

首先，以县为单位进行编纂是对湖北全省文化状况有深刻了解后的选择。湖北被称为荆楚大地。楚起自丹淅之会，顺汉江进入江汉平原，经过筚路蓝缕的创业，逐渐发展成西起巴渝东到海，北接宋、卫、齐、鲁，南连五岭的南方大国。楚地成为中原文化向南方传播的通道，又是蛮夷文化与中原文化融合的场所。楚地文化吸取了周边文化之长，又保存和发扬了自身独有文化的形态和特征——筚路蓝缕的创业精神，生为人杰、死为鬼雄的尚武爱国精神，具有瑰丽想象的浪漫色彩。湖北诗坛从春秋时代的楚国起直至清末，产生过无数诗人。各县都有诗人与创作的诗歌，差异在于数量多少和质量高低。即使在同一县，不同时代也会形成差异。如恩施地区在改土归流前文化教育相对落后，在改土归流后，文教事业得到提升，清末民初出现了著名诗人樊增祥，留下诗歌三万余首，可以称为湖北地区的诗人之冠。

其次，以县为单位进行编纂能如实地反映不同地域文化状态的差异。武昌为湖北省会，但武昌本地能以诗歌闻名的人能有几人？明代公安县、竟陵县僻在江汉平原，竟然在复古风气极为浓厚的状况下开创一代文风诗风。“三袁”、钟惺、谭元春之名，足以与明代古文大师归有光争辉。为什么小小的两个县能在文化事业上超过省城？经现代学者考证，袁氏家族、钟惺、谭元春家族均是从文化相对发达的江西移民至湖北。

再次，以县为单位进行编纂可以对当地的文化事业有激励作用。可总结入选诗歌多的地区的教育经验，从而使该地区文教事业能百尺竿头更进一步；入选诗歌少的地区感觉到自身的不足，从而产生改变文教事业落后状况的动力。明清两代鄂湘两省人才辈出，就是受到鞭策后奋发图强的结果。

最后，以县为单位进行编纂有利于体现地域特色、人文风情、时代风貌，使读者能感受到作者写作时的情感活动。例如元代丁鹤年有《兵后还武昌》一诗：

> 避乱移家大海隈，楚云湘月首频回。归期实误王孙草，远信虚凭驿使梅。天地无情时屡改，江山有待我重来。白头哀怨知多少，欲赋惭无庾信才。

丁鹤年，色目人，随父落籍武昌。1352年红巾军攻打武昌，其生母因战乱流离失散于家。他逃亡镇江，中年后避兵祸，住在四明。因四明义军首领方国珍最恨色目人，丁鹤年只得逃到定海，寄居在寺庙中，为谋生，引车卖浆等各种职业他都从事过。当得知父亲坟墓被挖，生母病死被草草埋葬的消息，他痛不欲生，绝食盐、酪五年，被明初人称为元末十大孝子之一。《兵后还武昌》这首诗中，“天地无情时屡改”写出了时代变迁、社会动荡带来的痛苦；“白头哀怨知多少”写出了痛苦的深沉和历时长久，只有经历过的人，才能写出这样感情沉郁悲痛的诗句。由此可见，按县编辑确实是首选之良法。

## 二、以诗歌质量选取作品

王葆心在《湖北诗征》的作品编选中，不以身份贵贱、名气大小、文坛地位高低作为标准，而是以诗歌质量的高低作为选取标准。官宦、诗人、皇家亲贵、释道方外之人、处士、商贾、农民、工匠、普通妇女、伶人、妓女……无名之人只要其诗歌作品能以言感人、以情动人，则在备选之列。在以质量作为标准的前提下，王葆心将编选标准具体化了，从形式上注意了诗歌的多样性，从内容上强调了社会的广泛性和思想的深度性。

他能根据作者的不同身份、地位，将选取标准灵活掌握。例如，他选择了一位和尚（释宝月）所作的《估客乐》，其诗云："郎作十里行，侬作十里送。拔侬头上钗，予郎资路用。"诗句浅俗、明白如话，语言生动亲切，写出小儿女一步也难以割舍、分离的深情。作为情歌，这首诗未必入选，但看一看作者的身份，以无发人写有情诗，实质上是打破禅门的真修行。

王葆心列举了两名缝衣匠诗人。其中一人叫李景旸，字东白，朱彝尊《静志居诗话》载其事云："东白登黄鹤楼云：'西望家山一改容，白云飞尽楚江空。兴饶老子胡床上，秋在仙人铁笛中。鄂渚霜花沿岸白，汉阳枫树隔江红。倚栏拍手招黄鹤，千古登临感慨同。'……后游秣陵归，舟至云梦泽中蒿台寺，自吟云：'好水好山来路远，秋风秋雨到家迟。'拍手一笑，坠水而死。""秋在仙人铁笛中"让人从实际的秋景霜花、红枫中神游于空灵的世界，感受到秋的凄清、寒凉。"好山好水来路远，秋风秋雨到家迟"将归路看景的难舍之心与希望极速归家的恋亲之心，进行了巧妙的对照。这就是"隐于衣工"的诗人。

王葆心收集了这样一首诗："岁除心事更如麻，年事从容说别家。儿女不知心事苦，只求瓜果衬年华。"在年前心事重重，却偏要从容不迫地谈论别家筹备过年之事，孩子们哪里知道长辈心内的苦楚。将母亲对儿女的谈话放在过年前的特定环境，话题又是别家筹备过年之事，两衬一托，一位艰难地抚育孩子、又不期望孩子知晓自己痛苦的母亲形象跃然于诗句之中。这是罗田县一位孀居多年的老妇人所写的《己巳岁除》。

王葆心以质量高低评选诗歌，还表现在诗歌的内容上。《湖北诗征》所选诗歌的内容有的关系到国家兴亡、民生疾苦；有的咏史怀古，写心中慷慨磊落之情；有的针砭时弊，抒胸中愤懑之感；有的言呜呜私情，写相思离愁……内容的广泛使诗人们在形式的选择和文字的运用上都耗心费力。诗圣杜甫有诗云："为人性僻耽佳句，语不惊人死不休。"唐代诗人卢延让的《苦吟》有言："吟安一个字，拈断数茎须。"为了让每个字具有特殊的表现力，诗人们都在进行着反复推敲。如汉阳熊埙的《怀弟益堂》这样写道："玉剑悬腰光陆离，辞家千里赴河湄。慈亲闾外沾衣处，游子天涯陟屺时。向日看云惟忆弟，青年多病强裁诗。平安二字关心切，莫惜题函寄我知。"诗中一个"强"字写出兄长强拖病体的状况，使思家、思亲具体到对弟弟的想念之中，因此希望弟弟哪怕只写平安二字也要书写信函。

王葆心在编选《湖北诗征》这一工作中，认可了前辈诗人们创作的用心，用自己独特的艺术审美眼光将前辈诗人凝就的心血放进了《湖北诗征》。

## 三、承先启后，风韵各异

《楚辞》是战国时期楚地诗歌的汇集，是浪漫主义文学的奠基作品。大诗人屈原的作品在《楚辞》中具有至高无上的地位。他的《九歌》以楚地祭祀的神祇作为倾诉对象，将楚地的巫风以缥缈空灵的境界予以表达。从至高无上的"东皇太一"到"云中君""大司命""少司命""河伯""湘君""湘夫人"，到处于半神半鬼的"山鬼"，甚至为国牺牲的战士都通过祭祀中的歌咏表现得淋漓尽致。《九章》中的诗歌叙述着诗人的志向、追求和向上的精神。《天问》中诗人驰骋想象，将天地间的疑惑从不同的角度迸发出来。屈原最重要的作品《离骚》是一首长达

373 句的抒情诗。在这首浪漫主义的杰作中，诗人展示着自己崇高的人格，述说着忠于君王、却不被君王理解的苦衷，流露出为国家和百姓的担忧，把炽热的情感通过诗句展示。“路漫漫其修远兮，吾将上下而求索。”这种至死不悔的追求精神成为一代能人志士继承的崇高品德。

屈原之后，宋玉、唐勒、景差继承屈原的文学事业，“终莫敢直谏”，但宋玉的《招魂》《九辩》《风赋》中包含的劝谏之意未必在屈原的作品之下。

从山东琅琊迁至襄阳的诸葛亮和以刘表为核心的襄阳文人集团，尽管作品不多，但为湖北诗风的传承做出了贡献。到南北朝时，南梁诗人柳恽既是南齐“永明体”诗歌的创始人之一，又在理论上对四声八病进行了阐述，使声韵格律为学人接受，对近体诗的形成有重大影响。

湖北的诗歌创作在唐代进入了一个繁荣时代。初唐文章四友中的杜审言是湖北襄阳人，对近体诗的成熟起了推动作用。他在被贬峰州时所写的《渡湘江》云：“迟日园林悲昔游，今春花鸟作边愁。独怜京国人南窜，不似湘江水北流。”不写自己因被贬而悲，写园林花鸟为自己这个昔日的游伴“南窜”而悲愁，通过拟人手法写出了景物有情、人心更苦的境界。

唐代湖北诗人有孟浩然、张继、綦毋潜、岑参、皮日休。张继的《枫桥夜泊》在唐诗绝句中地位极高。孟浩然与王维同为山水田园诗人，继陶渊明、谢灵运之后描绘自然山水和田园风光，表现返璞归真、怡情养性的情趣。在唐末，竟陵诗人皮日休是参加黄巢起义的唯一诗人。他的《汴河怀古》（其二）云：“尽道隋亡为此河，至今千里赖通波。若无水殿龙舟事，共禹论功不较多。”结句指出大运河的作用足以和大禹论功，这是“捧”。但“捧”的前提是“若无水殿龙舟事”，这是“跌”。“捧得越高跌得越重”，这首诗比那些直接谴责隋炀帝修运河的作品更具批判力度。江陵人綦毋潜，其风格与王维、孟浩然一脉相通，功力与韦应物相近。诗风不同于王、孟的是江陵的另一位诗人岑参，他是唐代边塞诗人的杰出代表。他的诗以描写边疆风情、壮士生涯为长，作品《白雪歌送武判官归京》《走马川行奉送封大夫出师西征》《火山云歌送别》……均给人以豪迈俊逸之感。“大历十才子”中的戎昱也是江陵人，他的作品体现着丰富的社会内容和时代特色。“好是春风湖上亭，柳条藤蔓系离情。黄莺久住浑相识，欲别频啼四五声。”他沉浸在个人与自然的交流中，写出了《移家别湖上亭》这样的好诗，通过柳条、藤蔓、黄莺对人的“留恋”，表现人对湖上亭的留恋。

进入宋代，荆门孙何、孙仅、孙侑兄弟，安陆宋庠、宋祁兄弟，均为有名的诗人。《宋诗纪事》中对他们的诗评价相当高。

明代湖北有两个打破复古主义风气的文学流派，即以袁宗道、袁宏道、袁中道兄弟三人为代表的公安派和以钟惺、谭元春为代表的竟陵派。公安派诗风平稳清秀、语气畅达，竟陵派诗风荒寒淡远、深幽孤峭。

从王葆心所列《湖北诗征》中诗人之名来看，湖北地区的诗歌传统代代在继承，代代有所创新。王葆心希望能通过《湖北诗征》，使湖北的诗歌传统在新的时代得到发扬。愿王葆心的希望能通过新的《湖北诗征》得到实现。

# 第十二章　物微意不浅，感动一沉吟

《虞初支志》序言中王葆心谈到作此书的目的是："不自爱其日力，姑假此以消耗岁月。则其为书，亦只示欲消耗今日之日力者读之而已。"[①]"消耗今日之日力"与休闲同意异说。明代文学家汤显祖在《点校虞初志序》中写道："《虞初》一书，罗唐人传记百十家中，略引梁沈约十数则，法奇僻荒诞，若灭若没，可喜可愕之事，读之使人心开神释，骨飞眉舞，虽雄高不如《史》《汉》，简澹不如《世说》，而婉缛流丽，洵小说家之珉珍船也。其述飞仙盗侠，则曼倩之滑稽；志佳冶窈窕，则季长之绛纱；一切花妖木魅，牛鬼蛇神，则曼卿之野饮。意有所药激，语有所托归，律之风雅之罪人，彼因歉然不辞矣。使咄咄读古，而不知此味，即日垂衣执笏，陈宝列俎，终是三馆画手，一堂木偶耳。何所讨真趣哉！"[②]王葆心能编选《虞初支志》，是其无冬烘之气的表现，为真名士之风流。孔子认为诗的作用可以兴、观、群、怨，汤显祖及王葆心在实践中尊重着文学的另一个作用——乐。

## 第一节　以异闻劝善树德

《虞初支志》所选篇目不仅体现了王葆心的文学审美标准，也显示了王葆心的价值观念和道德标准。从《虞初支志》中选编篇目的内容来看，其编书本意大致契合于纪昀写《阅微草堂笔记》的目的。《阅微草堂笔记》搜集各种狐鬼神仙、因果报应等当时流传的乡野怪谈、奇情轶

---

① 王葆心编：《虞初支志》，上海书店1986年版，序第3页。

② 〔明〕汤显祖：《点校虞初志序》，〔明〕陆采编《虞初志》，上海书店1986年版，第1—2页。

事，目的不外两个：一是嘲讽道学家，一是劝善惩恶。

《虞初支志》也是如此。如卷一《报仇人传》文后，王葆心评阅云："人不可太快意。今日之天下，非圣无法，灭伦黜孔，恣诸笔舌，悍忍径行，群盗汹汹，恣相吞噬，快意极矣。虽然，今日之天道，反觉去人近。世事倚伏，迅若转毂，而人不悟也。"①《报仇人传》讲述的是儿媳虐待公婆，儿媳所生之子在成年后虐待她，且其暴虐过于她昔日之所为。这是借因果报应颂扬孝道的一则故事。

卷一中《义盗事》记述了安守忠、安守夏兄弟二人在山东为盗，巡抚王永吉收降了他们，并给一定的钱财让他们回家务农。二人后来又继续为盗，被捕后承认自己对不起王巡抚，希望王巡抚能照顾家中老母，自己愿以死赎罪。当得知王巡抚愿意放走一人让其归家养母时，安守忠说自己有儿子，死了也没什么遗憾；安守夏说自己没有妻子儿女，死了没有牵挂。王永吉被兄弟之情感动，放走了安守夏。几年后，吴三桂引清兵入关，王永吉剃发装成和尚逃跑。安守夏给了王永吉一条生路，并表示自己愿意率领部下与王永吉一起为明朝效忠。哪知王永吉已准备投降清朝，安守夏只得离去。这则故事讲述了强盗有廉耻也讲孝悌。知恩报德在安守夏眼中是理所应当的行为，在道义面前他可以不计生死。通过对强盗不同程度的肯定，对巡抚王永吉背负前朝、屈身仕清的不忠不义进行了贬斥。王葆心这样评论："柳如是之劝钱牧斋，顾横波之讽龚芝麓，皆濡忍不断。侠心奇骨之倡盗其如此，士大夫何哉!"② 在王葆心眼中，身份、地位并不重要，重要的是要能恪守与自己身份相符的道德准则。钱牧斋、龚芝麓与王永吉相同，都应是忠臣。既不忠，人品低下之极。禅宗六祖慧能曾言"下下人有上上智"，谈到人品，也可以说"下下人有上上品"。

卷二《史八夫人后传》讲述了史可法弟媳李氏，在丈夫死后为丈夫守节，并侍奉婆婆的故事。明朝灭亡后，清朝一有地位的官员威胁李

① 王葆心编：《虞初支志》卷1，上海书店1986年版，第3页。

② 同上书，第17页。

氏，强迫她嫁给他。李氏用利刃割掉自己的耳朵、鼻子，家人推倒门才将她救活。在婆婆生重病时，“割股以疗”。该篇强调的是史八夫人的忠、贞、节、烈、孝。尽管王葆心不像他同时代的某些读书人一样轻视妇女，但他衡量妇女道德的标准依然有浓厚的封建气息。

卷二《王三传》中写一杂役王三为保全一贫穷的盗花人，不惜承认自己弄错了花的品种。在该文后，评为：“三贱役耳，而所好与流俗异。且其遇人卑以谨，未尝敢以技自炫也，斯亦难矣。及观兰草一事，虽古君子之用心，何以过焉！”① 王葆心又评曰：“人秉清尚，不限流品。王三托地卑微，其不认所识者窃物，乃士夫所不能者。”②这里赞颂的是宁愿自己受诬，为他人分忧解难的难能可贵的做人方式。在“利尽归我、祸属他人”的社会环境中，这真是一种难得的品质。

## 一、敬仰奇女子

1906年王葆心在汉阳为玉树里初级女校撰写《募资小启》，盛赞开办女校的必要性和重要性。王葆心的这种认识产生于幼年，他的姐姐们虽然聪慧，却因社会对妇女的轻视得不到受教育的机会。王葆心成年后多次对兄长说：“以吾家诸女兄之慧而好学，倘生长通都之世族，或值今日女子入校时，其足以当女博士之选者，必不止一二人也。”③ 终其一生他既不承认“女子无才便是德”的荒谬说法，也不贬低和看轻妇女。在封建伦理观念依然充斥的当时，王葆心的妇女观既有男女平权、尊重妇女的思想；也有以封建节烈观来桎梏妇女的道德观念。

王葆心崇拜的奇女子是能为国杀敌、为民驱暴，忠于丈夫及家庭，具备忠、勇、孝、节、烈等美德的女性。王葆心说：

> 明季多奇女子。秦良玉、沈云英、刘淑英、邓夫人，皆有文武才。其余稽氏明季佚闻所载，张蕙姑、沈小云、黄玉姑、邓州苏兰

---

①② 王葆心编：《虞初支志》卷2，上海书店1986年版，第19页。

③ 王葆心：《节孝孺人徐氏十四从姊七十寿序》，《晦堂文钞》。

> 姑、沁水霍氏，皆女子而有丈夫之勇者。而夫人与周忠武，尤相得益彰。明季佚闻中述忠武从子元哥杀贼事，较此传尤详。并及忠武从子之妇之孝烈，此所云最勇者，殆即从子也耶？胡英奇毕萃于一门耶？古来知兵女子，如顾深母孔氏、卫州侯氏、滑州唐氏、青州王氏、陈州女将白颈鸦、谯国冯夫人冼氏，并今日李素贞之流，皆是。吾里咸同团练得手时，有晏九娘者，闻亦有敌忾之风。下视辛亥之变，所谓“女子敢死队”者，真不堪婢学夫人矣。①

王葆心崇拜有文武才、懂得军事、勇于从军杀敌的女子。在《虞初支志》中，他搜集了明朝末年邓夫人、中国古代唯一一位凭借战功封侯的女将军秦良玉、担任过游击将军的沈阿翠和山西总兵周遇吉的妻子的事迹。他在评语中对这些奇女子的敬仰溢于言表。

## 二、仰慕武术家

清末大翻译家林纾出于对武术的迷恋和对武林人士的仰慕，就自己所见所闻撰写了《技击余闻》。与王葆心同时代的文人钱基博也有同好，撰写了《技击余闻补》，这与当时武侠小说的兴起有一定关系。湖南人向恺然撰写了《江湖奇侠传》。电影界以《江湖奇侠传》中的情节拍摄了《火烧红莲寺》，轰动一时。武侠小说名家王度庐、宫白羽、郑证因、李寿民……用自己的作品掀起了一股武侠风。王葆心生于斯世，难免不受其影响。在《虞初支志》中，王葆心也采录了《仲子纪世》《许文宗传》《韩江见闻录》《梦场杂剧》《书毛大相公》《书宿州寓客》《记麻城豆腐翁事》这些与武侠有关的记事文章。在文中，王葆心着意突出主人公的重然诺、守信用、轻生死。如《仲子纪世》中叙述了一位地方豪杰仲子。有一位达官贵人为国事相求于他，仲子曰：“是不难，公以木天贵客，为国事下交，士为知己死矣。三日后当为公解赴司农，

① 王葆心编：《虞初支志》卷1，上海书店1986年版，第11页。

取部收来。”说到做到，仲子在三天内办完了所应之事，贵人要向朝廷推荐仲子来报答，仲子怫然曰：“此非知己之言也。我以公忧国急公，慨然见信，试效一臂耳。此世界岂容我辈耶?”[①] 说完旋即作揖告辞。一位施恩不望报、武功高强，不重功名而又名声显赫的江湖武侠之士形象跃然纸上。

《韩江见闻录》记述了雍正皇帝为争夺帝位结交武林豪杰的几则民间传说。王葆心不是盲目地进行否定，而是根据相关资料进行了考订。他写道：

> 余尝为种种旁证，知世宗混迹民间，并俗传委李敏达经商之事，皆有可推寻者。雍正朱批谕旨，有五年七月朱批杭州织造孙文成奏销折云：“须知朕非生长深宫之主，乃系四十年阅历世情之雍亲王也。”夫既非生长深宫，则其遨游民间可知。否则何从“阅历世情”乎？盖事实之自然流露于不觉者。[②]

李敏达即雍正手下一位善于经营、体恤民情的官员李卫。他担任过浙江巡抚、直隶总督等地方大员，江南破获朱三太子案、捉拿江南八侠中的甘凤池案都和他有关。甘凤池确有其人，清人吴敬梓在《儒林外史》中描写的让秦二侉子踢自己肾囊的凤四老爹的原型就是甘凤池。王葆心对清世宗搜罗武技之士进行的考证，有利于澄清某些“戏说”的历史传说，也有利于更好地了解武术文化在清代的传播与发展。

对于“侠以武犯禁”，王葆心从两个不同的角度用其他材料进行了论证。一个角度是，习武者以武为非作歹，剪径为业。如《记麻城豆腐翁事》叙述麻城一卖豆腐的老头子年轻为盗，与十余个同伴在行劫时被一妇女收服。该妇女砍掉了强盗们的小指头作为警戒，老头从此改邪归正，不敢逞能好斗。另一个角度是习武者倚仗武艺，凭一己好恶与人争

① 王葆心编：《虞初支志》卷1，上海书店1986年版，第3页。

② 王葆心编：《虞初支志》卷3，上海书店1986年版，第31页。

强赌胜，甚至甘犯法律“拔刀相助”。王葆心在称赞这些武士见义勇为的同时，也认为这些人的行为不利于社会安定。

王葆心采集有关武术的笔记文，肯定是个人的兴趣所在。但王葆心和那些痴迷于这些传闻的读书人有极大的区别。当时有人认为发扬中国武术足以抵抗日本，竟然相信《推背图》中的“手持钢刀九十九，杀尽胡儿方罢手”的说法，请人打造九十九把钢刀送往前线。可谓信之深，愚之甚。王葆心则提出要利用我们的优势来打击日本侵略者，即中国人对国情特别是对地理环境的了解和传承下来的爱国情怀、民族气节。

王葆心不否定武术的历史价值和现存的文化价值，但已走出了将武术神秘化这一怪圈。

## 三、仕优方堪录

《虞初支志》卷一《兄弟讼田》中记载有兄弟二人为七亩田打起了官司，地方官不是简单地将“兄弟各责三十板，将田均分，便可片言了事”，而是通过委婉化导，使当事人良心发现，最后“泣涕相让”。王葆心引用明代良吏陆稼书的话：“兄弟不睦，伦常大变。予为斯民父母，皆予教训无方之过也。”① 王葆心认为对百姓实行教化，使其明孝悌、知廉耻本是官员治理民众的最佳方式。官吏们要做到能对百姓进行教化，除自己在道德上要做到高度自律外，必须懂得一套教化的方式、方法。这样的官吏才能真正为国家出力，为百姓办事。

王葆心在《平瘖狱书事》文后引用了解决《兄弟讼田》一案的地方官蓝鼎元审问“没字呈词”一案的情况。文中指明官员在处理案件时，既要懂朝廷法律，又要懂分析案件、侦查案情的方式，同时还要能从表现人情的细微角度来进行判断。王葆心引用了王椷《秋灯丛话》“决哑狱”一案：

① 王葆心编：《虞初支志》卷1，上海书店1986年版，第26页。

粤西李令某初莅任，升堂。见一人奔至阶下，忽跪忽起，往来指画，若有所诉。隶卒捽之去。间日复来，令异而问之，左右以疯且哑对。命役迹之，曰："住城西鄙，已交其主约束矣。"一日，令有事西乡，径造其庐，问其主曰："哑系你何人？"曰："雇工。新得疯症，怜其贫，故留养耳。"询主人妇，词同。一女甫三龄。令呼女至，与之饼饵。食已，取一枚与之，曰："给尔母。"奉诸妇。复取一枚，曰："给尔父。"女竟与哑者。令悟，讯知哑系夫妇，男子乃雇工也。与妇私，欺其哑，占其田产而役之。置二人于法，家资仍归哑者。①

案是小案，但如非地方官员仔细查究，则哑者蒙冤。看来当官，德、才、学、识缺一不可，更重要的还得有应变之才与为民之心。

《虞初支志》还记载了蒋士铨讲述的康熙年间蔡秉公治盗的事迹。蔡秉公系郎官出身，掌管一方军政。在对付海盗蔡元亮时，使骄兵之计，趁海盗不备进行偷袭。蔡元亮被擒后，蔡秉公根据他的实际罪行给予戴罪立功的机会，又通过不妄杀降众，使投降的海匪愿意重新归农归渔。蔡秉公在担任遂平县令时，通过事先调查得知盗贼佟二经常隐居在邻县，经过周密安排，用调虎离山计引诱佟二外出作案，趁机抄了佟二的老巢。然后蔡秉公组织官兵埋伏在佟二回来的路上，在不惊动周边村民的情况下彻底消灭了这个匪帮。王葆心肯定蔡秉公治盗如神，是官吏中的奇才；同时又为这样的奇才竟始终得不到充分发挥自己才干的机会感到遗憾。王葆心认为好的官吏应做到"惠政及人……肯肩负责任耳"②。"惠政"固然出自朝廷之命，但"十家租税九家毕，虚受吾君蠲免恩"，地方官为自身政绩，即使不贪赃，也可以忠君之名做损民之事。肯负责不仅仅是一事当头不推诿责任，更重要的是为民着想、为民担责、为民造福。王葆心用来评价官吏的标准与他评价农民起义的标准有

① 王葆心编：《虞初支志》卷1，上海书店1986年版，第30—31页。

② 王葆心编：《虞初支志》卷2，上海书店1986年版，第12页。

相同之处——是否为民。

基于官吏是否为民的出发点，王葆心将不为民官吏的行为具体化为“言仕只知有己，不知有人；居官只知有上官，不知有百姓；亲友交际，只觉人之缺情于己，不觉己缺情于人”①。简言之，王葆心要求官吏眼睛向“下”，心中有百姓，多考虑自己是否“缺情于人”。

## 第二节 叙实事，明己志

王葆心总是以一片忧国忧民的情怀来看待社会。他不仅以策论等政论文来表达个人的政治观念和社会理想，也通过对社会实际事件的记叙加以评论，来表达他对政事及社会的看法、对人与人关系的态度……从这些文不甚长、意不甚深，但充满情感的记述中可以看出王葆心的政治理想。他的政治理想与强国、裕民、重道、治世有关。简言之，他希望以孔子的大同理想来构建当时的社会。

### 一、桃源心中存

在《虞初支志》卷二中所选的《荆氏五老人寿序》及《三盘坡》两文记载了与王葆心所期相合的社会集合。《荆氏五老人寿序》记载了吕埠西三里关家疃荆绰如五兄弟均享有高寿，最长者 88 岁，最幼者 76 岁。五位老人有子 17 人，孙 55 人，曾孙 36 人，玄孙 1 人。荆家长幼无一人不恪守家法。王葆心评价关家疃为“绝妙一幅武陵桃源图”②。王葆心认为，能出现这样高寿的老人和庞大的家族的原因是太平盛世、没有战乱，该家族尊礼守义。王葆心在评价《王氏义门记》时已谈到，不能单纯靠义礼来维护家族关系，“兄弟以不分为义，不若分之以全其义。……妇人守节，不若嫁之全节。……不可浮慕累世同产之名，而实受其害。……古者井田之制，八口之家，未尝禁人分居。

①② 王葆心编：《虞初支志》卷 2，上海书店 1986 年版，第 12 页。

苟友助扶持，则分犹不分，其累世同居，诚笃行之士，矫薄俗之义举。然必有家法，代有贤者主持。否则不如分居，各惜其财，各勤其事，犹可相持不败”①。王葆心将传统农耕家族关系美化了，“今日社会党人，为共产公民之制。其事在吾国，垂义居之法，即其雏形”②。“吾国古已有之”是王葆心这一代知识分子，用来对抗外来文化压力的文化心态的表现。

《虞初支志》记载了这样一个地方——三盘坡，在北京西山深处，明军攻破北京时，很多蒙古人携家逃到此地，开荒种地，一直与外界隔绝。因出入艰难，“每坡择殷实知事者一人，称为老人，其实皆壮年人也。给与竹板，有赌博斗殴等事，令老人管理。理曲者许责数板，即命案每多私和，亦置不问。钱粮无催科之烦，亦令老人代收。至腊月，三老人携至州，一并交纳。完后，于州大堂饮酒披红，鼓乐送之出城。历来如是。言此处木植甚贱，房屋具砖瓦造，极其崇焕。妇女均大足，无行缠”③。

在《三盘坡》文后，王葆心引用了周乐清的《青翠岛记》。文中叙述了岳长青乘舟赴铁岭购煤遇西南风，向东北漂去，在离西南海岸800里的地方，登上了一个小岛。小岛上是登州捕鱼为业的船民漂流至此，已定居百余年，无官府管辖，也无战乱干戈。这里的人也不求功名，甚至连酿酒都不会。王葆心将《青翠岛记》原文照录，是因为此篇中表现了王葆心的社会理想：聚族而居的农耕社会，通过教化来维持社会秩序，没有功名的追求，因此也无竞争。

王葆心认为“畿甸之中，有此世外桃源，惟吾国始能得之，西欧断不能有此”④。“西欧断不能有此”，是因为王葆心所能接触到的西方书籍给他一种错觉，即西欧所有的地方都已开发，再无未开辟之荒地。同时，“吾国始能得之”是因为我国以农耕立国，安土重迁的心理状态和以宗族聚居的基层社会组织形式，才能在特定的社会环境，保持一定的

①② 王葆心编：《虞初支志》卷1，上海书店1986年版，第5页。

③④ 王葆心编：《虞初支志》卷2，上海书店1986年版，第20页。

与世隔绝。王葆心抱有这样的社会理想，是根源于他始终坚持“吾国古已有之”的文化信念。这是他与时代保持一定距离的重要原因。

## 二、义商济危难

很奇怪的是，王葆心深受儒家教育，但从无轻商观念。这应该与他祖母善于养蚕、善于经商有一定的关联。由于不轻视商人，王葆心在《续汉口丛谈》中不厌其详地介绍了汉口因商成市，并详细记载了商人中保持良好品性的人物典型。在《虞初支志》中，王葆心还介绍了一位即使放在现代也属德行过人的商人——杨子和。

杨子和轻财好义、喜交友。他的家乡乍浦是海船停靠的码头。乾隆九年（1744）一艘日本商船被风浪击碎，“剩四十余人，据船底漂至其处”[①]。杨子和对日本商船上的存活者予以救助，并向官府禀报此事。官府允诺将会救助这些商人，但口惠而实不至。杨子和就自己为这些日本商人提供衣食住宿。日本商人向官府求助，官府空言许诺要送这些商人回国，实质上又毫无行动。无奈的日本商人向杨子和诉说了自己的状况，杨子和不仅为日商们准备了舟船和旅途的粮食，还自己垫钱为他们准备了一些货物，以便让日本商人谋利。为保证日本商人的安全，杨子和派自己的儿子亲自相送。

到了日本后，日本商人凭借杨子和所赠的货物挽回损失，十分感谢他，并向日本官府禀报了他的义举。日本官府为感谢和表彰杨子和的义举，给了一块允许杨家与日本进行贸易的“倭牌”，并给了杨子和之子一船货物。一年后，杨子和之子和日本商人一起回到乍浦，将货物出清后，杨家赚了几万两银子。当地人认为这是杨子和善念的回报。从这以后，杨家长期与日本通商，遂成巨富。

王葆心准确地考注出乾隆九年与日本通商的码头为宁波，而到达日本的码头为长崎，接待杨子和之子的应该是长崎各诸侯。王葆心赞赏

---

① 王葆心编：《虞初支志》卷2，上海书店1986年版，第25页。

杨子和这种轻财好义的品德，“观杨君所为，益征忠、信、笃、敬，可行于异域。无所为而为，其感应弥捷，人亦何惮而不出热肠以拯人于危也哉”①。“无所为而为”点明了杨子和并非出于图报之心而救危济困，“其感应弥捷”则说明了日本商人同样懂得知恩报德。看得出王葆心并不存在民族偏见，他认为忠、信、笃、敬应为人立身之基，在中华民族受到尊崇的道德同样在国外具有感化力量。

《杨子和》一文可以弥补史料上的不足，可以纠正某些并不准确的历史结论，王葆心用皮里阳秋之法对乾隆时期官员们饱食终日、敷衍国事的行为进行了不贬之贬。

## 第三节 雅在性情真

从字数而言，王葆心所著《艺林演雅》仅四万字；就文体而言，《艺林演雅》属随笔，作者于读书之余有所思则记，有所感即书，随心所欲，不受约束。正因该书不是为作书而作，故而极能看出作者的真性情。从作者所录之文字中，可看出他推崇的“雅”究竟是什么，更可以看出王葆心认为“雅”可以通过什么形式表现出来。

《艺林演雅》中的“雅”已超过文人墨客所谈论的雅。在文人墨客口中，雅与俗相对，是高尚、美好情趣的表现。在《艺林演雅》中，王葆心首先将符合正义与大道的状态称之为雅。书中摘录了丘濬的《题文丞相庙》，诗云：“举世纷纷拜犬羊，独捐一死正纲常。英魂上诉天应怒，特令真人出凤阳。”“独捐一死正纲常”是舍生取义之雅。

### 一、三不朽即雅

自鸦片战争国门被打开，清王朝的落后成为西人轻视的对象。他们抓住男人的辫子和女人的小脚进行嘲笑，并将其作为中华文化落后之

① 王葆心编：《虞初支志》卷2，上海书店1986年版，第25页。

象征。王葆心思想并不封闭守旧，但对西方人的这种态度大为不满。

《艺林演雅》中，王葆心记录了曾当过张之洞幕僚的辜鸿铭对西方人嘲笑的反击。1893年的一天，湖北铸币厂的外国专家联合请辜鸿铭吃饭，出于尊重，推他坐上首席。宴会上，有一个外国人以挑衅的口吻让辜鸿铭讲讲孔子之道有何好处。辜鸿铭立即说道："刚才大家推我坐首席，这就是行孔子之教。如果今天大家都像你们西方所提倡的竞争，大家抢坐首席，以优胜劣败为主，我看这顿饭大家都吃不成了，这就是孔学的好处！"王葆心认为辜鸿铭能维护中华文化之尊严，是一种大雅。

当王葆心看到西方人评价"《荷马史诗》可以变化人的气质"后，在《艺林演雅》中写道："吾中国古文真有此种力量。余以为中国古文，必有推行欧洲之一日，必能使欧洲战场杀人粗暴之徒，感吾中文之美，而变为温和之人也。罗斯金有言：文化之可贵，在使人去其粗暴好杀之性，以及于和平。此正为吾中国文字言之也。"①

伊藤博文来中国漫游时，在武昌和辜鸿铭有过一次交锋。伊藤博文说："听说你精通西洋学术，难道还不清楚孔子之教能行于两千多年前，却不能行于20世纪的今天吗？"辜鸿铭答道："孔子教人的方法，就好比数学家的加减乘除，在数千年前，其法是三三得九，如今20世纪，其法仍然是三三得九，并不会三三得八。"伊藤竟一时语塞。王葆心认为辜鸿铭与伊藤之交锋是文人雅事，以算术中最简单的计算驳倒了存心刁难的对手。

在《艺林演雅》中，王葆心认为雅的官吏首先重德；其次，在处理政务和民情中，应能因时因事有所变化，有自己独特的主见；再次，还应该能上升到雅的程度，诉之于笔墨。王葆心在书中记载了清朝大学士贾桢和叶名琛的老师——阎海。尽管他只是一个地方的一位训导，但教学有方、为人有德，且写得一手好诗。王葆心认为阎海写的诗为雅诗。《艺林演雅》上选录了阎海所作《病别诸生》两绝句，诗云："翩翩年少

① 叶贤恩：《王葆心传》，崇文书局2009年版，第279页。

气峥嵘，修业修名策迈征。莫放韶光容易过，春风有路到蓬瀛。”“年来老病梦魂惊，怪底腰支太瘦生。若信驻颜真有诀，庐陵何事感星星。”①

《左传·襄公二十四年》：“太上有立德，其次有立功，其次有立言。虽久不废，此之谓不朽。”王葆心从儒家“三不朽”的角度，拓宽了艺林中雅的境界。可见王葆心的雅不仅用于审美，也用在观世知人。

## 二、尊德重才

王葆心用德艺双馨来赞美有知识的女子。因家里不让读书，王葆心的姐妹失去了读书机会，为此他一直感到十分惋惜。只要能收集到女子所写作的好作品，他一概收集。如他在《湖北诗征》中选取了明代西陵女子董少玉的《塞上晚春忆家》：“新草长满堤，思想望月迟。露桃深中酒，烟柳淡涂眉。秋塞关难掩，春江棹可移。此身同越鸟，夜夜思南枝。”② 董少玉的小传写出了她因丈夫上书进谏被贬雁门，陪丈夫同甘共苦的经历。北地气候苦寒，贬谪生活艰难困苦，董少玉最后因身体病弱，29 岁死在雁门。王葆心尊敬董少玉与丈夫患难与共的崇高节操，为董少玉在边塞思念家乡而感同身受。

在《虞初支志》中王葆心将韩家文所著《高才女始末》一文全文照录。这篇文章记叙了从出生直到 12 岁离世的高淑宜的一生，重点描写了她的诗文天赋。高淑宜 4 岁时读四书脱口成诵，5 岁时读《千家诗》就学会了简单对仗，6 岁读《孝经》能将《孝经》内容用在实际中，7 岁读《诗经》《离骚》而学会写诗，8 岁以“读书心上敬先生”对上刘春甫先生所出的上联“能诗目下称才女”，9 岁写出“我坐独笑笑何事，花开静看看有情”的对句，10 岁在人前写出《女子》《久雨》《士希贤》三篇议论文，11 岁作《暗水流花径赋》，12 岁时用“古帝前王称到今”对上“状元宰相皆由此”的上联。这位才女还写下了不少诗，可惜只活了 12 岁。王葆心在评价此女时说：“观其诗，清妙灵秀之句甚多，知其

① 叶贤恩：《王葆心传》，崇文书局 2009 年版，第 280 页。

② 同上书，第 216 页。

慧根夙具。”① 王葆心将高淑宜事记入书中，内心大概在将其与自己的姐妹做比较。

明初有宋氏所写《盘江邮亭题壁》一诗，王葆心认为足以与《孔雀东南飞》媲美。在《艺林演雅》中他全诗照录，可见对该诗的欣赏。这首诗叙述了宋氏的家世，介绍了宋氏的丈夫在考中进士后担任阆中太守，因为官正直，成为同僚的眼中钉。

> 日则升堂治公务，夜则挑灯理文稿。守廉不使纤尘污，执法致遭僚佐怒。府推获罪苦相扳，察院来提有谁诉。临行囊橐无锱铢，惟有旧日将去书。城中父老泣相送，道旁观者感嗟吁。一时征赃动盈万，妾夫自料无从办。经旬苦打不成招，暗嘱家人莫送饭。嗟嗟饿死囹圄中，旗军原籍来抄封。②

丈夫饿死牢中后，婆婆和宋氏及儿子又被充军到云南。年幼的儿子病死在武昌。宋氏与婆婆又被逼着赶路。在路上看见丈夫死去不到20天就改嫁的妇女，叹道：“吁嗟风俗日颓败，废尽大义贪黄金。妾心汪汪淡似水，宁受饥寒不受耻。”③

王葆心看待女性的眼光和态度让我们感受到不能简单地将他界定为新思想、新道德的宣扬者，或旧思想、旧道德的维护者。他属于横亘在新旧时代之间，有着浓厚文化积累的旧知识分子。他比传统的儒家走得稍远一点，所肯定的，仅仅是他努力追随的时代。

## 三、情趣集雅韵

白居易在《与元九书》中提出，“文章合为时而著，歌诗合为事而作”，强调文学创作必须为现实服务。根据这一标准，白居易对自己的

---

① 王葆心编：《虞初支志》卷4，上海书店1986年版，第20页。

②③ 叶贤恩：《王葆心传》，崇文书局2009年版，第281页。

诗歌的评价是，“一篇长恨有风情，十首秦吟近正声”。白居易将流传最广、艺术成就极高的《长恨歌》归之于有国风之类表达情意的作品，认为只有具有干预时政、具有讽寓意味的《秦中吟》（或新乐府）才够得上《诗经》中“大雅”的标准。从文学作品审美角度而言，白居易这一观点无疑走向极端。如按这一标准来编选诗歌集，恐怕有现实主义诗人之称的杜甫能入选的作品也寥寥无几。幸好王葆心在编写《湖北诗征》时，把审美作为主要标准。

对于明代公安派的袁宗道，王葆心就在小传上交代了他命名自己的书斋为“白苏斋”，认为他的风格接近于白居易、苏东坡的平、易、畅、达，但在表达的思想上则接近于白居易晚年的闲适、澹远，苏东坡中年后的乐观、开朗。《湖北诗征》中选有袁宗道的《食笋鱼》：

竹笋直入土，江鱼不论钱。百年容我饱，万事让人先。交感归方识，冰心老自坚。雨窗歌绿树，宜醉更宜眠。

“百年容我饱”是知足而求长乐的满足；“万事让人先”是息名利之心，退一步海阔天空，少生烦恼的开朗。这首诗中袁宗道写的是仕途坎坷后的自我感悟，已从“忧天下之忧”到追求个人之乐了。

文人写自身的闲适往往是满腹抱负却无法施展，一腔热血被冷漠、黑暗的时代浸凉。于是有的归隐山林，有的漂流江湖，有的放浪市朝，身体是闲下来了，而内心始终是感慨不已。

《艺林演雅》中选择了明代罗田张玉泉的两首诗：

山居无日不优游，自觉春来兴转悠。诗送斜阳归岭外，杖邀明月挂枝头。碧松影复苍苔古，嫩草香浮石室幽。更有何人知此意，一声烟雨唤鸣鸠。

闲来无事弄伽陀，独出寒溪问钓蓑。万壑云深龙毒静，两峰花笑鸟声多。异人常幻渔樵里，野客时眠兰蕙窝。岂为红尘飞不到，自成人影厌经过。

张玉泉因直谏受廷杖后谪官，不愿出仕，随即在罗田老塔书院讲学。在“红尘飞不到”的地方山居，他感觉到心与自然融合在一起，春天到来时不禁游兴大发。这与美国作家梭罗在《瓦尔登湖》中所写回归自然就会得到自然的庇护毫无二致。

咏物诗往往容易做到状物绘神、有所寓意，难得做到浑然一体、不露雕琢。《艺林演雅》中选有汤琮的《鹦鹉诗》：

翠阁香闺带绿阴，忽闻灵舌转娇音。总将怀袖温存意，不称云林自在心。笼络反因毛羽误，矜夸休羡赋词深。陇山烟雨春雏小，莫遣虞罗著意寻。

“不称云林自在心”和“笼络反因毛羽误”写出了饲养者对鹦鹉的爱。“不称”和“误”字从鹦鹉的感受上写出了鹦鹉追求的是生得自由、心灵自在。

王葆心欣赏诗能以常见之景、平淡语言写出生活的真趣。他非常欣赏黄都春的《春日漫兴》，其诗云：

无才原不谒侯门，睡起抛书向客论。世事浮沉蕉鹿梦，人情冷暖柳花根。树间烟泄茶初熟，窗外花香酒自温。昨夜田园春雨足，鹂歌一曲水边村。

作者不谒侯门并非无才，而是看穿了世事浮沉和人情冷暖，因此在田园生活中寻找一种怡然自乐的境界。

王葆心是书生，但胸中依然有慷慨激昂之气。《艺林演雅》中摘录了明代邓武桥将军的一副对联：“百战归来，赢得鬓边白发；千金散尽，只余湖上青山。"《艺林演雅》中还选有邓武桥的《九日登万仞岗》：

> 边关不见白衣来，万仞回头独举杯。西望白云遮落日，南来蜃气出楼台。自怜短发酷残骨，谁说长缨负将才。何处西风催铁马，败髅衰草不胜哀。

这首诗化白衣送酒的典故，化白云遮日、西风铁马的意境写出鏖战边关、以死报国的悲壮形象。王葆心如不是心中有一股丈夫之气，肯定难以欣赏这样的诗句。

开阔的审美角度使王葆心能从俗中显雅的诗中发掘出耐人寻味的深意。例如《艺林演雅》中录有《题铁拐李相》，诗中最末两句云："神仙岂有高低足，只是人间路不平。"诗句充满了对社会的讽刺之意。另外记某旅店墙壁上画有三位伛偻者，画旁题诗云：

> 张驼提篮去看亲，李驼一见问原因。郭驼拍掌呵呵笑，看来世上无直人。

前三句是口语快板一般，经第四句点题，作者的讽喻和冷眼看世间的凛然跃然纸上。王葆心在搜集整理文学作品时其包容的雅量真非一般人所及。

# 第十三章　考证定折衷，严谨遗后学

王葆心发蒙于私塾，经黄州经古书院、两湖书院的学习完成学业。经古书院、两湖书院都由受新潮思想影响的张之洞创办，除经史理文等传统学科之外，还开有一些现代学科。经史理文的教师往往保存着宋明书院的传统，师生之间朝夕共处、言行互见，融教书与育人于一炉。如两湖书院的监督梁鼎芬就经常将读书特别勤奋的青年召集到他家，与学生一同看书，并相互诘难、共同研讨。王葆心在这样的环境下也养成了他所敬仰老师们的习气，愿意在学生面前公开自己的教研活动，并以自己的教研活动来影响学生。他主张考证以定折衷，只要他认为有疑问，就一定广泛查阅典籍进行对比，有时还进行实地考察。例如他认为西晋杜预在《春秋经传集解》中说“鸠兹，吴邑，在丹阳芜湖县东，今皋夷也。衡山在吴兴乌程县南”[①] 是不正确的。他认为鸠兹不应该是春秋时期吴国的古邑，且不是位于芜湖县东，衡山更不是位于乌程县南。为纠正这一错误，王葆心做了艰苦的考证，为后学示范了治学的方法。

## 第一节　鸠兹本非吴古邑

《春秋经传集解》是现有的最早注释《左传》的书籍，一直被奉为权威注释，后编纂的《辞海》中“鸠兹”词条注为：“古邑名，春秋时吴地，在今安徽芜湖东。”《辞源》中“鸠兹”词条注为：“古邑名，春秋时吴地，在今安徽芜湖东。见《左传·襄公三年》。”北京大学历史系1973年编印的《中国古今地名对照表》赞成《辞海》与《辞源》的注

---

① 〔晋〕杜预集解：《春秋经传集解》，上海古籍出版社1988年版，第806页。

解。中国地图出版社1975年出版的《中国历史地图集》中，《春秋时期全图》所标鸠兹位置仍在今天的安徽芜湖。王葆心指明杜预之注错误数十年后，观点没有得到学界认同，原因在于王葆心的著作在1949年以前仅刊出几种，且流传不广，知者甚少，加之王葆心过世后遗著的整理出版工作进展缓慢。

## 一、子重克鸠兹

鸠兹之战《左传》载之：

> 三年春，楚子重伐吴，为简之师，克鸠兹，至于衡山。使邓廖帅组甲三百、被练三千以侵吴。吴人要而击之。获邓廖，其能免者，组甲八十、被练三百而已。子重归，既饮至，三日，吴人伐楚，取驾。驾，良邑也。邓廖，亦楚之良也。君子谓："子重于是役也，所获不如所亡。"楚人以是咎子重。子重病之，遂遇心病而卒。①

这则记载表现的信息是，鲁襄公三年（前570）春，楚国子重很容易地占领了鸠兹，部队打到衡山。子重派邓廖率军进攻吴国，吴国军队拦截、打败了楚军，活捉邓廖。楚军只有少数人逃脱了。三天后，吴军夺取了楚国的驾邑。子重被楚人非议，抑郁而死。

王葆心根据子重进军的路线，先占鸠兹再至衡山。在衡山任命邓廖率兵侵吴，那么在衡山之前的军事行动不应是针对吴国的，鸠兹不属吴国。因此注中"吴邑"之说错误。既然子重出兵鸠兹，鸠兹也不属楚。那么从鸠兹的地理位置看，与同隶于霍山前后的弦子、黄、英、六、蓼、巴一样，是属于偃姓的蛮夷小国。前655年前后，这些小国陆续被楚国所灭。鲁成公七年（前584），吴国占领了被楚国所灭的小国，这

---

① 杨伯峻编著：《春秋左传注》，中华书局1981年版，第925—926页。

些小国的统治者立刻归附了吴国。对于这样的背叛行为，楚国只要觉得时机成熟就会惩罚。故而在14年后，子重重新占领鸠兹。为扩大战果，在到达衡山后派兵侵略吴国。

前570年，吴的都城在吴锡（今江苏无锡梅村，由泰伯直至诸樊均在此建都）。诸樊认识到吴锡的地势不利于战争和防御，前561年，诸樊将都城迁至苏州。故而鸠兹之战时吴国都城是吴锡。那杜预所注的衡山在“吴兴乌程县南”就使人产生疑惑。按吴楚军事对垒形势而言，要从楚国到达衡山——“吴兴乌程县南”，必须经过吴锡。楚军经过吴都岂有不大战之理？吴既然能擒住楚军主将邓廖，怎么可能在首都城下让楚军余部逃跑呢？杜预在注解上的两点错误引导王葆心在考订之路上向史之正解迈进。

否定了衡山在乌程县南的注释，王葆心借鉴清康熙顾栋高的观点，又对顾栋高观点的错误部分进行了勇敢的反驳。顾栋高的观点是被乾隆年间大学者洪亮吉所赞成的，王葆心辩驳道：

> 吾尝谓释《左氏》此二地，当先定衡山所在，再即衡山一带求鸠兹。若今霍山在《吴越春秋》《史记·始皇本纪》以下无不名衡山，姚氏鼐已言之矣。而由今罗田上堡苏鸡山、九资河往霍山，则正子重伐吴所克所至者。盖九资、苏鸡二山河名，皆鸠兹年久音变。且古鸠兹山三五里有扬旗、挂弓二山及隔河之司鼓台。则子重当日记其战胜地所命名也。盖吴楚争霸，在灵王时绝未及江南。当时用兵大势，斑斑可考。楚师自淮南攻吴御吴，未尝逾今霍山而西，只有楚师越霍山而东北，否则亦止及霍山之旁而止。其争州来至八十年为今寿州，即霍山之极东处也。故此二地必于江北求之，始与吴楚用兵大势前后宛合。则罗田之山水名，恰有音变未尽者，岂非天然巨证耶？近方志家求九资、苏鸡之义而不得，则谐音变作九子、九雉与梳髻，不知去古名义愈远矣。《左氏》书子重凯旋后饮至三日，可知其意得甚，故于战地复以司鼓台及扬旗、挂弓名

山，表其胜绩。其下之视师坳，则校练地也。此吾县地名可补经传之缺者。……姚氏鼐之说，汉松兹在今罗田。罗田既有松兹山以证之，更以乐史《太平寰宇记》引《古今地名解》之说：松兹，一名祝兹，即古鸠兹，而今罗田复有苏鸡山、九资河以证之。且赫赫衡山，尤为江淮间之望，是岂同杜氏迂曲不通之解，与顾氏迁就曲护之言也耶？此可订正《春秋左氏》杜解二千年之失，允宜推为定论。①

文中将史实与地名结合，将音训、义训用于当地现今地名的古音恢复，以《太平寰宇记》作为佐证，使杜预的观点与史实悖谬之处一一显现，从而推翻了杜预流传近两千年的注释。王葆心指明杜预注释错误的原因是“杜氏以北方人释南方地，多不明了，而此注尤为沿误”②。

## 二、以证佐证，证据确凿

王葆心针对杜预的注，根据《左传》中襄公三年（前570）的叙述，揭示了杜预注中与《左传》叙述的矛盾之处。如果根据这一点来证明自己的观点，王葆心感觉违背自己孤证不立的学术原则。找到更多的证据，对一般的学者是困难重重。

顾栋高在《春秋大事表》中指出了杜预注释的错误，认为衡山在乌程县南不可信，且清代时乌程县境内没有著名的山林。顾栋高在否定衡山在乌程县南后，认为衡山即是当涂的横望山。唐人司马贞《史记索隐》说“地在楚越之界”；“衡山”，钱大昕《廿一史考异》说即当涂的横山。顾栋高依据司马贞和钱大昕的说法来纠正杜预的错误，是以错纠错。王葆心做了更为细致的工作。他列举了以下论据：

1.《尔雅·释山》：“霍山为南岳。”

2.姚鼐《汉庐江九江二郡沿革考》：“秦时呼禹贡衡山曰湘山，而

① 王葆心：《罗君肖玉七十寿序·寿言书后》，《晦堂文钞》。

② 叶贤恩：《王葆心传》，崇文书局2009年版，第294页。

名潜霍山。”

3.《吴越春秋》：“禹东巡，登衡岳。”王葆心认为“东巡”是淮之衡岳，若是湘之南岳，则是南巡了。

4.《史记·始皇本纪》：“二十八年，东行郡县，上泰山，乃西南渡淮水之衡山，南郡。浮江，至湘山祠。”据此，秦时衡山还是淮之衡山，而非湘之衡山。那么，霍山什么时候开始名衡山呢？《尔雅》云：“霍山为南岳。郭注即天柱山。邢昺以为经所谓霍，乃指衡山，一山而二名。汉武帝移岳神于天柱，始名天柱为霍。汉以后衡、岳始别。”

5.《史记·项羽本纪》云，项羽立吴芮为衡山王，都邾（今湖北黄冈西北）。邾辖境包括大别山的大部分地区。后来，汉改为恒山郡，又改为六安国。到隋时，衡山郡指的才是今天的湖南衡阳。

秦汉时期呼霍山名衡山，秦汉时称湖南衡阳的衡山为湘山，直到隋朝湖南衡阳才被命名为衡山郡。在确定了这一点后，顺衡山向西北的大别山脉去寻找鸠兹就不太困难。王葆心根据罗田东北部的一些地名与鸠兹的谐音现象及一些可作佐证的材料进行了推断。

首先，依据姚鼐《汉庐江九江二郡沿革考》中的说法“汉松兹今罗田得其西地，英山得其东地”，推断出松兹谐音“松子”，今罗田有松子山、松子河、松子关等地名。这是以县名命名山川，松子是松兹的音变。即此，可推证罗田在汉代属松子县。

其次，《太平寰宇记》中有“废松兹城在县东十五里”，《古今地名》中有“松兹一名祝兹县，古鸠兹地也”。罗田县东部近霍山西麓，罗田县东北有九资河、苏鸡山。九资河、苏鸡山与松子关相距不远，以古今地名谐音关系进行推断，则罗田九资河应该是古鸠兹国所在地。

再次，王葆心还根据罗田县东北有挂弓山、扬旗山、司鼓台等地名，猜测在县东北应该有过作战之地，否则不会以弓、旗、鼓这些与军事战争有关的名称来命名地名。对这一猜测王葆心未做过多强调。

最后，王葆心从地理形势上找到了有力的佐证。大别山是春秋时吴楚的天然界限，九资河镇是大别山崇山峻岭中的一块平地。从九资河镇上瓮门关入霍山，有一条自古以来沟通鄂皖的交通要道。楚国灭掉鸠兹后，就可以顺着这条大道到达衡山（霍山）。地理形势也证明了王葆心论断正确。这一观点不少荆楚学者都深为服膺。

王葆心将自己的论断与相关地方志进行了对比研究，很多以前认为是地方志上的舛误通过王葆心的论断得到了合理的解释。1938 年王葆心受邀主纂《罗田县志》。“在其位则谋其政”，王葆心带领部分修志人员到大别山天堂寨一带考察地理形势。在九资河镇苏鸡山下，他们留下了“古鸠兹邑”四个大字的石刻。这证明王葆心希望他人尊重历史的强烈愿望，也表明王葆心对自己的考证确信不疑。

1943 年，王葆心撰写了《古鸠兹邑题记》：“登云山以望江淮，慨念春秋时楚鸠兹古邑只在此间者，数千年湮没不彰，特留题以发其微。第七次改纂《罗田县志之三》，岁次癸未，里人王葆心题记。”罗田人将这篇题记刻在僧培寺镇东侧的河沿石壁上，现已作为重要文物进行保护。

## 三、覃思精研，水到渠成

王葆心不仅为学生留下值得师法的考证方法，也留下了可为借鉴的著书方法。1918 年曾与王葆心在礼部共事的饶竹荪给王葆心寄来五首《咏怀》诗，其中第二首云：“儿时束发忆趋庭，伊洛渊源示典型。元德教家勤积善，韦贤裕后重传经。要将著述留豪素，兼取勋名照汗青。岂识藐孤呼负负，贤关愿款阻严扃。”① 诗中第 5 句表达了自己要通过著书立说来求得不朽的愿望。

王葆心作为朋友，在给饶竹荪信中多次谈到自己读书时受到的启发，也列举了前代学者著书的原因及过程、方式。王葆心认为，周秦诸子的书大都是门人及后学者的记录，两汉时期东京诸子的著作才可以称为本人之作。

① 叶贤恩：《王葆心传》，崇文书局 2009 年版，第 76 页。

至述者之类，以拙见观之，则凡古人发意为是书之始，又大都随所肄而因物赋形。如王深宁乃为词科之学者，其《困学纪闻》则依倚所为《玉海》类书而成；顾氏乃为经世之学者，其《日知录》则依傍《册府元龟》类书，参以明代邸钞实录而成。故其书不得不分类。至《思辨录》之成书，则依其自课之十年读书、十年讲贯、十年涉猎各书而成；《湘乡读书录》则依其自课之十二书、十五书，与夫义理书二、辞章书二、经济书二、考据书四而成。总之，其先随笔札记，初无定体，展卷欣然，把笔跃然，伏此泉脉，随处发见。则吾兄此时何必斤斤执定用何制体，以牵滞寸心，使不得圆活也哉！①

“随所肄而因物赋形”，强调的是学要有根基，而且为文时要根据文章的内容来决定文章体例。接着王葆心列举了王应麟、顾炎武、陆世仪、曾国藩在写文章时，首先保有充足的资料、积淀丰厚的学识，写成随笔和札记后，才逐渐组织成文章。过分计较用何体例就会被形式上的要求“牵滞寸心”。

王葆心认为在著述之前，不必考虑采用什么体例，而是先从大量的书籍中找到自己所需的内容，从自己采取的内容中去构思主题，“如大匠构室之广购众材，加以规矩绳墨，而后以覃思研精出之。其始亦但具粗枝大叶，后再积以岁月，证之书册，验之人事，临文又复加琢磨润色之工”②。通过讲述自己的感悟和著书的过程，王葆心向饶竹荪说出了自己把内容摆在第一位，用内容决定形式的创作方法。

不妨以王葆心未刊行的《心灵学类证》的创作过程为例，来印证他对饶竹荪的讲述。在创作这部书之前，王葆心已阅读了医学书籍《黄帝内经》，并抄录了其中的《素问·移精变气论》，阅读了佛教书籍《现果随录》《敬乐斋谈苑》《论地狱书》、道家书籍《太上感应篇》《太上感应篇赘言》、二十四史中的《三国志》《宋史》、北宋所编的三大类书之一

①② 王葆心：《复饶竹生学部书》，《晦堂文钞》。

《太平广记》及后人所编《续太平广记》。另外，从苏轼的《仇池笔记》、洪迈的《夷坚志》，到明清两代的笔记文和仿效《聊斋志异》的谈狐说鬼的《三异笔谈》《奇闻怪见录》《姑妄听之》《谰言琐记》《记蛇狱》《虫鸣漫录》等，王葆心均已阅读、有选择地抄录并进行了分类汇编。《心灵学类证》收集了其中100多个可作为例证的事件和故事。在对这些事件和故事进行分析后，王葆心将这些内容分为六个专题：其一，养生治病之理；其二，化形之理；其三，续纂化形之理；其四，通慧之理；其五，心灵学通于催眠术；其六，形随心灭之理。

“心灵学”大约是王葆心自创之学说。他能从古书的例证中抽去其妄谈鬼神的迷信色彩，力图用现代心理学、生理学、“心灵感应”的理论来开创一门新的学科。成与不成，其开创精神都值得后人学习。

## 第二节　嘉惠后学

“楚国以为宝，今人失所师。”1957年，湖北省人民政府重修王葆心墓，董必武亲书一联表达对王葆心的悼念。“楚国以为宝”中“宝”是指王葆心的爱国精神、学术成就，“今人失所师”中“师”是指王葆心的师德、师品和教学艺术。

王葆心的师德、师品和教学艺术体现在他的教育活动中，也体现在他的学生们对他学术的继承和发扬上。

### 一、义川书院的全科老师

1898年，31岁的王葆心应本县地方官邀请，从钟祥县传经书院回罗田，任义川书院院长，并开设了经学、史学、文学、算学等多门课程。在教书育人的同时，王葆心开始撰写兼有国文典、文学史、文学批评史之意的《古文辞通义》。

经过在钟祥传经书院任院长一年的历练，王葆心已将自己的所学知识与传授方式有机地结合起来。他是一位做事情极为认真的人，接手义川书院后旋即制订教育计划，力图做到教育目标明确、实施方法具体可行。他终生主张将教书与育人相结合。育人他强调保存“吾国道德”，认为其“散见群经，微言大义，炳若星日”。群经中《论语》和《孟子》居提纲挈领的地位，故而义川书院的学生在完成识字的课业后，就要通过学习《论语》和《孟子》，树立修身、齐家、治国、平天下的志向和道德实践的标准。他认为《孟子》除具有伦理上的教化作用外，义理宏博、文字奔放。唐宋八大家（尤其是韩愈和苏轼）都从孟子的行文方法中获得巨大教益，故而他在教授《孟子》时除注意义理外，特别注重行文方式和语言使用的讲授。他强调《孟子》是文章门径，在1922年主持湖北国学馆时将这一思想作为编纂《孟子文法》教材的指导思想。

王葆心认为义理、辞章、考据三者缺一不可，三者均须以小学入门。识字为小学之基，在义川书院教学时，王葆心将《说文解字》和《尔雅》中的一些内容对学生进行通俗性讲述。通过讲授他认识到《说文解字》以声为经、以义为纬，体例精准而详细，但过分详细会导致繁复累赘，不便初学。于是在讲述时，对征引过多或过于冷僻者，一概删除，在对常用字、多音字、多义字解释时才进行比较详细的讲述。这种讲述方式在义川书院取得了较好的效果，1922年在湖北国学馆即以上述讲述方式编纂《说文通训定声简录》作为学生的入门教材。该书受到很多有识之士的欢迎，如徐复观、闻惕生等学者在许多年后回忆王葆心的文章中都认为《说文通训定声简录》应重新出版。

“师者，所以传道、授业、解惑也。”作为教师的王葆心除传道、授业、解惑之外，主动向学生们分享了自己的学习经验，并用自己的体会来启发学生。他讲述了自己在两湖书院的求学经历。在两湖书院他广泛接触国外书籍和报章杂志，学术视野日益开阔，开始通过中西文化的融通来构建学术观点。两湖书院结业时，他撰写《外洋各国报馆有益政事学术论》。文中指明报纸很有用，即“盖有益于政事者三，有益于学术者二”，认为报纸有益于富国之政、强国之政、用人之政、周通之学、专门之学。

他在自己的著作中使用相应的外国名家的观点言论，如他的《古文辞通义》中仅例目部分就引用介绍了日本修辞学家及其作品，并指明这些作品的优缺点。由于阅读国外书籍和报章杂志颇有收获的有益经验，他坚持要求学生扩大阅读范围，在课堂讲授中也经常引用国外资料和新闻资料。他希望他的学生能有宽阔的视野和博大的胸怀。

## 二、不忘师恩的徐复观

徐复观，原名秉常，又名佛观，间或化名徐天行，湖北浠水县团陂人，自幼即受到中华优秀传统文化熏陶。1924 年徐复观参加湖北省国学馆招生考试，在连续三场考试中他与闻惕生、闻聪三人并列第一。因三人均为浠水人，一时盛传“浠水多才子”。这时王葆心任国学馆馆长，黄福担任总校阅，黄侃参加阅卷。徐复观的卷子受到黄侃高度赞赏。

徐复观家境贫寒，王葆心主动为其提供伙食费和书籍费。多年后徐复观谈起往事，热泪盈眶，对恩师感激不尽。更使徐复观难忘的是，黄侃、王葆心、黄福、帅畏斋等名师为他打下了扎实的学术基础。1944 年徐复观拜熊十力为师，以自己扎实的国学根底开始学术活动。

王葆心在学术思想上对徐复观有一定影响。王葆心对儒家礼教基本是肯定的。徐复观继承这一观点，认为中国文化中儒家的礼教是道德主体，道家的道论是艺术主体；西方文化则只有政治主体和知性主体。徐复观强调东西方本来讲的是不同的问题，不能用西方的政治主体和知性主体来评价我国的道德主体和艺术主体。

王葆心早年接受了张之洞“中学为体，西学为用”的观点，一向维护中国传统文化，虽积极吸收世界新文化，但不用外国文化来否定中国文化。徐复观则认为中国人的头脑好比一把刀，西方哲人的著作好比一块砥石。我们是要拿在西方的砥石上磨快了的刀来分解我国思想史的材料，顺着材料中的条理来构成系统；但并不要搭上西方的某种哲学的架子来安排我们的材料。徐复观的观点同样在维护中国传统文化。

在学习方法上，王葆心非常重视学习态度，徐复观在这一点上像极了王葆心。他认为："决定如何处理材料的是方法；但决定运用方法的则是研究者的态度。"研究者的态度分为两种：一是指对中国传统文化的态度，一是指对研究对象的态度。王葆心在《国学馆馆章草案》中明确表明了态度，在法美学盛，欧化愈张，国性、国风日益摧败的严峻形势下，国学馆将"专拈出有关吾国性、国风之学术，直接对于世界而讨论之、讲贯之"①。这师徒二人对中国传统古文化的态度是一致的。

王葆心认为学不可以偏废，义理、考据、辞章缺一不可，是当时学术界中胡适等人反对的。五四以来，胡适、毛子水、傅斯年等人提倡用科学的方法整理国故。他们眼中科学的方法就是实验室里的方法，以尊重事实、尊重证据为原则，应按照"大胆的假设，小心的求证"操作。胡适等人主张的方法和操作步骤做的就是考据工作，在考据的同时摒弃了义理，而义理是传统文化中的灵魂。徐复观认为："今人所谈的科学方法，应用到文史方面，实际还未跳出清考据的范围一步，其不足以治思想史。"② 1956年徐复观就台湾东海大学中文系教学方针提出自己的看法，他认为中文系应当走义理、考据、辞章并重的老路，以便使学生对中国文化有更多的了解。在学术研究坚持义理、考据、辞章并重上，这对师生又是观点一致。

徐复观为王葆心到甘厚甫家中索回元明二代《文征》书稿一事被评价为不忘师恩的表现。1979年前后，徐复观多次托人给谈瀛带信，询问王葆心遗著的下落，并和涂颂乔、闻惕生等人商议出版《方志学发微》一书。遗憾的是，书未刊行徐复观已于1982年4月上旬逝世。王葆心在回忆张韵楼先生时写道："童年之师，尚有此白头一弟子。"对老师的感恩之情溢于言表。徐复观就是王葆心的"白头弟子"。

---

① 王葆心：《国学馆馆章草案》，《晦堂文钞》。

② 徐复观：《研究中国思想史的方法与态度问题》，李维武编《徐复观文集》2卷，湖北人民出版社2002年版，第2页。

## 三、函授成才的谈瀛

谈瀛，字师籍，别号海客，湖北浠水县人。在接受叶贤恩采访时，谈瀛说：“我同王先生原来并不认识，因为他听到我的同乡闻惕生的介绍，并由闻把我带到他的寓所见面后，才来往较多。由是我成了他的门生。他慈祥和蔼，诲而不倦。他把他的治学经验，他的学术思想以及对学术上的某些问题的看法，都毫不保留地向我述说，这对我后来的著述产生了极大的影响。”①

谈瀛是个具有传奇色彩的读书人。1926 年年仅 13 岁的谈瀛被国民党浠水县党部（县党部成员多是共产党员）录取为年龄最小的工作人员。党部分配给他的任务是下乡宣传，号召农民组织农会，打倒土豪劣绅。谈瀛在团陂工作时，看到不少农民秋粮断炊，从农民口中了解到一个徐姓地主家藏有近百石稻谷，便带领农民前往开仓放粮。1927 年武汉七一五反革命政变后，国共分裂，国民党开始“剿共”。谈瀛被土豪举报，被列入通缉名单，只得离开浠水流落武汉。1928 年谈瀛改名换姓，先在武汉一家印刷厂当英文排字工学徒，后考入省立六中（在黄州就读），不久又考取了武昌师范大学。他充分利用师范学校不收费还供给伙食费的有利条件，埋头于图书馆。师范毕业后，他留校任文牍，兼任《民报》周刊编辑。也就是在这一时期，他以章太炎国学讲习会函授生的身份被闻惕生介绍给王葆心认识，从此成为王葆心的学生。

抗战爆发后，谈瀛向湖北省民政厅厅长兼保安处处长严立三陈述动员抗战事宜。严立三采纳了他的建议，并在 1938 年委任他担任保安处秘书。1940 年严立三引退，谈瀛也退职由恩施到湖南办报。此后谈瀛担任过湖北省民政厅秘书、鄂南专区主任秘书、嘉鱼县县长等，但大部分时间他都用在新闻工作和著述上。1948 年他成为新任的湖北日报社副社长。淮海战役后期中央银行密令汉口分行将库存的金条、银圆秘

① 叶贤恩：《王葆心传》，崇文书局 2009 年版，第 66—67 页。

密运往台湾，他得知这一消息立即撰写了社论《一件令人切齿而又寒心的事》，文章见报后，报纸一再加印，仍供不应求。1949 年元旦，蒋介石发表求和公告后，他撰写了社论《人民心目中的和平》，揭露蒋介石求和的虚伪性及桂系同床异梦的求和阴谋。接着他参加了湖北人民和平促进会，并与张难先、李书城等人被推选为常务干事。他劝说汉口市市长晏勋甫弃暗投明，力促汉口警察局局长李经世投诚起义，为武汉和平解放做出了贡献。

中华人民共和国成立后，他先后在武汉市市政府秘书处、湖北省民政厅工作。1955 年被错案处理，1980 年平反退休。1985 年 11 月，被聘任为湖北省人民政府文史研究馆特约馆员。1990 年 12 月，被聘任为湖北省人民政府文史研究馆馆员，负责点校王葆心遗著《晦堂文钞》全稿，参加《方志学发微》的整理工作。谈瀛参加了应山县县志的编纂工作，并在县志编辑完成后写下了《从对〈应山县志〉的观感说到对开辟方志事业新局面的展望》。文中谈道："随着建设事业的发展和人们知识上日益增长的需要，它（修志）势必成为一项经常必要的工作。由原来的修志班子来承担这项任务，驾轻就熟，顺水行舟，这是无待多加论证的。"① 认识到修志不能采用临时组建的班子，应形成长效机制，并引用章学诚"方志立三书"的观点，强调应将人文、经济等史料都统一编辑起来。看来几十年前谈瀛学到的东西，依然烂熟于心。

① 湖北省地方志编纂委员会办公室编：《新县志论辑》，湖北科学技术出版社 1992 年版，第 263 页。

# 第十四章　避难山乡，发挥余热

1938年六七月间，侵华日军分五路进犯武汉。长江以北一路日军沿黄梅、广济向浠水进攻；一路沿大别山南麓西进，通过黄陂进攻汉口；一路西驱信阳，经应山、应城、孝感攻打汉口。江南日军分两路，一路南犯德安保护侧翼安全；一路攻阳新取大冶、鄂城，沿长江西上进攻武昌。日军志在必得，集中了14个师团、300架飞机、120多只舰艇，共计50多万兵力发动进攻。

战争迫在眉睫，国民政府决定进行武汉会战，并将武汉的工厂、机关、学校等撤离。在这种情况下，湖北通志馆在馆长李书城的领导下组织迁移。李书城是同盟会发起人之一，辛亥革命时是孙中山得力助手之一。1926年，担任北伐军总司令部顾问。1928年，汪精卫发动七一五反革命政变。李书城利用合法身份释放了300多名被关押的共产党人。因为认为李书城亲共，国民政府湖北省主席张群在1934年撤销李书城的各种职务，任命他担任湖北通志馆馆长。李书城对王葆心的工作始终如一地支持，在组织通志馆迁移的会议上，提出要首先安排好通志馆主要编纂人员。

## 第一节　避难未偷闲，忙碌为修志

面对即将来临的战乱，王葆心已对自己的归处做了安排。他不想因自己老弱成为他人的拖累，也不希望无所事事去逃避战乱。抱着“长啸激清风，志若无东吴。铅刀贵一割，梦想骋良图”的满腔豪情，他决定还乡，为修志做准备。

不少关于王葆心的回忆文章都将罗田县县长陈桐如请王葆心主纂

《罗田县志》写成偶然之事。其实不然。王葆心回家只有几天，陈桐如就登门拜访，在信息传播极差的抗日战争时期，如果两人之间没有事先通信，怎么可能来得如此及时。陈桐如能在与王葆心见面后的接风宴席上，有理有据地介绍从明代嘉靖至清代光绪年间《罗田县志》的修撰情况和不足之处，肯定是在见面之前已对《罗田县志》的修撰做了深刻的了解，并为此次谈话做了充足的准备。这只能是因为王葆心和陈桐如之间，在见面前已有书函来往，王葆心就修《罗田县志》向陈桐如提出了一些疑问，陈桐如针对这些疑问做了充足的准备。故而在陈桐如拜访王葆心后，修志提议立刻为王葆心接受。

抗日军兴，县长作为地方长官，军政、民政方是急要之务，修志是文化事务，县长能过问已属不易，如非事前联络怎么可能登门求王葆心出山。

## 一、力不从心，辞职还乡

在组织通志馆迁移会议结束后，李书城向王葆心讲述了自己对他的安排，并征求意见。李书城没有想到的是，王葆心没有接受自己优先安排撤走主要编纂人员的主张，反而拿出了一纸辞呈，以年老气衰、力不从心为由，请求辞职还乡。看到李书城吃惊的神情，王葆心动情地说："自从同馆长共事以来，颇感愉快，因为你信任我，放手让我工作，在许多地方给我以方便。我外出查找资料，有时几个月不在家，你总是时刻关照我的家庭，帮助解决生活上的一切困难，我很感激。正因为这样，不管我在外时间多长，总感到放心，感到愉快。今天我之所以向你递上辞呈，主要原因就是一点：我老了，年岁不饶人，真是心有余而力不足。我告诉你，前不久，是我七十寿诞，亲戚、门人、好友，都来给我祝寿。古人云，人生七十古来稀。体力有限，不能勉强做自己不能做的事情。所以，我向你和省政府提出辞呈，如果领导有挽留之意，请你帮我做好工作。"①

① 叶贤恩：《王葆心传》，崇文书局 2009 年版，第 286—287 页。

李书城以个人感情和工作需要为着力点来挽留王葆心，并从两方面劝留王葆心。首先是王葆心回老家未必安全，大别山是日军入侵武汉的必经之地。交起战来这一带肯定要被战火蹂躏，老百姓能避得开战争的祸害吗？其次，大别山一带变成战场后，老百姓难免生活在惊吓之中。兵荒马乱，会造成物资供应短缺，食不足以果腹，衣不足以蔽体。年老之人难免体弱多病，战乱环境中哪能得到及时治疗。随政府撤到后方，生活多少有点保障，比回到罗田强得多，还能为《通志》编写做些工作。

李书城话说得既诚恳又直爽，王葆心很感动。但王葆心考虑到自己的情况，执意要回罗田。李书城见确实无法挽留，为王葆心解决了卖房、卖家具的困难，安排了合适的交通工具帮助王葆心回乡。

1938 年 4 月，王葆心一家回到罗田县城。他回家第三天的下午，不少罗田县城的乡亲们涌向河边，只见几张竹排晃晃悠悠地靠岸，然后搭起了跳板。挑书搬书的足足花了两个时辰才将书搬到岸上装车运走。乡亲们议论纷纷："古楼冲王四先生的书真多呀！这么几竹排书要几大的屋才装得下啊！"也有人说："王四先生在外几十年，就只赚了几竹排书。还不如做生意。"

王葆心回乡就是想躲避战乱，颐养天年。他认为自己已然年老体弱，不足以为抵抗日军侵略出力，那就减少他人的麻烦。他鼓励他人前往抗日前线，自己则尽力为抗日事业呐喊。同时，他那几本想写的书，材料搜集工作基本完成，还想趁有生之年写完，免留遗憾。知老服老，主动将自己放在合适的位置上，给年轻人发展留出空间，王葆心可谓会做老人。

## 二、募捐求助，共襄盛举

1938 年避战乱回乡，王葆心虽无求闲之心，但实际上把自己摆在有闲之位。但故乡之人深知这位主纂过《湖北通志》的学者能回乡是家乡史学界之福。没住多少天，罗田县县长陈桐如就登门拜访，为王葆心接风。在接风宴席上陈桐如开门见山，请求王葆心主持新修《罗田县志》。

陈桐如讲述了《罗田县志》为何要新修的缘由。从明嘉靖年间创修志书以来到清光绪初年，《罗田县志》共纂修 6 次，以嘉靖志最为简要、乾隆志较为完整、崇祯志失传。其存于康熙前志者，疏漏极多。康熙前志为蔡梅山一人编纂，抄录他人志书甚多，且多征于无稽之谈。乾隆府志已指出蔡梅山志中的荒谬无稽之处，并予以驳斥。张侯本之康熙后志依然以康熙前志为据，并增加了不少不应入志的篇幅。乾隆志存在的问题是材料依然寒俭。乾隆志的修纂者将志稿就正于方志学家章学诚。经过章学诚的指正，乾隆志分为志六、表二、传二之体，符合修志大例。可惜的是乾隆志主持之人因陋就简，将职官、表都排错，并且无人校正。光绪志又以乾隆志为蓝本，于是颠倒错误在《罗田县志》中不胜枚举。当时方志学界评论：湖北省所有的州、县志中，《罗田县志》当名列最后。现在想趁王葆心还乡新修县志，让《罗田县志》修纂走上正轨。

陈桐如关于《罗田县志》的介绍证明了他自己就是个有心人。他在介绍时表现出的诚意，使家乡观念浓、修志兴趣极大的王葆心深受感动，爽快地答应了主持修志事宜。

修志的担子一下压在王葆心肩上，缺人、缺钱，连生活必需品中的盐都缺乏。修志买资料要钱、买纸张要钱、买笔墨要钱，请编纂人员要钱……可陈县长尽最大努力，每月只能给志馆提供经费 60 元，杯水车薪。不解决这个困难，修志就是空谈。

王葆心将为家乡修志当成了自己的事，为了省钱他将自己家作为安排外来编纂人员居住的宿舍，并想方设法降低修志人员支出。王葆心家尚在读书中的晚辈均被动员起来，利用课余时间无偿地为县志的修纂进行资料搜集、摘录工作。家中能用来补贴资料搜集和采编人员生活的农产品基本是无偿贡献。当然王葆心本人是分文未取。即使这样，依然是难以为继。王葆心在与县长商量后，代为起草了一纸《罗田县新修志书募捐启》，在募捐启中充分肯定了旧志取得的业绩，客观地分析了旧志存在的问题，指明了重修新志的原因和必要性，表明修罗田新志一定要做到三善：

> 第一，向来修志只采前一届之志，其他旧县志全未之见。今则六次之书已百计搜求钞访，将嘉靖志、康熙前志、康熙后志、乾隆志、光绪志凡五种都现成汇齐。此次修书，可将五次之志连贯考核，一体收入，可以订正沿误，可以补正旧漏，尤可以集六次之大成。此一善也。
>
> 第二，向来修志，绝不知考府志。今则罗田所隶之《黄州府志》，凡康熙府志、乾隆府志、光绪府志皆可钞取其有关罗田者，与县志互勘，补疏订误。此二善也。
>
> 第三，向来修志，更不见通志及一统志。今则罗田所隶之湖广、湖北省志，凡《万历湖广总志》《康熙湖广通志》《雍正湖广通志》《嘉庆湖北通志》《宣统湖北通志》皆可钞取其有关罗田者，与县志互勘，补疏订误。而《明寰宇通志》《明一统志》《乾隆一统志》《道光一统志》，亦依此行之。此三善也。①

列举三善后，王葆心以陈县长个人名义向各界同仁募捐。希望各界同仁能以乡邦为重，以文明教化为重，慷慨解囊，共襄盛举。

在抗日军兴、战事紧迫的大形势下，王葆心等人一面筹款，一面开始了资料甄别工作。

## 三、采访考订，循规蹈矩

王葆心将修志分成采访测绘、修书写书、刻书校书阶段。根据这个分期，他认为当采访工作和测绘工作完成七八成时，便可开局修书；修书完成七八成时便可刻书校书，衔接得非常紧凑。王葆心对每一步工作

---

① 王葆心：《罗田县新修志书募捐启》，《晦堂文钞》。

都有具体的人事安排和质量考核标准。例如对采访测绘工作，要求由总纂立采访章程和测绘章程。每一区派1～3名采访员和测绘人员，按章程进行采访和测绘。除对采访工作专门写文字进行规定外，还要求除采访人员之外派通晓志例之人往各地图书馆抄书，仅王葆心所列书名就有11套之多。王葆心不仅列出书名，还指出了该书在哪个图书馆或在哪位藏书人手中。除正式书籍外，王葆心要求罗田县凡有族谱、家谱的家族，将其族谱、家谱暂借县志馆，以备采用。他要求采访自专章外，宜注意之事如下：

一、派热心耐烦通晓志例之人，往南、北平国立图书馆抄书。

一、抄万历《湖广总志》（上海南洋公学图书馆有此书），康熙《湖广通志》（张乾若有此书），雍正《湖广通志》（北平图书馆有此书。至嘉庆《湖北通志》、宣统《湖北通志》，本县自有），凡关罗田一切皆抄来。

一、抄康熙《黄州府志》（张乾若有此书），乾隆《黄州府志》（北平图书馆有此书。若光绪《黄州府志》本县自有），凡关罗田一切皆抄来。

一、抄景泰《寰宇通志》（北馆有之），大明《一统志》（此书易觅），大清乾隆《一统志》（县人有之。惟道光《一统志》清史馆有抄本，可设法抄出之），凡关罗田一切皆抄来。

一、本县各姓之谱，凡旧谱、新谱一切皆送局备采。

一、考宋朝之乡名、里名、堡名，由各区向火居道士家抄其文书头子，详细开列送局。（若绘宋代罗田县图，须往英山查火居道士文书头子，此亦不难办，所谓“礼失求野”也。）

测绘自专章外，宜注意之事如左：

一、每区皆开方计里绘一区图。

一、每乡皆开方计里绘一乡图。

一、绘一全县总图。

一、绘一县全体山脉图。

一、绘一县全体水道图。

一、每一朝必绘一沿革图。

一、县治儒学、圣庙、书院，各绘一图。

一、宋代旧县考其大势，绘一宋县治图。

一、明代公署、学宫，各绘一图。①

王葆心标注他所知书藏之地，表示他见过并且读过该书。后文中要求画的各种图，表明王葆心对方志的认识远远超过了“矢口否认唐宋图经的方志属性”② 的章学诚，王葆心不赞同章学诚将方志等同于地方史的偏颇观点，强调史与志既有性质相近之处，也有义例相异之别。

在修《罗田县志》的工作中，王葆心已能超出旧方志中对地图的要求，按现代地图制作原理绘制地图。这既是修志观念的进步，更是将所学用于当代，接受时代要求改变自己知识结构的表现，是在否定旧知识基础上的主动提高。

## 第二节　补漏纠错，解惑存真

王葆心像其他中国传统知识分子一样眷恋家乡，在他心目中罗田不仅仅是地图上的政区，而是生于斯、长于斯的那块热土，是数千年厚重的罗田地方史与现实生活融合造就的情感依恋。王葆心这样描写当地的民风：

其民质沐战斗之余风，富于虓悍之魄力与战争毅力。每大乱出，辄倡为联合策与进取策，与乘时会。元季进取，其争峰南逮于江介；明季进取，其争峰北直于淮壖，皆因地因时，收召其英俊。

① 王葆心：《为修志事致子弼县长书》，《晦堂文钞》。

② 仓修良、叶建华：《章学诚评传》，南京大学出版社 2011 年版，第 297 页。

由今观之，范势于江介者，利用水；羽党初成，其气力几于宰割东南之大半，何其雄也！①

"有民斯有土"，在外族入侵或封建统治阶级残酷剥削压迫之下，这里的人民往往依山结寨，抗暴自保。他们显示的民族大义和英雄气概曾让幼年的王葆心受到感召，也对王葆心世界观的形成产生了重要的影响。早年间，王葆心就注意搜集和整理、研究这一地区结寨自保的活动资料，并先后撰写了《宋季淮西六寨纪事》《蕲黄四十八寨纪事》《天完志略》及该地区一些著名人物的传记。以此为基础，王葆心要在新修的《罗田县志》中，将这些重要事件及人物写进志中，并给出他认为正确的评价。为实现这一目标，他要做搜集资料、纠正原有资料中的错误等工作。

## 一、抉破壅蔽，剔除讹传

"尽信书不如无书。"对修志者而言以前所修之志是资料的重要来源，自然应加以重视，但若不具备学识和鉴别能力，则会人云亦云。前人因为疏漏造成的小隙和因抄写、刻印不慎留下的谬误往往会贻误后人。

清代蔡梅山主持修撰的康熙《罗田县志》（前志）中称：石柱山在罗田县东110里，石高如柱，故以此为名。柱上有蜀汉张飞字迹。在以康熙前志为蓝本所修的康熙后志中，关于张飞字迹叙述得更加详细，有"后汉阆中王曾遗书其上，苔藓蒙翳，不可详辨"之语。乾隆年间所修志书及后来所修的光绪志就沿用康熙后志中的这几句话："后汉阆中王曾遗书其上，苔藓蒙翳，不可详辨。"本来康熙前志所说的石柱上有张飞字迹是民间流传之语，康熙后志则变成了文人雅士的历史推断。民间之流传本来就已经以讹传讹，转化成文人之语则反成了确论。光绪《黄

① 王葆心：《鄂寨篇》，《蕲黄四十八寨纪事》。

州府志·金石》干脆写成了“石上有后汉阆中王曾书，今漫漶不可识”，汉王曾题石，在石柱山之西，地名香炉石。

王葆心初阅旧志，对“石上有后汉阆中王曾书，今漫漶不可识”感到十分兴奋。接着他产生了怀疑，在怀疑的基础上他开始了考证。

“阆中王”之称，王葆心开始认为是南朝巴水酋长的称谓。但与别的方志对照后，发现巴水无阆中王，始悟阆中乃四川之地。张飞曾在阆中作战，但张飞并没有被封为阆中王。根据《三国志·蜀志·张飞传》，张飞的爵位先为新亭侯，后晋位西乡侯，蜀汉时期并未封王。他的王位是后代王朝所封。范成大在《吴船录》中写道：“涪州乐温县，有张翼德庙，大观中，购额神威，绍兴中，封忠显王。”洪迈在《夷坚志》中也写明了南宋张浚在涪州进封张飞为忠显王。这两则笔记证明张飞封王是从南宋开始，且张飞从未被封过“阆中王”。《张飞传》中写明刘备讨伐东吴时，张飞奉命率领万人自阆中会江州。误会之产生就由于张飞从阆中出发。据考证，汉朝末年只出了一个阆中侯——“汉天师张道陵子衡，衡子鲁，引汉宁太守归魏，拜镇南将军，封‘阆中侯’”。

王葆心考明阆中为地名，王曾为人名。地名与姓连读，人名的姓、名断读，讹误之处由此产生。后来修《罗田县志》者从康熙后志到光绪志都是不动脑筋抄来抄去。

石柱山的题字涉及张飞是否到过罗田，进而涉及吴、蜀是否在该地区有过军事行动。经王葆心考证，字非张飞所题，也就少了一些历史上的杜撰。难怪《湖北通志》编纂龚耕庐、帅畏斋对王葆心这一考证极为赞赏：“二千年无此作。考据之力，能取二千年来节节壅蔽之重扃而抉破之，诚为奇作。倘各地方志学者，都如作者积群书之菁华融结，又加以穷年累月左右采获之验证，则过去湮废之文献故迹，无一邑不自尘埃龛土之中，发出几处奇光异彩，涌现纸上，使后起之人如旦暮间事，何快如之！”①

① 叶贤恩：《王葆心传》，崇文书局2009年版，第298页。

## 二、修志求精，踏访天堂

读书、教书、著书，书伴随了王葆心一生，王葆心不是一位只注重字句知识的人，即使年过七旬之后，依然将著书传后摆在重要的位置。为了修成一部真正“完美”的《罗田县志》，王葆心由长孙王学引陪同，专门雇请一乘轿子，于 1943 年 9 月 25 日启程，前往罗田天堂寨。26 日，王葆心至青石岩大表伯周雪侯家，他们多年要好，长久未见，畅谈至夜深。27 日，王葆心等人继续向天堂寨进发。在路上，王葆心对王学引说：“自光绪丙子丁丑间，吾未及幼学，以密戚与周氏岁时起居，目击其家贵盛，名流辈出；老辈尊师，子弟乐儒。不意今日门庭寂寞。三四十年中，今只三数老名诸位生，称诗以自娱晚岁，哀亡相去如此！然吾里旧家衰落，今日固比比皆是，可叹也！”览旧物旧事而生岁月流逝、华年不再的感慨极为正常，但哀叹昔日繁盛、世家衰落表现的不仅是对旧日亲情的回忆，更多的则是对家族败落的不解。处在新旧时代交替之中的王葆心自始至终在这种矛盾心态中，保持着不干预世事、不介入政治，寻求继承及发扬传统文化的道路，并将自己的志向付之于实践。

王葆心此次亲历其境踏访天堂寨，目的是揭开天堂寨山水奇石、历史人文之奥秘，为后代留一部尽可能完备的《罗田县志》，故而在踏访前已在书斋中做足了功课。在方舆家书中，大别山发源于甘肃境内，东行至嶓冢山，斜趋东南为大巴山，入湖北襄阳为荆山、章山，东行至鄂豫皖三省之交。《禹贡》中所说的大别，在《左传》中称衡山，在《尔雅》中称霍山，在《山海经》中称鲜山、若山，在《水经注》中称灵山、分水山、巴山，在唐代《太平寰宇记》中称茶山、版石山。天堂寨是大别山主峰。正因为对历史地理进行了考察、鉴别，王葆心才能将有些不属于罗田的历史及人物从县志中排出。

同样王葆心对巴河之源进行了考察，认为巴河三源，东源为石柱山水、西源为东义州河、正源为盐堆山水。对巴河源头的界定，对于鸠兹、松兹的考证极有意义。

1943年10月1日王葆心一行游览了武圣宫。武圣宫，原名圣人堂，始建于元至正七年（1347），《湖广总志》曾有言："彭和尚妖党作乱，普胜乃与众推徐寿辉为主，举兵以红巾为号，驻圣人堂于多云山中。"圣人堂为徐寿辉所建，供奉弥勒佛。作为聚众传教的场所，该堂规模宏大如庐山东林寺，风貌不亚杭州灵隐寺，气势压倒淀山湖普光王寺，号称"华中第四祖堂"。在圣人堂总堂之下，周边省县设立了堂、庙、庵，以宗教活动为掩护，组织教徒练武。至正十一年（1351）中秋节，圣人堂举行了万人大起义。徐寿辉称帝后，下诏修葺圣人堂，并在堂中雕塑彭莹玉、邹普胜等红巾军首领像供奉。朱元璋建立明朝后，当地百姓不敢供奉原有神像，在圣人堂中供奉关帝，圣人堂改名为武圣宫。王葆心等人游览武圣宫时，武圣宫已毁，可引人追怀的只有武圣宫的殿基和颓垣。

10月3日，王葆心一行结束了这次踏访，他对同行者说："若不是这次亲身踏访，不可能了解到许多旧志未收之资料，也就无法订正旧志的错讹。"回家几天后，王葆心对天堂山景做了品评："此山不为世人称述，固因地在远疆僻阻，实则大都乏江湖萦绕，寺观峥嵘，最为缺事。海内佳山木，必山与水互相映发，天然人事并佳。试观雄峙东南数行省中，有一地而兼具诸胜，山岭重叠，而又外具澎湃，内蓄百道涧壑，蔚发灵奇，美不胜收，是何气象！而天堂恰与相反，如此巨壑，而竟乏一泉可名。游者之失望，其首在兹乎！"

对于方志学家，像这样的踏勘考察极为必要。年逾七旬的王葆心以抱病之身进行这样的考察，是责任心极强的表现，遗憾的是病弱之躯难以承受。此次考察结束之后，王葆心抱病弱之躯对所搜集之资料进行整理。年岁不饶人，在1943年底王葆心因体力不支已很难笔耕，及至1944年2月，病逝于家中。

王葆心毕生致力于经学、史学、文学、方志学、教育学研究，所涉猎的每个学术领域均有建树，是一位实至名归的国学大师。他经历了清末改制、辛亥革命、大革命、抗日战争，在每个历史时期都表现出爱国家、爱民族、爱家乡的崇高感情。他在抗日战争时期表现得高风亮节，不仅受到同时代人的景仰，也应成为后辈们学习的典范。

# 附录一　王葆心年谱

王葆心，字季芗，号晦堂，又号青垞，晚年自署青垞老人。

按青垞多有作青坨者。盖二字形近，而排印易混而为一。王葆心弟子徐复观所作《王葆心先生事略》，称“又号青坨”。而收入其所作《中国知识分子的精神·王季芗先生事略》中，则又书为“青垞”。即近出熊礼汇先生所校点之《古文辞通义》中，亦云“又号青垞”，然其先前刊在《长江学术》2008 年第 4 期封底中，则又作“青坨”。鲁鱼之讹，殊为误人。今按当以“青垞”为是。举二例可证。一、《虞初支志》为王氏所编，其子夔强校定，其书前《识语》落款即为“青垞山人”。二、王氏乡友甘鹏云《潜庐续稿》卷十二中，有《与王青垞》一书，亦作“垞”。

**公元 1869 年 1 月 19 日（清同治七年十二月初七）　一岁**

王葆心生于湖北罗田县大河岸古楼冲。

父王皆槐，号培浚，国子监生。母黄氏。王葆心兄弟四人，伯兄王葆周，仲兄王葆颐，叔兄王葆献。族行十九。

**公元 1872 年（清同治十一年）　五岁**

是年叶骥才在村后紫云庵教私塾，因王葆心在私塾窗外代别的学童背书，叶先生找到王培浚，让其送王葆心读书。

**公元 1873 年（清同治十二年）　六岁**

农历正月十五，王培浚送王葆心到紫云庵上私塾。

**公元 1874 年（清同治十三年）　七岁**

继续在紫云庵读书，读完《百家姓》《千家诗》等启蒙读物，并读四书。

**公元 1875 年（清光绪元年）　八岁**

继续学习四书，自己读完了《东莱博议》。

**公元 1876 年（清光绪二年）　九岁**

继续在紫云庵读书，读《古文观止》《唐诗三百首》，并阅读课外书籍《西厢记》《七侠五义》等。

**公元 1877 年（清光绪三年）　十岁**

家庭经济状况好转，设家塾于高耀公宗祠，延聘族长王卓甫主讲。王葆心四兄弟及堂兄王佑祺一并受教。对《纲鉴易知录》《史记》《资治通鉴》等史书进行学习，并在老师指导下读了一些子书，如《淮南子》《法言》《论衡》《抱朴子》等。

**公元 1878 年（清光绪四年）至公元 1882 年（清光绪八年）　十一岁至十五岁**

继续随王卓甫读书，除重点阅读《纲鉴》外，在经学上大下功夫。

**公元 1883 年（清光绪九年）　十六岁**

入黄州参加郡试。得张之洞所著《𬨎轩语》及《书目答问》，始知致力于根柢之学。

**公元 1884 年（清光绪十年）　十七岁**

叶骥才重回紫云庵，王葆心再次随叶先生读书。

**公元 1885 年（清光绪十一年）　十八岁**

继续师从叶骥才读书，研习五经。

**公元 1886 年（清光绪十二年）　十九岁**

正月二十日，其父王培浚卒，享年 56 岁。王葆心除办理丧事外，未耽误学习。

**公元 1887 年（清光绪十三年）　二十岁**

夏季罗田遭遇大洪水，紫云庵私塾因灾停办，王葆心辍学回家按叶骥才的交代自学。

**公元 1888 年（清光绪十四年）　二十一岁**

边参加农业生产，边自学。

**公元 1889 年（清光绪十五年）　二十二岁**

入黄州经古书院学习，为院长周锡恩先生所赏识。

**公元 1890 年（清光绪十六年）　二十三岁**

继续在经古书院求学，王葆心与童树棠等人写了一批题材新、内容新的文章，被山长周锡恩择优编成《黄州课士录》。王葆心、王葆周、王葆和成为“食饩”生。

**公元 1891 年（清光绪十七年）　二十四岁**

王葆心与长兄王葆周、三兄王葆和，堂兄王佑祺一起由黄州经古书院考入两湖书院学习。两湖书院学制五年。张之洞读王葆心课试文章，许为“深隐生劲”，并教以从“轩豁博大”处下功夫。

**公元 1892 年（清光绪十八年）　二十五岁**

王葆心仍在两湖书院学习，师从周锡恩学习文字学、声韵学、训诂学，师从邓绎学史学。

**公元 1893 年（清光绪十九年）　二十六岁**

在两湖书院与张荣泽、陈翰芬、童树棠在学术上相互研讨。

**公元 1894 年（清光绪二十年）　二十七岁**

在会考中，王葆心为第一名，因文行兼优，被拔选优贡。继续在两湖书院学习。呈请以王夫之从祀孔庙。

**公元 1895 年（清光绪二十一年）　二十八岁**

其妻叶淑兰为其生子王翺（六岁即殇）。

作《代议移建义川书院记》。

**公元 1896 年（清光绪二十二年）　二十九岁**

居家，撰《传家余庆图序》，编纂了世系表。

**公元 1897 年（清光绪二十三年）　三十岁**

应钟祥县知县朱覲聘，王葆心任传经书院院长。

**公元 1898 年（清光绪二十四年）　三十一岁**

任安陆博通书院院长。下半年应罗田县长石啸山聘，任义川书院院长，此时已开始《古文辞通义》的原稿撰写。

**公元 1899 年（清光绪二十五年）　三十二岁**

春，任调梅书院院长。秋，任汉阳晴川书院院长。晴川书院后被改为汉阳中学堂，两湖大学堂被改为两湖优级师范学堂。王葆心先后任两校教习。

**公元 1900 年（清光绪二十六年）　三十三岁**

任罗田义川书院院长。

撰写《义川书院志》七卷，作《抄校郝氏导引书跋》，始撰《罗田团练始末记》。

为同乡潘颐福所主之《楚北先正传略稿》作校订。

**公元 1901 年（清光绪二十七年）　三十四岁**

春，与三兄葆和共同作《罗田团练始末记》五卷，后修订成《罗田靖乱记》。

**公元 1902 年（清光绪二十八年）　三十五岁**

应友人余仲虎之聘，任汉阳府学堂教习。

秋，参加乡试落榜。湖北学政王同愈考察学风，出题命诸生各作以呈。时王葆心仍是生员，作《藏书绝句三十二首》，1913 年在《文史杂志》上分期刊载。

**公元 1903 年（清光绪二十九年）　三十六岁**

子夔强出生。秋，参加乡试中举人第三名，拣选知县，仍任汉阳府学堂教习。

**公元 1904 年（清光绪三十年）　三十七岁**

赴开封应会试，不中，归故里。在高祖王高耀祠创办第一丙等私立小学堂。

用史体开始撰写《天完志略》。

创稿《蕲黄四十八寨纪事》。

**公元 1905 年（清光绪三十一年）　三十八岁**

秋，任武汉黄德道师范学堂教员。

子夔武出生。

**公元 1906 年（清光绪三十二年）　三十九岁**

秋，在汉南待选为官。

作《高等文学讲义》成。

冬，任汉阳府学堂教习。

**公元 1907 年（清光绪三十三年）　四十岁**

参加贡考，取得第一，成为贡生。秋，经张之洞等力荐入礼部，未果。后经湖北巡抚梁鼎芬等人再三推荐誉扬，方得礼部奏请调派本部总务司审定科行走，主纂《大清通礼》。以职权之便，得遍观学部聚藏之方志。

**公元 1908 年（清光绪三十四年）　四十一岁**

着手编写《宋季淮西六寨纪事》《蕲黄四十八寨纪事》（后增订为《明季江淮七十二寨纪事》）。

任礼部纂修官，修《大清通礼》，撰《吾国政治改革动机论》《扩张海权策》《整顿水师策》《外国各国报馆有益政事学术论》《西国赛珍会有益民生及国用说》《收回铜器以救钱法议》等文章。

撰《经义策论要法》，作《黄君翠涛画像题记》。

**公元 1909 年（清宣统元年）　四十二岁**

继续修《大清通礼》。

作《实用法医学大全序》。

**公元 1910 年（清宣统二年）　四十三岁**

迁学部主事，兼礼学馆纂修官。

与同盟会会员周泽春交往，受到民主革命思想的影响。

**公元 1911 年（清宣统三年）　四十四岁**

修订《高等文学讲义》脱稿。经友人赵伯威提议，易名为《古文辞通义》。

参加革命团体天民社，担任《天民报》主要撰稿人。

长女礼娴在北京女子师范学堂甫毕业而卒，归葬古楼冲。

**公元 1912 年（民国元年）　四十五岁**

应黎元洪之聘，返鄂纂修《湖北革命实录》。作《湖北革命实录馆布告通启》《实录馆修书进行要议三篇》《革命史为生人立传议》《再续革命史应为生人立传议》《革命史宜以图画表里议》等文。

**公元 1913 年（民国二年）　四十六岁**

四月，作《陆文节公遗集序》。八月，黎元洪以“从前革命党人附和乱党甚多”为由，下令撤销湖北革命实录馆。

**公元 1914 年（民国三年）　四十七岁**

夏，应同乡兼同年汤芗铭之聘，赴湖南长沙官书报局任总纂。其间，印所修订《古文辞通义》之目录。

**公元 1915 年（民国四年）　四十八岁**

在长沙。三月，作《幕府琐言序》。为刘克鲁译《海牙万国保和会约章》作序。六月，作《小学各科教学法序》。七月，次女礼媛下世。八月，妻叶氏亦丧。三兄葆和异地赴长沙探望，并力促王葆心印行重订之《古文辞通义》。十月，作《茧叟近稿序》。

**公元 1916 年（民国五年）　四十九岁**

在长沙。《蕲黄四十八寨纪事》由湖南官书报局刊印。《古文辞通义》校印问世。

秋，作《六草轩文集序》《续汉口从谈》《唐骈体文钞选跋》。

**公元 1917 年（民国六年）　五十岁**

应罗田县县长漆滨邀请，任义川学堂堂长。

二月，作《罗田两太史骈文录序》。三月，作《是园遗书跋》。

**公元 1918 年（民国七年）　五十一岁**

四月，撰《窈溪铭》。

**公元 1919 年（民国八年）　五十二岁**

罗田旱灾，灾后发生瘟疫，王葆心已不安于继续在义川书院任职。

**公元 1920 年（民国九年）　五十三岁**

任京师图书馆总纂。

八月，作《湖北先正遗书丛目序》及《后序》。十月，作《跋郧溪集》。十一月，作《刘淑云先生遗书跋》。

**公元 1921 年（民国十年） 五十四岁**

三月，作《陈雷池先生消闲集叙》。五月，作《竹岩集序》。十一月，作《题灵庵诗存》。

**公元 1922 年（民国十一年） 五十五岁**

着手撰写《方志学发微》。

辞京师图书馆总纂，返鄂改任武昌高等师范学校教授。秋末，萧耀南创立湖北国学馆，聘王葆心为馆长。十二月到职。

**公元 1923 年（民国十二年） 五十六岁**

王葆心完善国学馆的组织机构，开始招生。夏，作《立身要旨序》，作《劝善书目提要序》。冬月初五，四子夔复出生。

**公元 1924 年（民国十三年） 五十七岁**

在国学馆。子夔强下世。撰《张君碧斋暨德配方夫人七十双寿序》《灾鉴题词》《文征序》《余任直史论序》《姓史韵珠序》。

**公元 1925 年（民国十四年） 五十八岁**

国学馆停办，作《弦斋遗稿序》《奉政大人叶府君家传》《澄海堂诗文钞序》。

**公元 1926 年（民国十五年） 五十九岁**

十月十日，北伐军攻克武昌。王葆心在前四日逃出围城，归罗田故里家居。修订《罗田靖乱记》成。

**公元 1927 年（民国十六年） 六十岁**

任武昌中山大学国文教授，作《汉阳魏氏遗书二种序》。

**公元 1928 年（民国十七年） 六十一岁**

国立武汉大学创立，聘为教授。作《南雷学案序》《亲民宝鉴序》。

**公元 1929 年（民国十八年） 六十二岁**

继续任武大教授，与张难先、闻一多时相过从。作《蟋蟀吟草序》《洪戒山人遗诗序》。

**公元 1930 年（民国十九年）　六十三岁**

任《湖北文征》总纂，并担任统一审定工作。作《墨子集解序》《傅氏澄怀堂文诗存稿序》。

**公元 1931 年（民国二十年）　六十四岁**

作《吴弦斋丈庚寅谏阻颐和园工程疏书后》。

**公元 1932 年（民国二十一年）　六十五岁**

担任湖北通志馆筹备处主任兼总纂。

秋，在武昌。当局倡修黄鹤楼，作《重修武昌黄鹤楼募资启》。

撰《虞初支志》，由商务印书馆刊印。

**公元 1933 年（民国二十二年）　六十六岁**

撰《重修〈湖北通志〉条议》。

撰著《续汉口丛谈》《再续汉口丛谈》，由汉口印务局印。

**公元 1934 年（民国二十三年）　六十七岁**

作《古柏山房诗草序》《梦红豆村诗系序》《重修黄州安国寺记》《有获斋文集序》。

**公元 1935 年（民国二十四年）　六十八岁**

赴北平搜罗省志资料。乡同年陈曾寿时任伪满皇帝机要秘书，劝王葆心出关任职。王葆心怒斥之。

作《些山集辑序》《崇雅堂书录序》。

**公元 1936 年（民国二十五年）　六十九岁**

《方志学发微》缮成定稿。撰《清代方志撰著派与纂辑派争持论评》，发表于《北平世界日报·图书馆周刊》。

**公元 1937 年（民国二十六年）　七十岁**

又赴北平搜抄资料。七七事变后，唯携资料南归。

阴历十二月初七，七十寿辰。门人弟子筹款三千，欲以资刊王葆心著作。款甫集而抗战军兴，日机屡袭武汉。事遂未果。后此三千银圆存入银行，作为王氏印书基金。后数日，王葆心避归故里。

**公元 1938 年（民国二十七年）　七十一岁**

避难罗田故里。应陈桐如县长之请，主修新《罗田县志》。

**公元 1939 年至公元 1944 年（民国二十八年至民国三十三年）　七十二岁至七十七岁**

继续进行《罗田县志》的编纂工作和资料收集。

1944 年 2 月，病卒于家中。

# 附录二　王葆心著录

王葆心的学生闻惕生曾整理了王葆心生平主要著述的目录，并附有简要的介绍，后发表于《罗田文史资料》第2辑上。在王葆心全集尚未面世的今天，我们认为不论是搜罗整理王葆心的残篇遗著，还是考察研究王葆心的学术思想，此文可以起到按图索骥的重要作用。因此不惜掠人之美，付于文后。原文校对不精，文字多有讹误，且未加书名号。此次抄录，改补了明显的错字漏字，以便观览。

一、《历朝经学变迁史》五卷。

书中对历代经学变迁的情况，寻源溯流，条分缕析，极为渊洽。曾经北京优级师范学堂、京华书局、武昌高等师范学校及《文史杂志》先后传印了一部分。日本学者北村泽吉著有《儒学通论》，曾引用其中的《历朝经学九变图》，北村的书出版后并被译成中、英、法、朝鲜等数国文字，对日本和欧美各国的讲求汉学很有影响。

二、《经学研究法前编》四卷。

是书分前后二编，前编为学习经学的总法，后编为各法。后编没有完成。前编分三要目：一、次第法，二、程限法，三、研究法。详尽地启示了学习经学的途径。

三、《经义杂记》四卷。

此书为先生学习经学的笔记，大都是申明义例，考证讹错。

四、《公羊非常异义举例》一卷。

此书为先生研究公羊学说的笔记。

五、《史学诸表》一卷。

书中分立四目：（一）史学统宗派别表。（二）史学派别沿革表。（三）西史流别表。（四）正史目录沿革表。对史学的流变，做系统的说明。

六、《唐平高丽百济水陆用兵考》一卷。

新旧《唐书》对于平定高丽百济的用兵情况，互见错出，未尽赅备，是书搜集当时的私人记载，考核情事，至为完整，实为发扬民气的作品。

七、《宋季淮西六寨纪事》一卷。

八、《明季江淮七十二寨纪事》七卷。

九、《天完志略》九卷。

十、《发军初记异同荟笺》四卷。

以上四种，都是表扬民族英雄的作品。广泛搜集的多种书籍，大都是没有传本的坠简残编，使当时的真实情事得到一小部分存在，可以说是至关重要的史籍。《明季江淮七十二寨纪事》，原名《蕲黄四十八寨纪事》，曾由湖南官书报局印行，后来又补充了一些材料，成为今本。《天完志略》内分载记、方略、职官志、表，地理志、表，治平时之战史、治平、天定之际战史，天完诸官党派考诸目。《发军初记异同荟笺》采集当时的公私记载，对太平天国的革命事迹，做比较确实的考求。已成长编，尚待整理。

十一、《方志学发微》二十四卷。

是书追随俞曲园的志愿，搜集了几乎全部的地方志书，在史学流派的原则上，提出编写地方志的革新方案。全书分立七目：（一）《取材篇》，说明采访、绘图、选抄材料，以及进行编写工作的程序；（二）《纂校篇》，说明整理和安插材料的方法；（三）《导源篇》，根据经学、史学和地理专书流变的系统，说明其演成方志一种的由来；（四）《派别篇》，说明明清以来旧派的编写方法、清代雍乾以后新派的编写方法，新旧两派以外，自成一家的编写方法；（五）《反变篇》，将新旧两派中改变前志的做法，做比较说明；（六）《赓续篇》，新旧两派中赓续前志的做法，有种种不同的形式，做举例说明；（七）《义例篇》，新派中具有革新意义的各家和旧派中有部分可取的体式，做系统的提示。

十二、《修志通例》一卷。

十三、《重修〈湖北通志〉条议》一卷。

以上两种，是在湖北通志馆中，根据前书的体系，提出具体的编写方法。

十四、《历史讲义前编》一卷。

此为先生在汉阳中学讲授史学的讲义，分为二章：（一）为伏羲以来区分百族时期；（二）夏后以来三教递及时期。结合当时的情事，对社会进化的自然现象，有所体现。

十五、《两淮盐商列传·附长芦盐商列传》三卷。

此书系采集各家文集和笔记，关于清代两淮和长芦盐商对社会经济的影响，提供了很多的材料。原名《新货殖传》，后改今名。曾部分刊载于《武昌文史杂志》。

十六、《满珠野史》一卷。

十七、《晦堂无隐录》六卷。

十八、《燕京古近朝市丛载》三卷。

十九、《近世事笺》四卷。

二十、《续仿今言》一卷。

二十一、《革除铅泪记》一卷。

二十二、《清代疑案小记》一卷。

以上七种，都是关于满洲民族入关前后的记载，杂采近代掌故，加以考核，不隐其恶，亦不没其善。在近代稗史中是较为完善的作品。

二十三、《青垞所有书目》十五卷。

先生藏书有一些钞本和孤本，先生自作校记，令其次子夔强为之编录。

二十四、《士民丧礼通纂》六卷，附《礼部礼学馆修礼民礼条议》一卷，《续议》一卷，《大清通礼笺注》一卷。

此为先生清末在礼学馆时所作，可以作为当时变法议礼的资料。

二十五、《吾国政治改革动机论》二卷。

此书为记载当时变法议论而作。取明季顾、黄、王、胡、颜、李以下诸家救弊起衰的言论；清代龚定庵、魏默深、王子寿、孙兰芳、冯景亭诸人改制救弊的倡议；以及陶澍、陆建瀛实行改河、曹、盐三大政策，曾国藩、左宗棠、沈葆祯、李鸿章等人提倡洋务，先改军制、海防的措施，与戊戌政变的情况，一一叙述。阐明其意旨所在，为清季政变的别史。曾部分刊载于天津《天民报》。

二十六、《晚唐诗研究》三卷。

二十七、《宋诗派别考》二卷。

二十八、《艺林演雅》三卷。

二十九、《中国文学历朝体派略》一卷。

三十、《古文辞通义》二十卷。

以上五种，系研究诗学和文学的著作。

三十一、《中国教授史》不分卷。

三十二、《民俗证古》一卷。

三十三、《湖北国学馆学规课程》一卷，《四科演讲录》二卷。

三十四、《论藏书绝句》一卷。

此书乃先生为秀才时，应王学使观风的作品。民国元年（1912）曾刊载于《武昌文史杂志》。后数年上海某书坊翻刻，误为杨守敬作，竟有一二家书目未加查考，做了错误的录注，应当亟为订正。

三十五、《邓云山先生著述年表》一卷。

武冈邓绎先生著述极多，先生曾为之校刊数种。其卷数较多，还没有编印，此书可存其梗概。

三十六、《小说提要》二卷。

三十七、《虞初支志》甲编四卷，乙编四卷。

此书曾由上海商务印书馆印行。

三十八、《周秦诸子学案长编》六十卷，《诸子学表》二卷。

三十九、《青垞文钞》初集二十卷，二集二十卷，三集二十卷。

此为先生文笔专集，经甘药樵（鹏云）编定卷次。

四十、《晦堂骈文》二卷，诗二卷。

四十一、《潜龙室联语》三卷。

四十二、《晦堂日录》不分卷。

此为先生日记，从1887年起，按日记述，共三十六本。平生教学的程序，和朋友的谈论，都可考见。抗战胜利后，其家迁至武昌，寓居低湿，竟为虫蚀殆尽，甚为可惜。

以上各种，先生自汇为《四部稿》。

四十三、《湖北诗征长编》不分卷。

是书采录湖北诗，自上古到清乾隆以前都已完备，嘉庆以后还须继续采录，故只称长编，不分卷数。

四十四、《江汉献征录》不分卷。

此书采集湖北先正的旧闻轶事，从元明到近代，关于政治学术，诗文名字的记载，更为详尽。像张江陵（居正）的事迹，和当时攻击张江陵的言论，都处实加以考求与驳斥；其订正历次通志错误之处更多。当在笛湖精舍编纂《湖北文征》时，先生与甘药樵分别担任元、明两朝的选辑，录成二百册。先生主张“以文存人”，搜采许多不知名的作家，以及军人、土司、僧道、女冠，都选录其作品。于每一人名之后作一绝句小传。更仿邓湘皋，莫邵亭《诗征》之例，于小传之后复加小注。广采逸闻，加以考订，其材料大部分根据此书。

四十五、《西汉松滋令何丹墓考》一卷。

四十六、《续汉口丛谈》六卷，《再续汉口丛谈》四卷，《三续汉口丛谈》六卷。

汉口素称重镇，但是向来很少专书记载。清代中叶，乌程范白舫曾作《汉口丛谈》一书，故此书作为续编。先生曾在《自记》中说：“范君生盛世，意主发抒性情，我生值危乱，意在网罗散失，故范书爱文藻，此作重见闻。”前两种曾经先生儿子夔武校印，部数不多。后一种未印。

四十七、《汉浒金石小记》一卷。

四十八、《些山集辑》三卷。

四十九、《楚三畸人集》三卷。

此书系汇编英山王铁珊，夏口密昌墀，巴陵吴獬三家的总集。

五十、《六草轩文集选》二卷。

此书系选编李曾馥未刊的遗稿。

五十一、《青陵山房文集选》。

此书系选编长阳张荣泽未刊的遗稿。

以上各种，先生自汇为《江汉稿》。

五十二、《嘉靖罗田县志订补》不分卷。

五十三、《罗田沿革表》一卷。

五十四、《罗田沿革图说》二卷。

五十五、《罗田秩官人物列传》二卷。

五十六、《鸠兹文在》《诗在》不分卷。

五十七、《罗田宋元明艺文总目》二卷。

五十八、《义川书院志》六卷。

五十九、《罗田靖乱记》四卷，《补遗》一卷。

六十、《罗田团练始末记》五卷，《附记》一卷，《采用书目》一卷。

六十一、《窈溪旧话》三十卷。

六十二、《罗田两太史骈体文钞》三卷。

六十三、《英山倒挂岩烈妇奇迹考》一卷。

六十四、《元代忠孝二寓贤题咏集》不分卷。

以上各种，先生自汇为《地方稿》。

六十五、校正《十三经韵语》二卷，《叙例》一卷。

六十六、抄纂《直省方志官师人物长编》不分卷。

六十七、校勘《嘉靖罗田县志》八卷，《附录》一卷。

六十八、抄校《郝氏导引书》一卷。

六十九、抄校《独弹集》。

此书系山阴沈冰壶原著，四库书目曾著录其书二种，此书未收。先生在北京厂肆得其写本残佚，校正讹脱，命其儿子夔武缮成完书。

七十、编刊武冈邓绎先生《幕府琐言》。

七十一、编刊武冈邓绎先生《晓寒词》《被秋词》。

七十二、编刊《求志斋文集》《诗存》。

此系编定蕲春童树棠的遗稿。

七十三、编定《是园遗书八种》。

此系编定罗田周锡恩的遗著。

七十四、编刊《东安遗书四种》。

此系编定罗田姚晋沂的遗著。

七十五、编刊《罗田张氏笔记二种》。

此系编定罗田张星焕的遗著。

七十六、校正《故知录》二卷。

此系浠水徐本仙遗著。中多讹脱，先生为之校正成完书。

以上系抄校诸书。

# 附录三　王葆心撰文目录

王葆心现存于世的遗著有170余种，分类述之，大致如下：

一、方志学类：《方志学发微》24卷，50万言；《重修〈湖北通志〉条议》1卷；《修志通则》1卷；《采访志书条例》1卷；《拟定江汉道属各县县志纂修通则》1卷；《钞纂直省方志湖北人物长编》未分卷；《重修罗田县志稿》。

二、地方文献类：《湖北文征》240卷；《湖北诗征长编》未分卷；《江汉献珍录》未分卷；《宋季淮西六寨纪事》1卷；《明季江淮七十二寨纪事》7卷；《天完志略》9卷；《续汉口丛谈》6卷；《再续汉口丛谈》4卷；《三续汉口丛谈》6卷；《拾补》1卷；《汉浒金石小记》1卷；《孟宗故宅纠误考》1卷；《燕京古今朝民丛载》3卷；《义川书院志》6卷；《罗田靖乱记》4卷，补遗1卷；《罗田团练始末记》5卷，《附记》1卷、《采用书目》1卷；《窃溪旧话》30卷；《青坨旧闻》10卷；《英山倒挂岩烈妇奇迹考》1卷；《元代忠孝二寓贤题咏集》不分卷；《西汉松滋令何丹墓考》1卷；《北宋晋安林氏兄弟隐居罗田考》1卷。

三、经史类：《唐平高丽百济水陆用兵考》1卷；《两淮盐商列传》（附《长芦盐商列传》）共3卷；《发军初记异同荟笺》4卷；《近世事笺》4卷；《续仿今言》1卷；《革除铅泪记》1卷；《清代疑案小记》1卷；《满珠野史》1卷；《晦堂无隐录》6卷；《吾国政治改革动机论》2卷；《史学诸表》1卷；《中国教授史》不分卷；《周秦诸子学案长编》60卷；《诸子学表》2卷；《士民丧礼通纂》6卷，附《礼部礼学馆修礼民礼条议》1卷，《续议》1卷；《民俗证古》1卷；《历史讲义前编》1卷；《历朝经学变迁史》5卷；《经学研究法前编》4卷；《经义杂记》4卷；《公羊非常异义举例》1卷；《经学讲演录》1卷；《群经图志》

1卷；《孔子已删未删之诗篇辩》。

四、文学类：《古文辞通义》20卷；《晚唐诗研究》3卷；《宋诗派别考》2卷；《艺林演雅》3卷；《中国文学历朝体派略》1卷；《青垞文钞》初集20卷，二集20卷，三集20卷；《晦堂骈文》2卷；《晦堂诗》2卷；《潜龙室联语》3卷；《虞初支志》甲篇4卷，乙篇4卷；《晦堂日录》未分卷，共36本；《义川讲义录》8卷；《经义策论要法》；《渎蒙小记》2卷；《湖北国学馆学规课程》1卷；《湖北国学馆四科演讲录》1卷；《心灵学类证》1卷；《中国之武士道》1卷；《军人模范》6卷；《晦堂文钞》共12编、21册。

五、目录、校编类：《青垞所有书目》15卷；《论藏书绝句》1卷；《金石书目》1卷；《小说提要》1卷；《邓云山先生著述年表》1卷；《武冈邓云山先生幕府琐言校本》；《武冈邓云山先生晓寒词被秋词校本》；《郝氏导引书校本》1卷；《独弹集校本》1卷；《求是斋文集》《外集》《诗存》；《是园遗书八种》；《罗田两太史骈文录》3卷；《安东遗书四种》；《罗田张氏笔记二种》；《些三集辑》3卷；《楚三畸人集》3卷；《六草轩文集选》2卷；《校正故知录》2卷；《青陵山房文集选》2卷。